KIDS PROGRAMMIEREN
3D-SPIELE MIT JAVASCRIPT

Chris Strom

Deutsche Übersetzung von Kathrin Lichtenberg

O'REILLY®

Beijing · Cambridge · Farnham · Köln · Sebastopol · Tokyo

Chris Strom

Lektorat: Imke Hirschmann, Köln
Übersetzung: Kathrin Lichtenberg, Ilmenau
Korrektorat: Sibylle Feldmann, Düsseldorf
Umschlaggestaltung: Michael Oreal, Köln
Produktion: Karin Driesen, Köln
Satz: III-satz, Husby; www.drei-satz.de
Druck und Bindung: PHOENIX PRINT, Würzburg

Bibliografische Information der Deutschen Nationalbibliothek
Die Deutsche Nationalbibliothek verzeichnet diese Publikation in der Deutschen Nationalbibliografie;
detaillierte bibliografische Daten sind im Internet über http://dnb.d-nb.de abrufbar.

ISBN: 978-3-95561-496-6

1.Auflage 2014
Copyright © 2014 by O'Reilly Verlag GmbH & Co. KG
c/o dpunkt.verlag GmbH
Wieblinger Weg 17
69123 Heidelberg

5 4 3 2 1

INHALT

Danksagung

Ohne meine wunderbare Frau Robin bin ich nichts. Sie erträgt nicht nur, dass ich tagelang verschwinde, um zu schreiben. Sie hilft mir auch auf unzählige andere Arten. Sie hat die allerersten Fassungen dieses Buches gelesen und korrigiert. Sie hilft bei der Durchführung der Kid Hackathons, die zur Entwicklung dieses Buches beitrugen (okay, sie führt sie durch). Und ja – sie ist eine fantastische Ehefrau und Mutter.

Ein riesiges Dankeschön geht auch an meinen Sohn Luke, der das wichtigste Versuchskaninchen für die ersten Versionen dieses Buches war. Sein sachliches Feedback hat dazu beigetragen, dass es viel besser wurde. Danke auch an meine Tochter Elora, die mit ihren Einsichten nicht hinter dem Berg gehalten hat.

Und natürlich geht ein großer Dank auch an meine technischen Gutachter. Es ist nicht leicht, ein Buch aus Sicht eines Kindes zu bewerten, doch meine Gutachter waren dieser Aufgabe mehr als gewachsen. Danke, Alec M., Hana B., Dave S., Thad K., Maik Schmidt, Silvia Domenech und Mark Musante.

Ein besonderer Dank geht an Sophie H., die das Spiel inspiriert hat, aus dem schließlich *Projekt: Obstjagd* wurde.

Dieses Buch wäre ohne die großartige Arbeit von Ricardo Cabello Miguel, von allen liebevoll »Mr.doob« genannt, nicht entstanden. Ricardo ist der wichtigste Programmierer von Three.js, der 3D-JavaScript-Bibliothek, die wir in diesem Buch benutzen. Er schrieb außerdem die ursprüngliche Implementierung des ICE Code Editors, die wir hier verwenden. Ohne seine unglaublichen Fähigkeiten wäre dieses Buch nicht zu dem geworden, was es ist. Danke auch an Chandler Prall für seine Arbeit an der Physijs-Physik-Engine, die wir hier ausgiebig benutzen. Chandler hat auch die vielen, vielen Fragen beantwortet, die ich beim Lernen hatte.

Einleitung

Herzlich willkommen in der Welt der Programmierung!

Ich will nicht lügen – es ist manchmal eine frustrierende Welt (ich muss wenigstens einmal in der Woche weinen). Aber der ganze Frust lohnt sich. Du kannst diese Welt nach deinem Belieben gestalten. Du kannst deine Welt mit anderen teilen. Du kannst Dinge bauen, die wirklich etwas bewegen.

Dieses Buch, das du so eifrig zu lesen begonnen hast, ist eine großartige Möglichkeit, um mit dem Programmieren zu beginnen. Es ist vollgestopft mit klaren und verständlichen Erklärungen. Und das Beste ist, dass wir einige wirklich coole Spiele herstellen werden. Das wird richtig klasse!

Wie ich zu programmieren gelernt habe

Als Kind habe ich die Programme für Computerspiele aus Büchern kopiert. Das ist schon lange her. Ich kaufte Bücher, in denen nichts weiter als die Programme zu lesen waren, und tippte sie in den Computer ein.

Als ich damit begann, hatte ich keine Ahnung, was ich eigentlich tat. Schließlich fing ich an, bestimmte Dinge zu erkennen, die immer wieder vorkamen, und ich verstand sie auch schon ein bisschen.

Ich begann damit, Dinge zu ändern – zuerst nur Kleinigkeiten –, um zu sehen, was passierte. Danach kamen größere Änderungen. Schließlich wurde ich recht gut darin. Und irgendwann konnte ich meine eigenen Programme schreiben. Ich hoffe, dass dieses Buch auch dir dies ermöglicht, allerdings mit einem großen Unterschied: Ich erkläre, was hier passiert, sodass du nicht so viel raten musst.

Was du für dieses Buch brauchst

Nicht alle Webbrowser können die coolen 3D-Spielobjekte erzeugen, die wir in diesem Buch bauen werden. Um das meiste aus diesem Buch herauszuholen, solltest du auf deinem Computer den Webbrowser Google Chrome (*https://www.google.com/chrome/*) installieren. Andere Webbrowser funktionieren auch, allerdings greifen einige der Übungen in diesem Buch auf Eigenschaften und Funktionen zurück, die es nur in Google Chrome gibt. Ein Browser, der definitiv nicht für diese Übungen zu gebrauchen ist, ist der Microsoft Internet Explorer.

Für die meisten Beispiele in diesem Buch ist ein beliebiger Computer, auf dem Google Chrome installiert ist, ausreichend. Spätere Übungen, die interessante Lichter, Schatten und 3D-Materialien benutzen, erfordern einen Computer, der WebGL unterstützt. Du kannst die diesbezüglichen Fähigkeiten Deines Computers testen, indem du die Get-WebGL-Site (*http://get.webgl.org/*) besuchst. Mach dir aber keine allzu großen Sorgen um WebGL; du kannst immer noch eine Menge programmieren, auch wenn dein Computer nicht mit aufwendigeren 3D-Grafiken zurechtkommt.

Was ist JavaScript?

Es gibt viele, viele Programmiersprachen. Manche Programmierer führen gern lange Streitgespräche darüber, welche die *beste* ist, in Wahrheit aber bieten alle Sprachen einzigartige und nützliche Dinge.

Wir benutzen in diesem Buch die Programmiersprache JavaScript. Wir programmieren in JavaScript, weil es die Sprache des Webs ist. Es ist die einzige Programmiersprache, die alle Webbrowser ohne zusätzliche Software verstehen. Wenn du in JavaScript programmieren gelernt hast, kannst du nicht nur solche Spiele herstellen, die du in diesem Buch kennenlernen wirst, sondern kannst auch alle möglichen Websites programmieren.

Wir werden allerdings keine Experten in JavaScript.

Wir werden hier gerade so viel JavaScript behandeln, dass du in der Lage bist, die Spiele in diesem Buch zu programmieren. Das ist schon eine ganze Menge an JavaScript – ausreichend, um damit ohne größere Schwierigkeiten weiterlernen zu können.

Wie du dieses Buch lesen solltest

Du findest in diesem Buch zwei Arten von Kapiteln: Projektkapitel und Lernkapitel. Die Projektkapitel starten mit »Projekt«, wie etwa Kapitel 1, *Projekt: Einfache Formen herstellen* auf Seite 1. Alle anderen sind Lernkapitel.

Falls du das Programmieren genauso lernen möchtest wie ich, dann lies die Projektkapitel und führe alle Übungen durch. Du stellst coole Spielfiguren her sowie Welten, in denen du spielen kannst. Du erzeugst Weltraumsimulationen. Du bastelst lila Monster. Du produzierst alle möglichen tollen Sachen.

Solltest du dich aber fragen, *warum* die Spiele so geschrieben wurden, wie sie es sind, dann lies die Lernkapitel. Wir werden nicht *alles* über die Programmierung behandeln, aber es sollte ausreichend Stoff sein, um zu verstehen, warum wir Dinge so gemacht haben, wie sie sind. Das sind die Kapitel, die ich als Kind gern gehabt hätte.

Hinweise zur deutschen Fassung dieses Buches

Du beschäftigst dich bestimmt schon eine Weile mit Computern und dem Internet und weißt deshalb, dass du dabei an der englischen Sprache nicht vorbeikommst. Das ist beim Programmieren nicht anders. So gut wie alle Programmiersprachen basieren auf der englischen Sprache. Das gilt auch für JavaScript, das du in diesem Buch kennenlernst. Die Programmierplattform, die du benutzen wirst, um die hier gezeigten Beispiele auszuprobieren, verwendet englische Befehle. In den bereitgestellten Vorlagen für den Code, den sogenannten Templates, findest du englischsprachige Kommentare, Variablen und Funktionen, und auch die geladenen Java-Script-Bibliotheken sind auf Englisch.

Zur besseren Orientierung haben wir im vorderen Teil des Buches den englischen Kommentaren ihre deutschen Übersetzungen beigefügt, später haben wir dann darauf verzichtet, schließlich kennst du dich dann schon aus und es ist nicht mehr nötig. Wenn du irgendwann anfängst, eigene Programme zu entwickeln, kannst du dir eigene Namen für deine Variablen und Funktionen ausdenken. Ob diese auf Deutsch oder auf Englisch sind oder auf einem ganz geheimen Code beruhen, den du dir selbst ausgedacht hast, ist ganz dir überlassen (bzw. hängt davon ab, was du mit deinen Mitstreitern vereinbart hast). Am besten legst du dir beim Durcharbeiten dieses Buches ein Wörterbuch bereit, um Wörter, deren Bedeutung dir unklar ist, nachzuschlagen.

Du musst außerdem beachten, dass die Schreibweise von Dezimalzahlen anders ist als im deutschsprachigen Raum üblich: Anstelle eines Kommas zum Abtrennen wird ein Punkt benutzt. Denke daran, das ebenfalls zu tun, da du dir ansonsten Fehler einhandelst, deren Ursache möglicherweise schwer zu finden ist.

Legen wir los!

Jetzt reicht es mit der Einführung – stürzen wir uns in die Programmierung!

PROJEKT: EINFACHE FORMEN HERSTELLEN

WENN DU DIESES KAPITEL GELESEN HAST, DANN

- weißt du, was ein Codeeditor ist und wie du ihn zum Programmieren benutzt
- weißt du, wie man verschiedene 3D-Formen herstellt
- kannst du einfaches JavaScript programmieren
- verstehst du, wie man 3D-Formen dazu bringt, sich zu bewegen

Wir haben später in diesem Buch noch genügend Zeit für Erklärungen. Fangen wir jetzt erst mal zu programmieren an!

Programmieren mit dem ICE Code Editor

Wir benutzen in diesem Buch den ICE Code Editor zum Programmieren. Der ICE Code Editor läuft direkt in einem Browser. Wir können unseren Programmcode eintippen und sehen sofort die Ergebnisse.

Öffne zuerst den ICE Code Editor unter *http://gamingJS.com/ice* mit dem Webbrowser Chrome von Google. Das sollte dann ungefähr so aussehen:

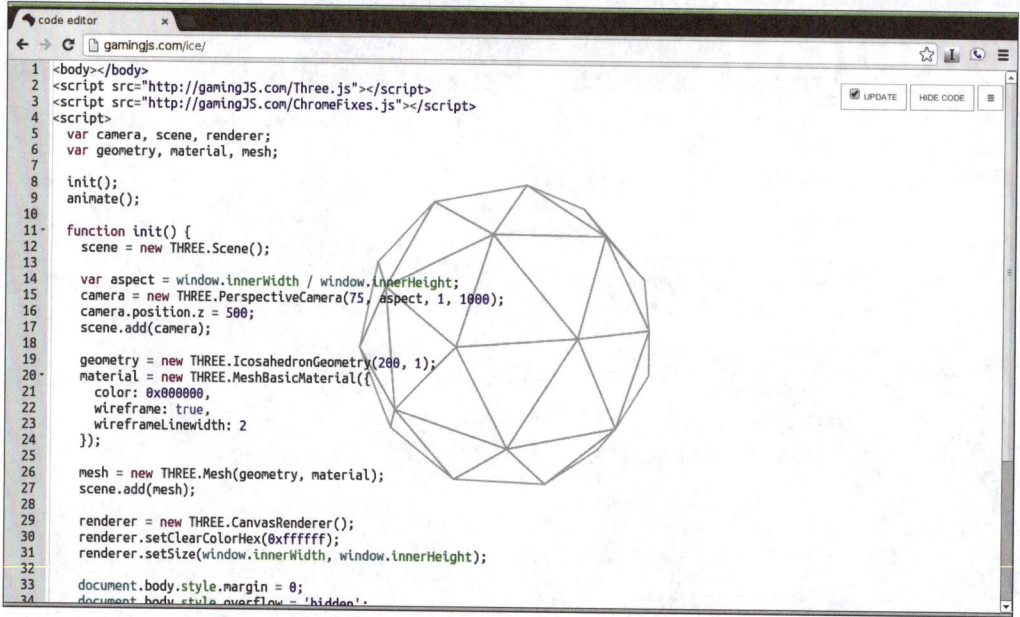

```
1   <body></body>
2   <script src="http://gamingJS.com/Three.js"></script>
3   <script src="http://gamingJS.com/ChromeFixes.js"></script>
4   <script>
5     var camera, scene, renderer;
6     var geometry, material, mesh;
7
8     init();
9     animate();
10
11 ▾ function init() {
12     scene = new THREE.Scene();
13
14     var aspect = window.innerWidth / window.innerHeight;
15     camera = new THREE.PerspectiveCamera(75, aspect, 1, 1000);
16     camera.position.z = 500;
17     scene.add(camera);
18
19     geometry = new THREE.IcosahedronGeometry(200, 1);
20 ▾   material = new THREE.MeshBasicMaterial({
21       color: 0x000000,
22       wireframe: true,
23       wireframeLinewidth: 2
24     });
25
26     mesh = new THREE.Mesh(geometry, material);
27     scene.add(mesh);
28
29     renderer = new THREE.CanvasRenderer();
30     renderer.setClearColorHex(0xffffff);
31     renderer.setSize(window.innerWidth, window.innerHeight);
32
33     document.body.style.margin = 0;
34     document.body.style.overflow = 'hidden';
```

Abbildung 1-1 ▲
Der ICE Code Editor in Google
Chrome

Das sich drehende Ding mit den vielen Seitenflächen ist ein Beispiel für die Sachen, die wir in diesem Buch machen wollen. In diesem Kapitel legen wir ein neues Projekt namens Formen an.

Um im ICE Code Editor ein neues Projekt anzulegen, klicken wir auf den Menü-Button in der oberen rechten Ecke des Bildschirms (das ist das Kästchen mit den drei waagerechten Strichen) und wählen New aus dem Menü.

Abbildung 1-2 ▶
Das geöffnete Menü

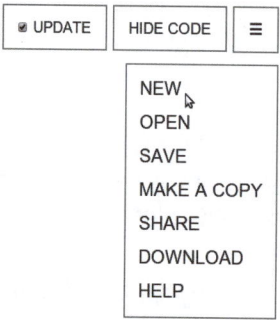

Tippe den Namen des Projekts, Formen, in das Textfeld ein und klicke dann auf Save. Das Template (ein Template ist eine Vorlage) lässt du einfach auf 3D starter project stehen.

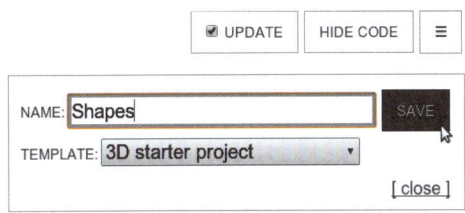

◀ Abbildung 1-3
Wir legen ein neues Projekt an.

Denk dran, dass die Projekte in diesem Buch nicht funktionieren, wenn du den ICE Code Editor im Internet Explorer benutzt. Einige der Übungen klappen zwar mit Mozilla Firefox, am besten wäre es aber, wenn du für alle unsere Projekte bei einem einzigen Browser (Google Chrome) bleibst.

Mit dem ICE Code Editor programmieren

Wir benutzen in diesem Buch den ICE Code Editor. Du musst nur beim ersten Aufruf von *http://gamingJS.com/ice/* Zugang zum WWW haben. Nach dem ersten Besuch ist der ICE in deinem Browser gespeichert, sodass du auch dann damit arbeiten kannst, wenn du nicht mit dem Internet verbunden bist.

Wenn der ICE ein neues 3D-Projekt öffnet, gibt es in der Datei schon eine Menge Code. Wir schauen uns diesen Code später genauer an. Im Moment wollen wir jedoch unser Programmierabenteuer auf Zeile 20 beginnen. Suche nach der Zeile, auf der START CODING ON THE NEXT LINE steht.

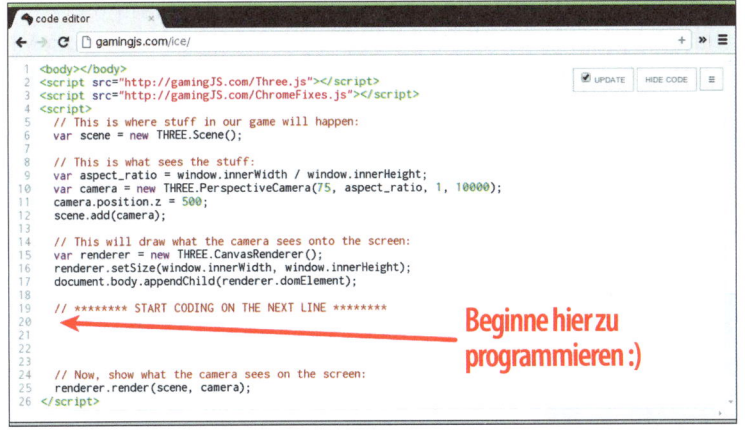

◀ Abbildung 1-4
Hier legst Du los.

3

Tippe in Zeile 20 Folgendes ein:

```
var shape = new THREE.SphereGeometry(100);
var cover = new THREE.MeshNormalMaterial();
var ball = new THREE.Mesh(shape, cover);
scene.add(ball);
```

Sobald du damit fertig bist, solltest du etwas Cooles sehen:

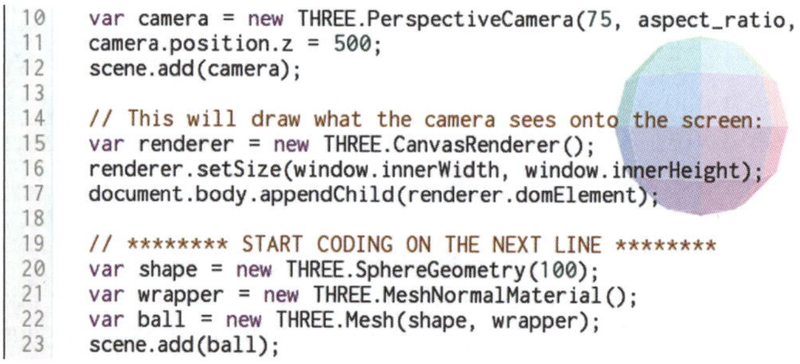

Abbildung 1-5 ▶
Hier hat sich schon etwas getan.

```
10   var camera = new THREE.PerspectiveCamera(75, aspect_ratio,
11   camera.position.z = 500;
12   scene.add(camera);
13
14   // This will draw what the camera sees onto the screen:
15   var renderer = new THREE.CanvasRenderer();
16   renderer.setSize(window.innerWidth, window.innerHeight);
17   document.body.appendChild(renderer.domElement);
18
19   // ******** START CODING ON THE NEXT LINE ********
20   var shape = new THREE.SphereGeometry(100);
21   var wrapper = new THREE.MeshNormalMaterial();
22   var ball = new THREE.Mesh(shape, wrapper);
23   scene.add(ball);
```

Der Ball, den wir eingetippt – der Ball, den wir *programmiert* – haben, ist im ICE aufgetaucht. Herzlichen Glückwunsch! Du hast gerade dein erstes JavaScript-Programm geschrieben!

Mach dir erst einmal keine Sorgen um die Struktur des Codes. Du wirst dich in Kapitel 7, *Die Grundlagen von JavaScript näher untersucht,* damit vertraut machen. Im Moment wollen wir die 3D-Programmierung betrachten, die wir gerade durchgeführt haben.

3D-Dinge bestehen aus zwei Teilen: der Form und etwas, das diese Form bedeckt. Die Kombination aus beidem, der Form und ihrer Umhüllung, trägt in der 3D-Programmierung einen besonderen Namen: *Mesh* (Gitter oder auch Gewebe).

Mesh ist ein schickes Wort für ein 3D-Ding. Meshes brauchen Formen (manchmal als *Geometrie* bezeichnet) und etwas, um sie zu umhüllen (sogenanntes *Material*). Wir schauen uns in diesem Kapitel verschiedene Formen an. Zu unterschiedlichen Umhüllungen für unsere Formen kommen wir erst in Kapitel 12, *Mit Licht und Material arbeiten.*

Sobald wir ein Mesh haben, fügen wir es der *Szene* hinzu. Die Szene ist die Stelle in der 3D-Programmierung, an der gezaubert wird. Es ist die Welt, in der alles passiert. In diesem Fall ist es der Ort, an dem unser Ball herumlungert und auf Freunde wartet. Fügen wir der Szene einige weitere Formen hinzu, damit der Ball nicht so allein ist.

Formen mit JavaScript herstellen

Bisher haben wir nur eine Art von Form gesehen: eine Kugel. Formen können einfach sein: Würfel, Pyramiden, Kegel und Kugeln. Formen können aber auch komplexer sein, wie Gesichter oder Autos. In diesem Buch bleiben wir bei einfachen Formen. Wenn wir so etwas wie Bäume bauen, kombinieren wir einfache Formen, wie Kugeln und Zylinder miteinander.

Kugeln herstellen

Bälle werden in der Geometrie und der 3D-Programmierung als Kugeln (oder mathematisch korrekt als Sphären) bezeichnet. Es gibt zwei Möglichkeiten, die Form einer Kugel in JavaScript zu kontrollieren.

Größe: SphereGeometry(100)

Zunächst einmal können wir eine Kugel kontrollieren, indem wir beschreiben, wie groß sie ist. Wir schufen einen Ball, dessen Radius 100 war, als wir new THREE.SphereGeometry(100) sagten. Was passiert, wenn du den Radius auf 250 änderst?

```
❶ var shape = new THREE.SphereGeometry(250);
   var cover = new THREE.MeshNormalMaterial();
   var ball = new THREE.Mesh(shape, cover);
   scene.add(ball);
```

❶ An dieser Stelle müsstest du die Größe der Kugel ändern.

Sie sollte jetzt viel größer werden:

Abbildung 1-6 ▶
Die Kugel ist gewachsen.

```
 4  <script>
 5    // This is where stuff in our game will happen:
 6    var scene = new THREE.Scene();
 7
 8    // This is what sees the stuff:
 9    var aspect_ratio = window.innerWidth / window.innerHeight;
10    var camera = new THREE.PerspectiveCamera(75, aspect_ratio, 1, 10000);
11    camera.position.z = 500;
12    scene.add(camera);
13
14    // This will draw what the camera sees onto the screen:
15    var renderer = new THREE.CanvasRenderer();
16    renderer.setSize(window.innerWidth, window.innerHeight);
17    document.body.appendChild(renderer.domElement);
18
19    // ******** START CODING ON THE NEXT LINE ********
20    var shape = new THREE.SphereGeometry(250);
21    var cover = new THREE.MeshNormalMaterial();
22    var ball = new THREE.Mesh(shape, cover);
23    scene.add(ball);
24
25
26    // Now, show what the camera sees on the screen:
27    renderer.render(scene, camera);
28  </script>
```

Was passiert, wenn du die 250 zu 10 änderst? Wie du sicher erraten hast, wird sie viel kleiner. Das ist also eine Möglichkeit, um die Form einer Kugel zu kontrollieren. Welche andere Möglichkeit hast du?

Nicht klobig: SphereGeometry(100, 20, 15)

Wenn du auf den Hide Code-Button im ICE klickst, bemerkst du sicher, dass unsere Kugel eigentlich kein *wirklich* glatter Ball ist:

Abbildung 1-7 ▶
Eigentlich keine Kugel, sondern ein kugelförmiges Gebilde aus Flächen

Du kannst den Code ganz leicht ein- und ausblenden
Wenn du in der oberen rechten Ecke des ICE-Fensters auf den weißen Hide Code-Button klickst, siehst du nur den Spielbereich und die Objekte im Spiel. So wirst du in späteren Kapiteln auch die Spiele bedienen. Um den Code wieder hervorzuzaubern, klickst du auf den weißen Show Code-Button im ICE Code Editor.

Computer sind nicht in der Lage, tatsächlich einen Ball herzustellen. Stattdessen tun sie nur so, indem sie einen Haufen Quadrate (und manchmal auch Dreiecke) so zusammensetzen, dass das Ganze dann aussieht wie ein Ball. Normalerweise erhalten wir die richtige Anzahl an *Segmenten*, sodass es ähnlich genug wirkt.

Manchmal aber möchten wir, dass der Ball ein bisschen glatter wirkt. Dazu fügen wir auf der SphereGeometry()-Zeile zusätzliche Werte hinzu:

```
❶ var shape = new THREE.SphereGeometry(100, 20, 15);
  var cover = new THREE.MeshNormalMaterial();
  var ball = new THREE.Mesh(shape, cover);
  scene.add(ball);
```

❶ Die erste Zahl ist die Größe, die zweite Zahl ist die Anzahl der Segmente um die Kugel herum, und die dritte Zahl ist die Anzahl der Segmente nach oben und unten.

Dies sollte eine Kugel ergeben, die viel glatter ist:

◀ Abbildung 1-8
So sieht es schon viel besser aus.

Spiel doch noch ein bisschen mit diesen Zahlen herum. Du lernst gerade eine ganze Menge, und durch ein wenig Experimentieren wirst du noch mehr erfahren!

Ändere die Segmentierung nur, wenn Du unbedingt musst

Die Anzahl der Segmente, die wir erhalten, ohne dass wir SphereGeometry anweisen, mehr zu benutzen, ist vielleicht nicht so toll, aber du solltest sie nur ändern, wenn du unbedingt musst. Je mehr Segmente in einer Form sind, desto schwerer muss der Computer arbeiten, um sie zu zeichnen. Wie du später sehen wirst, ist es meist einfacher für den Computer, etwas glatt wirken zu lassen, wenn du eine andere Hülle für die Form wählst.

Wenn du weiter machen möchtest, schiebe den Ball aus dem Weg, indem du seine Position festlegst:

```
var shape = new THREE.SphereGeometry(100);
var cover = new THREE.MeshNormalMaterial();
var ball = new THREE.Mesh(shape, cover);
scene.add(ball);

❶ ball.position.set(-250,250,-250);
```

❶ Die drei Zahlen verschieben den Ball nach links, nach oben und nach hinten. Kümmere dich im Augenblick nicht darum, was diese Zahlen genau machen – wir reden über Positionen, wenn wir in Kapitel 3, *Projekt: Einen Avatar herstellen*, damit beginnen, Spielecharaktere zu bauen.

Mit der Würfelform Kisten herstellen

Als Nächstes erzeugen wir einen Würfel, also im Prinzip eine Kiste. Es gibt drei Möglichkeiten, die Form eines Würfels zu ändern: Du kannst ihn in der Breite, in der Höhe und in der Tiefe ändern.

Größe: CubeGeometry(300, 100, 20)

Um eine Kiste herzustellen, schreiben wir unter das, was wir für unseren Ball benutzt haben, weiteren JavaScript-Code. Tippe Folgendes ein:

```
var shape = new THREE.CubeGeometry(100, 100, 100);
var cover = new THREE.MeshNormalMaterial();
var box = new THREE.Mesh(shape, cover);
scene.add(box);
```

Wenn du alles richtig gemacht hast, solltest du ... richtig, ein Quadrat sehen:

Abbildung 1-9 ▶
Ganz offensichtlich ein Quadrat

Hm, das ist langweilig. Warum sehen wir ein Quadrat statt einer Kiste? Die Antwort lautet: ... weil unsere *Kamera*, also unsere Perspektive, direkt auf eine Seite der Kiste gerichtet ist. Falls wir mehr von der Kiste sehen wollen, müssen wir entweder die Kamera verschieben oder die Kiste drehen. Drehen wir also die Kiste:

```
var shape = new THREE.CubeGeometry(100, 100, 100);
var cover = new THREE.MeshNormalMaterial();
var box = new THREE.Mesh(shape, cover);
scene.add(box);
```

❶ `box.rotation.set(0.5, 0.5, 0);`

❶ Diese drei Zahlen drehen die Kiste entgegen dem Uhrzeigersinn nach unten und nach rechts.

In diesem Fall drehen wir 0.5 nach unten und 0.5 nach rechts:

◀ Abbildung 1-10
Die verdeckten Flächen des Würfels werden sichtbar.

Probiere es selbst aus!

An das Drehen von Dingen muss man sich erst gewöhnen, deshalb solltest du ein bisschen mit den Werten herumspielen. Probiere kleinere und größere Zahlen aus. Eine volle Drehung erreichst du mit 6.3 (wir reden später über diese Zahl). Versuche einmal, zwei der Zahlen auf 0 und eine andere auf 0.1, dann auf 0.25 und schließlich auf 0.5 zu setzen. Wenn du die Zahlen schnell genug änderst, dann ist das fast so, als würde der Würfel herumwirbeln!

Mit einer Drehung von (0.5, 0.5, 0) müsste der Würfel so weit herumgedreht worden sein, dass man tatsächlich einen Würfel erkennen kann:

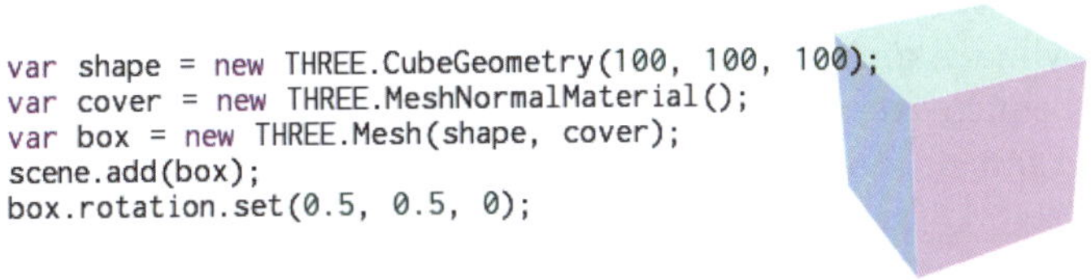

```
var shape = new THREE.CubeGeometry(100, 100, 100);
var cover = new THREE.MeshNormalMaterial();
var box = new THREE.Mesh(shape, cover);
scene.add(box);
box.rotation.set(0.5, 0.5, 0);
```

◀ Abbildung 1-11
So sieht der Würfel im Code Editor aus.

Die Seiten der Kiste müssen nicht alle gleich groß sein. Unsere Kiste ist momentan 100 breit (von links nach rechts), 100 hoch (von oben nach unten) und 100 tief (von vorn nach hinten). Ändern wir sie so, dass sie 300 breit, 100 hoch und nur 20 tief ist:

```
var shape = new THREE.CubeGeometry(300, 100, 20);
var cover = new THREE.MeshNormalMaterial();
var box = new THREE.Mesh(shape, cover);
scene.add(box);
box.rotation.set(0.5, 0.5, 0);
```

Das sollte jetzt etwa so aussehen:

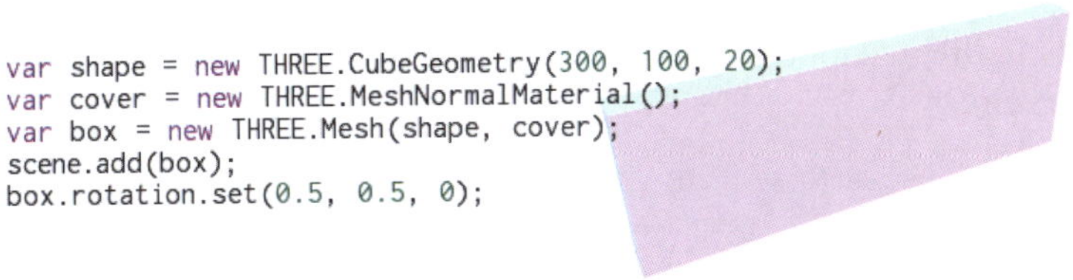

```
var shape = new THREE.CubeGeometry(300, 100, 20);
var cover = new THREE.MeshNormalMaterial();
var box = new THREE.Mesh(shape, cover);
scene.add(box);
box.rotation.set(0.5, 0.5, 0);
```

◀ Abbildung 1-12
Aus dem Würfel ist jetzt eine langgezogene Kiste geworden.

Probiere noch einige andere Werte aus, um ein Gefühl dafür zu bekommen.

Ob du es glaubst oder nicht, du weißt jetzt schon eine ganze Menge über JavaScript und die 3D-Programmierung. Natürlich gibt es noch viel mehr zu lernen, aber du kannst jetzt bereits Bälle und Kisten herstellen. Du kannst sie schon verschieben und herumdrehen. Und dazu musstest du nur zehn Zeilen JavaScript-Code schreiben – wirklich toll! Schieben wir unsere Kiste aus dem Weg, damit wir mit noch mehr Formen spielen können:

```
var shape = new THREE.CubeGeometry(300, 100, 20);
var cover = new THREE.MeshNormalMaterial();
var box = new THREE.Mesh(shape, cover);
scene.add(box);
box.rotation.set(0.5, 0.5, 0);
box.position.set(250, 250, -250);
```

Zylinder für alle möglichen Formen

Ein Zylinder, manchmal auch Röhre genannt, ist eine überraschend nützliche Form in der 3D-Programmierung. Denk einmal darüber nach: Zylinder können als Baumstämme, Blechdosen oder auch als Räder benutzt werden ... Wusstest du, dass man mit Zylindern Kegel, Tannenbäume und sogar Pyramiden herstellen kann? Und so geht's!

Größe: CylinderGeometry(20, 20, 100)

Tippe die folgenden Zeilen unter dem Kistencode ein, um einen Zylinder herzustellen:

```
var shape = new THREE.CylinderGeometry(20, 20, 100);
var cover = new THREE.MeshNormalMaterial();
var tube = new THREE.Mesh(shape, cover);
scene.add(tube);
```

Wenn du das ein bisschen drehst (du erinnerst dich aus dem letzten Abschnitt noch daran, oder?), siehst du vermutlich so etwas Ähnliches (siehe Abbildung 1-13).

Mach dir keine Sorgen, solltest du nicht mehr wissen, wie man die Röhre dreht. Tippe einfach nach der Zeile mit scene.add(tube) dies hier ein:

```
tube.rotation.set(0.5, 0, 0);
```

Beim Herstellen eines Zylinders beschreiben die ersten beiden Zahlen, wie groß der Zylinder oben und unten ist. Die letzte Zahl gibt die Höhe des Zylinders an. Unser Zylinder ist also oben und unten jeweils 20 groß. Außerdem ist er 100 hoch.

◀ Abbildung 1-13
Siehe da, ein Zylinder!

Was passiert, wenn du die ersten beiden Werte auf 100 und die letzte Zahl auf 20 änderst? Was passiert, wenn du die Spitze auf 1, das Unterteil auf 100 und die Höhe auf 100 stellst?

Probiere es selbst aus
Spiele mit diesen Zahlen ein bisschen herum und erlebe selbst, was du herstellen kannst!

Was hast du herausgefunden?

Ein flacher Zylinder ist eine Scheibe:

```
var shape = new THREE.CylinderGeometry(100, 100, 20);
var cover = new THREE.MeshNormalMaterial();
var tube = new THREE.Mesh(shape, cover);
scene.add(tube);
tube.rotation.set(0.5, 0, 0);
```

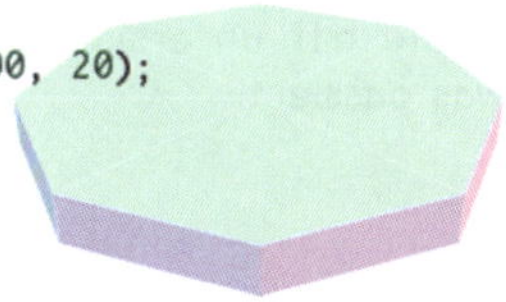

◀ Abbildung 1-14
Die Welt ist eine Scheibe. ;-)

Und ein Zylinder, der entweder eine Spitze oder ein Unterteil mit der Größe 1 hat, ist ein Kegel:

```
var shape = new THREE.CylinderGeometry(1, 100, 100);
var cover = new THREE.MeshNormalMaterial();
var tube = new THREE.Mesh(shape, cover);
scene.add(tube);
tube.rotation.set(0.5, 0, 0);
```

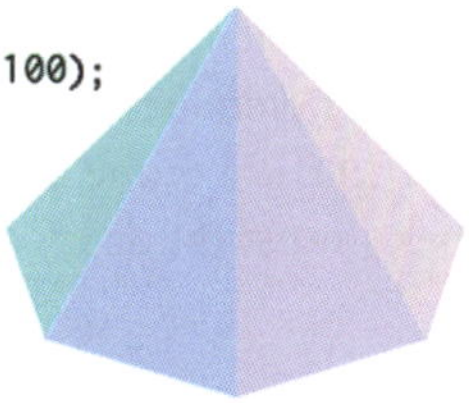

◀ Abbildung 1-15
Ein Zirkuszelt?

Es sollte klar sein, dass du mit Zylindern viel erreichen kannst, allerdings haben wir bisher gar nicht alles gesehen. Ein Trick ist noch übrig.

Pyramiden: CylinderGeometry(1, 100, 100, 4)

Hast du gemerkt, dass Zylinder klobig aussehen? Es sollte dich deshalb nicht überraschen, dass man die Grobheit von Zylindern kontrollieren kann. Wenn du zum Beispiel die Anzahl der Segmente bei der Scheibe auf 20 setzt, so wie hier:

```
var shape = new THREE.CylinderGeometry(100, 100, 10, 20);
var cover = new THREE.MeshNormalMaterial();
var tube = new THREE.Mesh(shape, cover);
scene.add(tube);
tube.rotation.set(0.5, 0, 0);
```

dann müsstest du so etwas sehen:

Abbildung 1-16 ▶
Ein ganz flacher Zylinder mit einem stark geglätteten Rand

```
var shape = new THREE.CylinderGeometry(100, 100, 10, 20);
var cover = new THREE.MeshNormalMaterial();
var tube = new THREE.Mesh(shape, cover);
scene.add(tube);
tube.rotation.set(0, 0, 0);
```

Genau wie bei den Kugeln solltest du nur dann viele Segmente benutzen, wenn du das wirklich, wirklich brauchst.

Kannst du dir vorstellen, wie man das in eine Pyramide verwandeln könnte? Du hast schon alle Hinweise, die du brauchst.

Probiere es selbst aus!
Spiele mit unterschiedlichen Zahlen herum und schaue dir an, was passiert!

Hast du es herausbekommen? Keine Panik, falls nicht. Was wir machen, ist wirklich ziemlich raffiniert.

Du musst nämlich die Anzahl der Segmente, aus denen du einen Kegel herstellst, *verringern*. Wenn du die Spitze auf 1, das Unterteil auf 100, die Höhe auf 100 und die Anzahl der Segmente auf 4 setzt, bekommst du das:

```
var shape = new THREE.CylinderGeometry(1, 100, 100, 4);
var cover = new THREE.MeshNormalMaterial();
var tube = new THREE.Mesh(shape, cover);
scene.add(tube);
tube.rotation.set(0.5, 0, 0);
```

◄ Abbildung 1-17
Eine Pyramide

Es kommt dir vielleicht wie Schummelei vor, auf diese Weise eine Pyramide herzustellen, aber das bringt uns zu einem sehr wichtigen Tipp für alle Programmierungen:

Schummle, wann immer das möglich ist
Im wirklichen Leben solltest du nicht schummeln, aber bei der Programmierung – vor allem bei der 3D-Programmierung – solltest du immer nach einfacheren Methoden suchen, um etwas zu tun. Selbst wenn es eine *übliche* Methode für etwas gibt, könnte es einen *besseren* Weg geben.

Du warst bis hierher ganz klasse. Schiebe die Röhre genau wie den Würfel und die Kugel aus der Mitte heraus:

```
tube.position.set(250, -250, -250);
```

Wir kommen jetzt zu den letzten beiden Formen in diesem Kapitel.

Mit Ebenen flache Oberflächen bauen

Eine Ebene ist eine flache Oberfläche. Ebenen sind besonders für den Boden nützlich, man kann mit ihnen aber auch gut Türen und Ecken in unseren Spielen kennzeichnen.

PlaneGeometry(100, 100)

Da Ebenen einfach nur flache Quadrate sind, sind sie viel einfacher als die anderen Objekte, die wir bisher gesehen haben. Tippe Folgendes ein:

```
var shape = new THREE.PlaneGeometry(100, 100);
var cover = new THREE.MeshNormalMaterial();
var ground = new THREE.Mesh(shape, cover);
scene.add(ground);
ground.rotation.set(0.5, 0, 0);
```

Vergiss nicht die Drehung auf der letzten Zeile. Ebenen sind so dünn, dass du sie vielleicht gar nicht siehst, wenn du direkt auf sie blickst.

Die Zahlen beim Herstellen einer Ebene bezeichnen Breite und Tiefe. Eine Ebene, die 300 breit und 100 tief ist, könnte so aussehen:

Abbildung 1-18 ▶
Eine Ebene

```
var shape = new THREE.PlaneGeometry(300, 100);
var cover = new THREE.MeshNormalMaterial();
var ground = new THREE.Mesh(shape, cover);
scene.add(ground);
ground.rotation.set(0.5, 0, 0);
```

Mehr musst du über Ebenen eigentlich gar nicht wissen. Schieb unsere Ebene aus dem Weg:

```
var shape = new THREE.PlaneGeometry(300, 100);
var cover = new THREE.MeshNormalMaterial();
var ground = new THREE.Mesh(shape, cover);
scene.add(ground);
ground.position.set(-250, -250, -250);
```

Kommen wir nun zur allerbesten Form auf der ganzen weiten Welt.

Mit einem Ring einen Donut zeichnen (leider nicht essbar)

Im Kauderwelsch der 3D-Programmierung wird ein Donut auch als *Ring* (oder Torus) bezeichnet. Für den einfachsten Ring müssen wir zwei Werte zuweisen: einen für den Abstand von der Mitte bis zur Außenkante und einen anderen für die Dicke der Röhre.

TorusGeometry(100, 25)

Tippe Folgendes in den ICE ein:

```
var shape = new THREE.TorusGeometry(100, 25);
var cover = new THREE.MeshNormalMaterial();
var donut = new THREE.Mesh(shape, cover);
scene.add(donut);
```

Du solltest einen ziemlich unförmigen Donut sehen, so wie der in Abbildung 1-19.

Inzwischen weißt du vermutlich, wie du den Donut ein bisschen glatter hinbekommen kannst:

```
var shape = new THREE.TorusGeometry(100, 25);
var cover = new THREE.MeshNormalMaterial();
var donut = new THREE.Mesh(shape, cover);
scene.add(donut);
```

TorusGeometry(100, 25, 8, 25)

Genau wie die Kugel besteht die Donut-Form aus Segmenten. Die Segmente können um die innere Röhre herum größer oder kleiner gemacht werden. Für die Anzahl der Segmente fügen wir eine dritte Zahl ein, wenn wir die TorusGeometry definieren. Die Größe der Segmente an der Außenseite des Donuts bestimmen wir über eine vierte Zahl. Teste zum Beispiel einmal folgende Zahlen und schaue dir an, was passiert.

```
var shape = new THREE.TorusGeometry(100, 25, 8, 25);
var cover = new THREE.MeshNormalMaterial();
var donut = new THREE.Mesh(shape, cover);
scene.add(donut);
```

Na, *das* ist mal ein gut aussehender Donut:

```
var shape = new THREE.TorusGeometry(100, 25, 8, 25);
var cover = new THREE.MeshNormalMaterial();
var donut = new THREE.Mesh(shape, cover);
scene.add(donut);
```

TorusGeometry(100, 25, 8, 25, 3.14)

Wir können mit Donuts noch einen Trick ausprobieren. Setze zu der TorusGeometry-Form eine weitere Zahl, und zwar 3.14, hinzu:

```
var shape = new THREE.TorusGeometry(100, 25, 8, 25, 3.14);
var cover = new THREE.MeshNormalMaterial();
var donut = new THREE.Mesh(shape, cover);
scene.add(donut);
```

Na so was! Der Donut ist halb aufgegessen.

Die Formen animieren

Bevor wir unsere erste Programmiersitzung beenden, wollen wir etwas Cooles machen. Lassen wir alle unsere Formen wie verrückt herumwirbeln.

Gib im ICE nach all unseren Formen den folgenden Code ein:

```
var clock = new THREE.Clock();
function animate() {
requestAnimationFrame(animate);
var t = clock.getElapsedTime();
ball.rotation.set(t, 2*t, 0);
box.rotation.set(t, 2*t, 0);
tube.rotation.set(t, 2*t, 0);
ground.rotation.set(t, 2*t, 0);
donut.rotation.set(t, 2*t, 0);
renderer.render(scene, camera);
}
animate();
```

Kümmere dich erst einmal nicht darum, was dieser ganze Code bedeutet – wir schauen uns diese Zeilen weiter unten im Buch genauer an. Für den Augenblick reicht es, zu wissen, dass wir in bestimmten Zeitintervallen die Drehung der Form ändern. Nach jeder Änderung fordern wir das Render-Programm (Rendern bedeutet in der 3D-Geheimsprache Zeichnen oder Darstellen) auf, die aktuellen Formen auf dem Bildschirm neu zu zeichnen oder zu rendern.

Falls der ICE Code Editor blockiert
Wenn man Animationen und andere aufwendige Programmierungen macht, kann es passieren, dass der ICE Code Editor komplett blockiert. Das ist nicht schlimm. Falls der ICE nicht mehr reagiert, musst du einfach deine letzte Änderung rückgängig machen. Hinweise dazu findest du im Abschnitt »Was tun, wenn der ICE kaputt ist?« auf Seite 27.

Der Code bisher

Um dir die Dinge ein bisschen zu vereinfachen, findest du eine vollständige Version dieses Projekts in Abschnitt »Code: Einfache Formen herstellen« auf Seite 253. Mit diesem Code kannst du deine Arbeit überprüfen, wenn Du die Übungen absolvierst. Allerdings solltest du den Code nicht einfach in den ICE kopieren. Es ist nicht möglich, das Programmieren zu lernen und zu verstehen, wenn du es nicht selbst machst.

Wie es weitergeht

Wow! Das war ziemlich irre. Wir haben schon eine Menge gelernt, und dabei haben wir gerade erst angefangen!

Wir wissen bereits, wie man Projekte im ICE Code Editor programmiert. Wir wissen, wie man viele unterschiedliche Formen herstellt. Wir können sogar schon Dinge mit JavaScript verschieben und drehen. Und was das Beste ist, wir brauchten nur 15 Zeilen Code, um nach dem Herstellen unserer Formen eine wirklich coole Animation zu schaffen. Das ist ein guter Anfang.

Nachdem wir einen ersten Vorgeschmack von 3D-Programmierung bekommen haben, wollen wir ein bisschen darüber reden, wie man in Webbrowsern programmiert.

MIT DER KONSOLE HERUMSPIELEN UND FESTSTELLEN, WAS KAPUTT IST

WENN DU DIESES KAPITEL GELESEN HAST, DANN

⚡ kannst du die JavaScript-Konsole öffnen/schließen

⚡ weißt du, wie man in der JavaScript-Konsole nach Fehlern sucht

⚡ bist du in der Lage, Projekte zu reparieren, wenn der ICE blockiert

Beim Programmieren in einem Webbrowser ist es *extrem* nützlich, wenn man weiß, wie man die JavaScript-Konsole des Browsers benutzt. Die meisten modernen Browser besitzen eine JavaScript-Konsole, wir benutzen hier aber Google Chrome.

Das Programmieren kann einen überwältigen
Manchmal möchte man seinen Computer einfach aus dem Fenster werfen (lass es besser!). Behalte immer zwei Tatsachen im Hinterkopf, wenn du hier weitermachst:

- Es wird immer Dinge geben, die du nicht weißt – das ist okay.
- Deine Programme werden kaputtgehen – das ist okay.
- Denke immer daran, dass es allen anderen auch so geht, und dann ist alles in Ordnung.

Leg los

Mach dich mit dem ICE Code Editor vertraut

Wir benutzen immer noch den ICE Code Editor aus Kapitel 1, *Projekt: Einfache Formen herstellen*, auf Seite 1. Solltest du mit dem ICE bisher nicht begonnen haben, gehe zurück zu diesem Kapitel und mache dich mit ihm vertraut.

Starte ein neues Projekt

Alles, was du bereits im ICE gemacht hast, sollte automatisch gesichert worden sein, sodass wir gleich mit einem neuen Projekt einsteigen. Klicke auf den Menü-Button und wähle NEW aus dem Menü:

Abbildung 2-1 ▶
Leg ein neues Projekt an …

Nennen wir das neue Projekt doch einfach Sachen kaputtmachen.

Abbildung 2-2 ▶
… und gib ihm einen Namen.

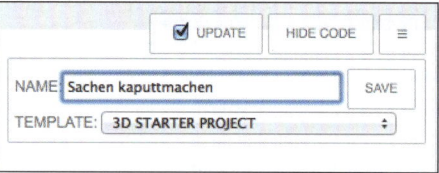

Achte darauf, dass als Template weiterhin 3D starter project eingestellt ist.

Jetzt öffnen wir die JavaScript-Konsole des Browsers.

Die JavaScript-Konsole öffnen und schließen

Die JavaScript-Konsole in einem Browser ist die beste Freundin jedes Webprogrammierers. Sie verrät uns, wo wir Fehler gemacht haben.

Die JavaScript-Konsole öffnen und schließen

`Strg`+`⇧`+`J` (gleichzeitig die `Strg`-, die `⇧`- und die `J`-Taste drücken) öffnet und schließt die JavaScript-Konsole.

Falls du einen Apple-Computer benutzt, kannst du die Konsole mit `⌘`+`⌥`+`J` öffnen und schließen.

Mach dir keine Sorgen über die vielen Warnungen und Fehler, die Du vermutlich siehst, wenn du die JavaScript-Konsole zum ersten Mal öffnest. Sie führt ein Protokoll, ein sogenanntes Log, über all die Ereignisse, die auf einer Webseite oder im ICE Code Editor stattfinden. Wenn es dir zu viele Nachrichten werden, kannst du das Log mit dem Button leeren, auf dem ein durchgestrichener Kreis zu sehen ist.

Die Tastenkombination, mit der die JavaScript-Konsole geöffnet wird, schließt sie auch wieder (lass sie aber bitte in diesem Kapitel geöffnet).

Fangen wir damit an, einfache Sachen kaputt zu machen, über die der ICE Code Editor uns berichten kann.

Fehlersuche im ICE: Das Rote X

Ein rotes X neben deinem Code bedeutet, dass der ICE ein Problem erkennt, das verhindert, dass dein Code ausgeführt wird. Lass uns ein bisschen wirklich mieses JavaScript schreiben, um das einmal zu demonstrieren. Gib unter START CODING ON THE NEXT LINE folgende Zeile ein.

```
bad()javascript
```

Das ist wirklich übles JavaScript!

Fragst du dich, wieso? Es ist übel, weil nach den Klammern niemals ein Wort folgen sollte. Wenn du solchen Code schreibst, zeigt der ICE neben der Zeile mit dem Problem ein rotes X, um zu signalisieren, dass diese Zeile korrigiert werden muss. Schiebst du den Mauszeiger über das rote X, wird sogar die eigentliche Fehlermeldung angezeigt, wie etwa »missing ; before statement« (fehlendes ; vor Statement).

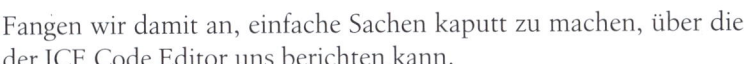

◀ Abbildung 2-3
Die Konsole verrät uns, dass hier ein Semikolon fehlt.

Der ICE wird dir nicht verraten, dass du Wörter hinter die Klammern geschrieben hat. Er weiß lediglich, dass am Ende der Zeile

Klammern stehen sollten, was hier nicht der Fall war. Als er entdeckte, dass die Zeile nicht beendet worden war, löste er einen Fehler aus mit der Warnung: »He! Du hast das Semikolon am Ende der Zeile vergessen!« Wir müssen selbst herausfinden, wo die Zeile enden sollte.

Folgende Dinge kannst du in deinem Code überprüfen, wenn du ein rotes X siehst:

- Hast du ein Semikolon vergessen?
- Falls du auf der Zeile mit dem roten X kein Problem erkennen kannst, überprüfe auch die vorhergehende Zeile. Der ICE weiß nicht immer, wo das Problem beginnt, und liegt manchmal eine oder zwei Zeilen daneben.

Fehlersuche im ICE: Das Gelbe Dreieck

Im Gegensatz zu einem roten X hält ein gelbes Dreieck, das links neben deinem Code auftaucht, die Show nicht auf. Dein Code läuft vermutlich auch dann, wenn einige seiner Zeilen mit gelben Dreiecken markiert sind, allerdings läuft er vielleicht nicht korrekt. Am besten ist es, diese Dreiecke wieder loszuwerden.

Dafür schreiben wir noch ein bisschen schlechtes JavaScript (aber nicht *zu* schlecht). Entferne zuerst die bad()javascript-Zeile aus dem vorherigen Abschnitt und füge dann die folgenden Zeilen hinzu:

```
food;
eat(food);
```

In diesem Fall teilt uns der ICE mit dem gelben Dreieck mit, dass die food-Zeile nichts macht.

Abbildung 2-4 ▶
Eine Warnung

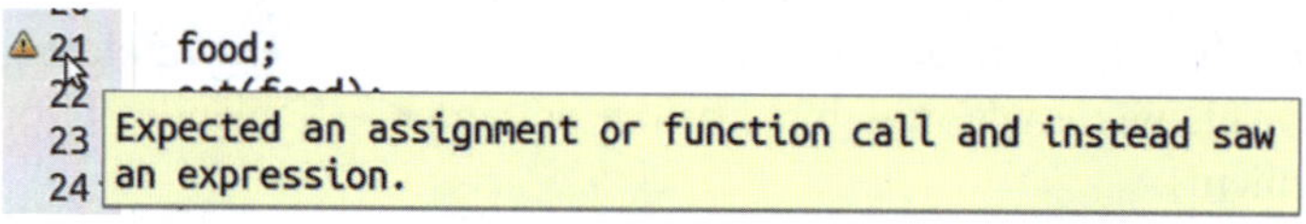

Wir können das Problem beheben, indem wir die food-Zeile in eine Zuweisung ändern:

```
food = 'Cookie';
eat(food);
```

Der ICE sollte die neue food-Zeile akzeptieren und keine Fehler mehr anzeigen. Doch auch wenn der ICE keine Probleme mehr feststellen kann, stimmt mit diesem Code etwas nicht.

Fehlersuche in der Konsole

An dieser Stelle hilft uns die JavaScript-Konsole weiter, weil wir mit ihr sehen, was das Programm tatsächlich macht. Sobald du die Konsole geöffnet hast, siehst du die Fehlermeldung, die dir mitteilt, dass eat() nicht definiert ist.

⊗ Uncaught ReferenceError: eat is not defined

◀ Abbildung 2-5
Der Browser weiß nicht, was mit eat gemeint ist.

Als der Browser versuchte, den schlechten JavaScript-Code auszuführen, merkte er, dass es ein Problem gab. Wir befahlen dem Browser in unserem Programm, die Funktion eat() auszuführen, sagten ihm aber nie, *wie* er das machen soll. Fehler, die gefunden werden, wenn man versucht, den Code auszuführen, heißen *Laufzeitfehler* (oder Runtime Errors).

Wir werden uns in Kapitel 5, *Funktionen: Immer und immer wieder benutzen*, auf Seite 55 näher mit Funktionen befassen. Im Augenblick reicht es aus, zu wissen, dass eine Funktion eine Methode ist, um Code zu schreiben, der immer wieder ausgeführt werden kann.

Die Fehler, die vom ICE mit dem roten X und dem gelben Dreieck gekennzeichnet werden, heißen *Compile-Zeit-Fehler* (Fehler zur Übersetzungszeit). Compile-Zeit-Fehler werden erfasst, wenn der Computer den Code liest und entscheidet, was er damit machen soll. Der Begriff Übersetzen bezieht sich auf den Computer, der entscheidet, was er mit dem Code machen soll.

Die JavaScript-Konsole hilft uns dabei, Laufzeitfehler zu beheben.

Um dieses Problem zu lösen, wollen wir unserem JavaScript-Programm sagen, wie man Essen isst. Dazu fügen wir eine Funktion hinzu, die nach der Zeile mit eat(food) das Essen erklärt.

```
food = 'Cookie';
eat(food);
function eat(food) {
console.log(food + "! Nam. Nam. Nam.");
}
```

Es sollte jetzt keine Compile-Zeit-Fehler im ICE und keine Laufzeit-fehler in der JavaScript-Konsole geben, und in der Konsole müsste die Nachricht »Cookie! Nam. Nam. Nam.« auftauchen.

Bevor wir dieses Kapitel beschließen, schauen wir uns noch einige verbreitete Fehler bei der 3D-Programmierung an. Füge den folgenden Code nach der abschließenden geschweiften Klammer der eat()-Funktion hinzu:

```
var shape = new THREE.SpherGeometry(100);
var cover = new Three.MeshNormalMaterial();
var ball = new THREE.Mesh(shape, cover);
scene.ad(ball);
```

Du wirst bemerken, dass es für diesen Code im ICE keine Compile-Zeit-Fehler gibt. Der Browser liest den JavaScript-Code und sagt: »Jepp, das sieht für mich wie absolut einwandfreies JavaScript aus. Ich führe das jetzt aus!« Allerdings kommt es zu Problemen, wenn der Code tatsächlich ausgeführt wird, und du findest in der Java-Script-Konsole Laufzeitfehler.

Mögliche Fehlermeldung – Undefined Is Not a Function

Schauen wir uns zuerst einmal an, was schiefgegangen ist. Öffne die JavaScript-Konsole, falls sie noch nicht geöffnet ist. Darin solltest du eine sehr *wenig* hilfreiche Nachricht sehen.

Abbildung 2-6 ▶
Fehlermeldungen in der Konsole
können verwirrend sein.

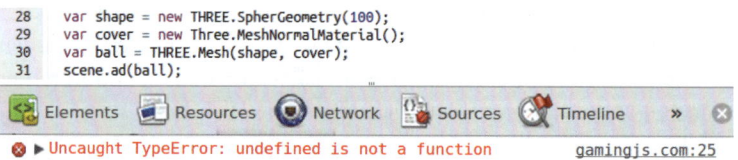

Diese Nachricht versucht, uns mitzuteilen, dass SphereGeometry falsch geschrieben ist. Überprüfe den Code. Es stellt sich heraus, dass wir ein e vergessen und stattdessen SpherGeometry eingetippt hatten. Die Nachricht in der JavaScript-Konsole hat uns dabei eigentlich nicht viel genützt.

Es gibt hier zwei Probleme, die enträtselt werden müssen. Erstens verrät uns undefined is not a function eigentlich nichts und ist auch nicht leicht zu verstehen. Selbst JavaScript-Experten werden davon verwirrt.

Das zweite Problem ist die Zeilennummer in der Fehlermeldung. In diesem Beispiel bedeutet gamingjs.com:25, dass der Browser glaubt, das Problem sei in Zeile 25 unseres Programms aufgetreten (bei dir könnten die Zeilennummern ein wenig anders sein). Allerdings steht das falsch geschriebene Wort nicht in Zeile 25 im ICE. Unser Problem tritt stattdessen in Zeile 28 auf. Und ja, auch das verwirrt JavaScript-Experten.

> **Zeilennummern in der Konsole sind nicht immer exakt**
> Der ICE bemüht sich wirklich, das mit den Zeilennummern in der Konsole richtig zu machen, und manchmal gelingt es ihm auch – es könnte sogar jetzt bei dir stimmen –, aber manchmal kann er auch um einige Zeilen danebenliegen. Beginne deine Suche immer an der exakten Zeilennummer. Falls es nicht so aussieht, als sei der Fehler dort zu finden, prüfe die nächsten benachbarten Zeilen.

Kommen wir zurück zur Fehlermeldung undefined is not a function, die sich in Wirklichkeit auf Zeile 28 im ICE bezieht. Dieser Fehler bedeutet, dass der Browser nach einer Funktion suchte, als er versuchte, unseren Code auszuführen, aber etwas fand, das er nicht kannte. `THREE.SpherGeometry` war nicht definiert, weil die tatsächliche Funktion `THREE.SphereGeometry` hieß.

Zum Glück lässt sich dieses Problem leicht beheben, weil wir nur ein e hinzufügen müssen.

Mögliche Fehlermeldung – Three Is Not Defined

Doch selbst nachdem wir `SphereGeometry` richtig geschrieben haben, erscheint auf dem Bildschirm kein Ball. Irgendetwas stimmt mit unserem Code immer noch nicht.

Wenn du in die JavaScript-Konsole schaust, solltest du so etwas sehen.

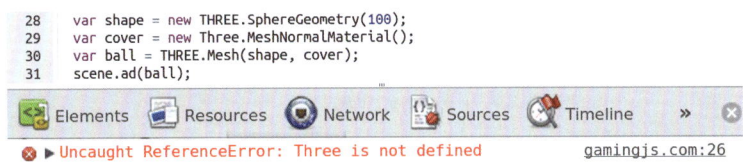

◀ Abbildung 2-7
Wir kommen der Lösung des Problems schon näher.

Hier sagt uns die JavaScript-Konsole, dass uns offenbar entfallen ist, dass `THREE` immer in Großbuchstaben geschrieben werden sollte. So etwas wie `Three` gibt es nicht; wir haben es jedoch geschrieben, und die JavaScript-Konsole teilt uns das hier mit.

Dieser Fehler ist beim Arbeiten mit der 3D-Bibliothek ziemlich verbreitet. Versuche deshalb am besten, dir das für das nächste Mal zu merken, wenn du den Fehler siehst.

Wir können diesen Fehler beheben, indem wir Three im Code durch THREE ersetzen.

Mögliche Fehlermeldung – Undefined: No Method

Doch auch nachdem wir diese beiden Fehler entfernt haben, ist kein Ball zu sehen. Stattdessen finden wir in der Konsole eine weitere seltsame Fehlermeldung.

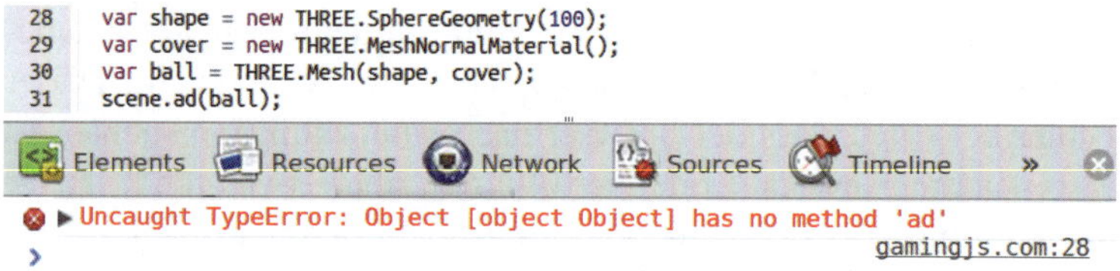

Abbildung 2-8 ▶
Es ist immer noch nicht richtig!

```
28    var shape = new THREE.SphereGeometry(100);
29    var cover = new THREE.MeshNormalMaterial();
30    var ball = THREE.Mesh(shape, cover);
31    scene.ad(ball);
```

Elements   Resources   Network   Sources   Timeline   »

⊗ ▶ Uncaught TypeError: Object [object Object] has no method 'ad'
❯   gamingjs.com:28

Kümmere dich nicht um den Object [object Object]-Teil der Meldung, der uns im Moment nichts Nützliches zu sagen hat.

In diesem Fall sagten wir dem Browser, dass es eine Methode namens ad() gäbe. Allerdings war er nicht in der Lage, irgendwelche Informationen dazu in der Datei zu finden. Die Lösung ähnelt der aus den vorherigen Beispielen. Die Methode, die wir haben sollten, heißt add(), nicht ad(). Mit anderen Worten, wir haben uns *schon wieder* verschrieben.

Nachdem du diese Zeile korrigiert hast, siehst du endlich einen Ball und die Meldung »Nam. Nam. Nam.« in der JavaScript-Konsole.

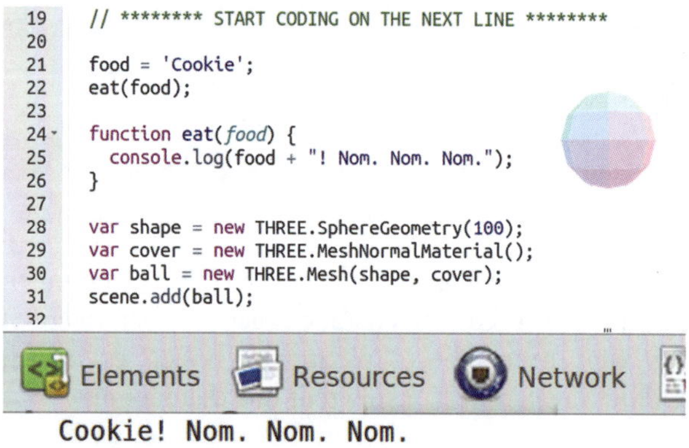

Abbildung 2-9 ▶
Hmm, das schmeckt!

```
19    // ******* START CODING ON THE NEXT LINE *******
20
21    food = 'Cookie';
22    eat(food);
23
24 ▾  function eat(food) {
25      console.log(food + "! Nom. Nom. Nom.");
26    }
27
28    var shape = new THREE.SphereGeometry(100);
29    var cover = new THREE.MeshNormalMaterial();
30    var ball = new THREE.Mesh(shape, cover);
31    scene.add(ball);
32
```

Elements   Resources   Network   {}

Cookie! Nom. Nom. Nom.

Was tun, wenn der ICE kaputt ist?

Es ist überraschend einfach, einen Webbrowser zum Absturz zu bringen. Wenn du eine Kugel mit einer Million Segmenten herstellst, stürzt er ab. Wenn du eine rekursive Funktion ohne Stopppunkt schreibst (darüber reden wir in Kapitel 5, *Funktionen: Immer und immer wieder benutzen*), stürzt der Browser ab.

Wenn der Browser kaputt ist, geht der ICE Code Editor auch nicht mehr, oder?

Nun ja, aber das lässt sich leicht beheben: Füge ?e oder ?edit-only der URL hinzu, sodass du unter http://gamingjs.com/ice/?e loslegst. Das ist der Edit-only-Modus für den ICE (Nur-bearbeiten-Modus).

Korrigiere die letzte Sache, die du eingetippt hast, um den ICE abstürzen zu lassen, und entferne dann das Edit-only-Fragezeichen aus der URL. Du bist jetzt zurück bei http://gamingjs.com/ice/. Auch die Vorschau sollte nun wieder zu sehen sein.

Auf manchen Computern musst du vielleicht den Browser-Tab oder das Browserfenster schließen, bevor du das probieren kannst. Du kannst dann ein neues Fenster oder einen neuen Tab öffnen, in den du die ICE-URL für den Edit-only-Modus eingibst. Speziell auf Google Chromebooks läuft der Edit-only-Modus besser, wenn man so vorgeht.

Wie es weitergeht

Wir wissen jetzt, wie wir Formen herstellen können und wo wir nachschauen müssen, wenn etwas schiefgeht. Als Nächstes wollen wir mit unserem ersten Spiel beginnen, indem wir uns einen ganz eigenen Avatar bauen.

PROJEKT: EINEN AVATAR HERSTELLEN

WENN DU DIESES KAPITEL GELESEN HAST, DANN

⚡ weißt du, wie man Objekte zusammen auf dem Bildschirm platziert

⚡ hast du einen Avatar, den du in späteren Kapiteln und in Spielen benutzen kannst

Zum Entwickeln von Spielen gehört, dass man viel bauen muss, wie etwa den Spielbereich, die Spieler in dem Spiel und Dinge, mit denen sich die Spieler dann befassen müssen. In diesem Projektkapitel werden wir einen Spieler erzeugen, den wir in einem Spiel benutzen könnten – einen Avatar. Er wird am Ende etwa so aussehen:

◀ Abbildung 3-1
Das ist unser Ziel:
Ein kugeliger Avatar

Der Avatar ist dein Stellvertreter in der Spielewelt. Er zeigt, wo du dich im Spiel befindest und was du machst. Da er dich und mich repräsentieren wird, sollte er sich gut anfühlen. Wir wollen was Besseres als nur ein einfaches Kästchen, um uns darzustellen.

Der Unterschied zwischen einem Spieler und einem Avatar

Wir benutzen in diesem Buch das Wort »Spieler«, wenn wir die Person meinen, die das Spiel spielt. Das Wort »Avatar« beschreibt hingegen einen Spieler *innerhalb* des Spiels.

Leg los

Wir öffnen wieder den ICE Code Editor[1] und legen ein neues Projekt an, das wir Mein Avatar nennen (lies den Abschnitt »Leg los« auf Seite 20, falls du nicht mehr weißt, wie das geht).

Abbildung 3-2 ▶
Unser neues Projekt heißt
»Mein Avatar«.

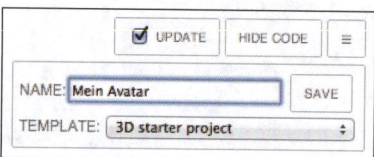

Achte darauf, dass als Template 3D starter project eingestellt bleibt. Damit können wir direkt nach der Zeile START CODING ON THE NEXT LINE anfangen zu programmieren.

Ein Ganzes aus Teilen herstellen

Aus Kapitel 1, *Projekt: Einfache Formen herstellen*, auf Seite 1 wissen wir bereits, wie wir einfache Formen erzeugen. Lass uns mit unserem Spieler-Avatar beginnen, indem wir eine Kugel für den Körper herstellen:

```
var cover = new THREE.MeshNormalMaterial();
var body = new THREE.SphereGeometry(100);
var avatar = new THREE.Mesh(body, cover);
scene.add(avatar);
```

Wir wissen schon, was passiert, wenn wir das eintippen – wir erhalten einen Ball in der Mitte der Szene.

---

1 *http://gamingJS.com/ice*

```
// This will draw what the camera sees onto the screen:
var renderer = new THREE.CanvasRenderer();
renderer.setSize(window.innerWidth, window.innerHeight);
document.body.appendChild(renderer.domElement);

// ******** START CODING ON THE NEXT LINE ********
var cover = new THREE.MeshNormalMaterial();
var body = new THREE.SphereGeometry(100);
var avatar = new THREE.Mesh(body, cover);
scene.add(avatar);
```

◄ Abbildung 3-3
Der Körper ist schon fertig.

Nun platzieren wir neben dem Körper eine Hand. Füge folgende Zeilen unter dem Code ein, den du bereits eingegeben hast, um den Körper herzustellen.

```
var hand = new THREE.SphereGeometry(50);
var right_hand = new THREE.Mesh(hand, cover);
right_hand.position.set(-150, 0, 0);
scene.add(right_hand);
```

Wie du vermutlich bemerkst, haben wir für die Hand keine neue Hülle erzeugt. Stattdessen haben wir die gleiche Hülle benutzt, die wir unter dem Namen cover schon für den Körper des Avatars verwendet haben. Damit ersparen wir uns ein bisschen Tipparbeit.

Weniger zu tippen, ist immer gut, da wir alle Programmierer sind. Und Programmierer sind im Grunde ihres Herzens absolut faul. Das erinnert mich an eine Programmierweisheit, die ich dir nicht vorenthalten möchte:

> **Gute Programmierer sind faul**
>
> Ich meine damit nicht, dass Programmierer Arbeit hassen. Um ehrlich zu sein, wir lieben unsere Jobs und verbringen oft viel zu viel Zeit bei der Arbeit, weil wir sie so sehr lieben.
>
> Nein, was ich mit *faul* meine, ist, dass wir es hassen, Arbeit zu verrichten, die der Computer besser kann. Anstatt also einzelne Hände und Füße herzustellen, würden wir lieber nur eine einzelne Hand oder einen einzelnen Fuß schreiben und das dann so oft kopieren, wie es nötig ist.

Faul zu sein, nützt uns in zweierlei Hinsicht:

- Wir tippen weniger. Ob du es glaubst oder nicht, das ist ein großer Vorteil. Wir müssen dadurch nicht nur beim ersten Mal weniger tippen, sondern wir müssen später auch weniger lesen, wenn wir das Ganze auf den neuesten Stand bringen wollen.

- Falls wir die Methode ändern möchten, mit der eine Gliedmaße hergestellt wird, müssen wir nur ein Ding ändern. Das heißt, falls wir irgendwann einmal die Hülle oder sogar die

Form einer Hand ändern wollen, müssen wir nur an einer Stelle eine Änderung vornehmen.

Schauen wir einmal, ob wir noch fauler sein können, wenn wir die linke Hand für unseren Avatar herstellen:

```
var left_hand = new THREE.Mesh(hand, cover);
left_hand.position.set(150, 0, 0);
scene.add(left_hand);
```

Wir haben nicht nur keine neue Hülle für die linke Hand gemacht, sondern auch keine neue Form hergestellt! Stattdessen haben wir für die linke Hand einfach die gleiche Form genommen wie für die rechte Hand. Das ist wirklich bequem!

Damit sollte unser Avatar ungefähr so aussehen wie Abbildung 3-4.

Okay, ich gebe es zu, das sieht bisher nicht wirklich wie ein Körper mit Händen aus. Hab noch ein bisschen Geduld, das wird schon!

Abbildung 3-4 ▶
Avatar mit Händen

```
var hand = new THREE.SphereGeometry(50);

var right_hand = new THREE.Mesh(hand, cover);
right_hand.position.set(-150, 0, 0);
scene.add(right_hand);

var left_hand = new THREE.Mesh(hand, cover);
left_hand.position.set(150, 0, 0);
scene.add(left_hand);
```

Das Ganze auseinandernehmen

Überlegen wir einmal kurz, wieso wir diese Zahlen für die Hände genommen haben. Solltest du sehr ungeduldig sein, kannst du zu Abschnitt »Füße zum Gehen hinzufügen« auf Seite 34 vorspringen, um an unserem Spiel-Avatar weiterzubauen.

Wenn etwas einer Szene hinzugefügt wird, geschieht das immer exakt in der Mitte. Als wir also mit dem Körper und einer Hand loslegten, sah das zu Anfang ungefähr so aus:

Abbildung 3-5 ▶
Die Position des Avatars und seiner
ersten Hand in unserer Szene

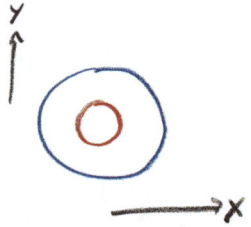

In der 3D-Programmierung und auch in der Mathematik werden links und rechts als x-Richtung bezeichnet. Hoch und runter ist entsprechend die y-Richtung.

Deshalb ändern wir die x-Position der Hände:

```
var left_hand = new THREE.Mesh(hand, cover);
left_hand.position.set(150, 0, 0);
scene.add(left_hand);
```

Die Zahlen innerhalb von `left_hand.position.set(150, 0, 0)` sind die x-, y- und z-Positionen der linken Hand (z wäre nach vorn und nach hinten). Wir setzen x auf 150, während y und z jeweils 0 bleiben. Das ist wirklich das Gleiche wie `left_hand.position.x = 150`. Wie wir in Kürze sehen werden, kann es sehr bequem sein, mehrere Werte auf einer einzigen Zeile zu setzen.

Aber warum 150? Die Antwort ist, dass der Radius des Körpers 100 beträgt und der Radius der Hand 50. Wir müssen die Hand 100 + 50 oder 150 in x-Richtung (links/rechts) verschieben:

◀ Abbildung 3-6
Hier wurde die Hand des Avatars neben seinen Körper geschoben.

Würden wir nur die Mitte der Hand um 100 verschieben, würde die Hand teilweise im Inneren des Körpers landen:

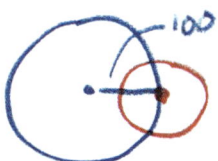

◀ Abbildung 3-7
Hier auch, aber nicht ganz so weit

Probiere es selbst aus
Falls du nicht überzeugt bist, probiere es selbst aus. Ändere die Zahl für die x-Position, indem du an dem ersten Wert in `right_hand.position.set(-150, 0, 0)` herumfummelst. Versuche das sowohl für die linke als auch für die rechte Hand. Mach die Zahlen aber nicht zu groß, weil die Hände sonst einfach vom Bildschirm verschwinden!

Füße zum Gehen hinzufügen

Für die Füße benutzen wir erneut Kugeln der Größe 50. Finde selbst heraus, wie du die relevanten Linien hinzufügen musst.

Einige Hinweise:

- Verschiebe die Füße nicht so weit nach links bzw. rechts wie die Hände. Die Füße sollten sich noch unter dem Körper befinden.

- Du musst sie nach unten verschieben. Die Positionierung nach oben/unten wird mit der y-Richtung erledigt statt mit der x-Richtung. Das ist die zweite Zahl in `right_hand.position.set(-150, 0, 0)`. Vermutlich musst du negative Zahlen benutzen, um nach unten zu gehen – zum Beispiel –25.

- Denke daran, dass die Hand hinzugefügt wurde, bevor wir die Szene *gerendert* (gezeichnet) haben – vor der Zeile mit `renderer.render(scene, camera)`. Das muss auch bei den Füßen so sein.

Die rechte Hand haben wir so hergestellt. Das hilft dir vermutlich, wenn du versuchst, herauszubekommen, wie das mit den Füßen geht:

```
var hand = new THREE.SphereGeometry(50);
var right_hand = new THREE.Mesh(hand, cover);
right_hand.position.set(-150, 0, 0);
scene.add(right_hand);
```

Viel Glück!

Probiere es selbst aus

Versuche, die Füße selbst zu platzieren. Um die Füße nach links und rechts zu verschieben, änderst du die erste Zahl in `right_foot.position.set(0, 0, 0)`. Damit sie nach oben und unten rutschen, änderst du die zweite Zahl (die dritte Zahl rückt die Füße vor und zurück).

Es dauert vielleicht eine Weile, bis du es geschafft hast, aber glaube mir – es ist eine gute Übung. Probiere ein bisschen herum und mach dann mit dem Text weiter.

Und, hat es funktioniert? Es könnte nun so aussehen:

Abbildung 3-8 ▶
Ein Avatar mit Händen und Füßen

Mach dir keine Sorgen, wenn es bei dir nicht ganz genau so aussieht. Möglicherweise findest du deins sogar besser?!

Falls du Schwierigkeiten hast, wirf einen Blick auf den Code, der benutzt wurde, um den Avatar herzustellen:

```
var cover = new THREE.MeshNormalMaterial();
var body = new THREE.SphereGeometry(100);
var avatar = new THREE.Mesh(body, cover);
scene.add(avatar);
var hand = new THREE.SphereGeometry(50);
var right_hand = new THREE.Mesh(hand, cover);
right_hand.position.set(-150, 0, 0);
scene.add(right_hand);
var left_hand = new THREE.Mesh(hand, cover);
left_hand.position.set(150, 0, 0);
scene.add(left_hand);
var foot = new THREE.SphereGeometry(50);
var right_foot = new THREE.Mesh(foot, cover);
right_foot.position.set(-75, -125, 0);
scene.add(right_foot);
var left_foot = new THREE.Mesh(foot, cover);
left_foot.position.set(75, -125, 0);
scene.add(left_foot);
```

All dies kommt hinter START CODING ON THE NEXT LINE.

Herausforderung: Stell einen ganz eigenen Avatar her

Falls du dich der Herausforderung gewachsen fühlst, versuche einmal, einen Avatar herzustellen, der so aussieht:

◀ Abbildung 3-9
Dieser Avatar ist ein Mädchen.

Dazu musst du den Körper durch eine der Formen aus Kapitel 1, *Projekt: Einfache Formen herstellen*, auf Seite 1 ersetzen und einen

Kopf hinzufügen. Kümmere dich erst einmal nicht um Arme und Beine, die die Hände und Füße mit dem Körper verbinden – das würde die Arbeit in den hinteren Kapiteln nur erschweren.

Und natürlich kannst du einen ganz beliebigen Avatar herstellen. *Hauptsache, er hat Hände und Füße* – diese brauchen wir später noch.

Räder schlagen

Wir fügen unserem Avatar später Steuerelemente hinzu. Bevor wir aber zur nächsten Lektion kommen, wollen wir ihn einige Purzelbäume und Räder schlagen lassen.

Genau wie am Ende von Kapitel 1, *Projekt: Einfache Formen herstellen*, auf Seite 1 ändern wir zunächst die allerletzte Zeile unseres Codes (direkt über dem </script>-Tag am Ende des Editors. Anstatt den Browser anzuweisen, die Szene einmal zu zeigen, animieren wir sie.

```
// Jetzt animiere, was die Kamera auf dem Bildschirm sieht:
function animate() {
requestAnimationFrame(animate);
avatar.rotation.z = avatar.rotation.z + 0.05;
renderer.render(scene, camera);
}
animate();
```

Wenn du alles richtig eingetippt hast, wirst du etwas Seltsames bemerken. Nur der Kopf dreht sich, nicht der ganze Avatar.

Abbildung 3-10 ▶
Dieser Avatar ist verdreht, aber das reicht uns noch nicht.

Das mag zwar ein cooler Effekt sein, ist aber nicht das, was wir wollten. Wie schaffen wir es also, dass sich der gesamte Avatar dreht?

Solltest du erraten haben, dass wir rotation.z-Änderungen zu den Händen und Füßen hinzufügen, hast du gut geraten. Allerdings wird es nicht funktionieren. Die Hände und Füße würden sich genau wie der Kopf auf der Stelle drehen.

Die Antwort auf dieses Problem ist eine sehr starke 3D-Program-
miertechnik. Wir fassen alle Körperteile in einer Gruppe zusammen
und drehen dann die Gruppe. Es ist eine schlichte Idee, die aber,
wie du später noch feststellen wirst, überraschend wirkungsvoll ist.

Um die Körperteile miteinander zu gruppieren, fügen wir die Teile
dem Avatar hinzu statt zur Szene.

Wenn du hoch zur rechten Hand schaust, siehst du, dass wir sie zur
Szene hinzugefügt haben. Wir werden diese Zeile ändern.

```
var right_hand = new THREE.Mesh(hand, cover);
right_hand.position.set(-150, 0, 0);
```

❶ `scene.add(right_hand);`

❶ Ändere diese Zeile.

Anstatt die Hand zu der Szene hinzuzufügen, fügen wir sie dem
Avatar hinzu:

```
var right_hand = new THREE.Mesh(hand, cover);
right_hand.position.set(-150, 0, 0);
```

❶ `avatar.add(right_hand);`

❶ Diese Zeile fügt nun die rechte Hand dem Avatar hinzu und
nicht der Szene.

Nachdem wir das für `left_hand`, `right_foot` und `left_foot` erledigt
haben, sollte dein Avatar Räder schlagen – *ohne* irgendwelche Teile
zu verlieren!

◀ Abbildung 3-11
So ist es besser!

Manchmal wollen wir jedoch nicht, dass der Avatar ein Rad
schlägt. Setzen wir eine Zeile hinzu, mit der wir das kontrollieren
können.

❶
```
var is_cartwheeling = false;
function animate() {
    requestAnimationFrame(animate);
```

```
❷    if (is_cartwheeling) {
        avatar.rotation.z = avatar.rotation.z + 0.05;
     }
     renderer.render(scene, camera);
   }
   animate();
```

❶ Hier könnten wir sagen, ob unser Avatar ein Rad schlagen soll oder nicht. Setzen wir dies auf true, macht er es. Setzen wir es auf false (wie hier zu sehen), dann schlägt unser Avatar kein Rad.

❷ Schließe das avatar.rotation in ein if ein, wie hier gezeigt wird. Vergiss die geschweiften Klammern auf dieser Zeile und nach der avatar.rotation-Zeile nicht.

Ändere den Wert von is_cartwheeling von false auf true. Beginnt der Avatar wieder mit seinen Rädern?

Unseren Avatar in andere Richtungen drehen!
Jetzt könntest du unseren Avatar nicht nur Räder schlagen las-
sen, sondern ihn auch Überschläge oder andere Drehungen
machen lassen. Benutze einen Wert wie is_flipping, um das
Herumdrehen zu kontrollieren. *Hinweis*: Probiere es anstelle von
avatar.rotation.z mit avatar.rotation.x oder avatar.rotation.y.
Hast du es geschafft? Falls nicht, ist das auch nicht schlimm.
Wir behandeln in späteren Kapiteln mehr davon.

Der Code bisher

Der gesamte Code sieht ungefähr so aus wie der Code in Abschnitt »Code: Einen Avatar herstellen« auf Seite 255.

Es macht nichts, wenn dein Code nicht vollkommen identisch mit diesem Code ist. Dein Code könnte besser sein oder einfach nur ein bisschen anders.

Wie es weitergeht

Wir haben jetzt einen ziemlich cool aussehenden Avatar. Es wäre nett, wenn er ein Gesicht oder Kleidung hätte. Aber weißt du, was noch besser wäre? Wenn wir den Avatar mit der Tastatur bewegen könnten. Und genau das werden wir in Kapitel 4, *Projekt: Avatare bewegen*, auf Seite 39 tun.

Jetzt solltest du noch ein bisschen mit der Größe, der Positionierung und den Drehungen der Teile herumspielen, aus denen dein Avatar besteht.

PROJEKT: AVATARE BEWEGEN

WENN DU DIESES KAPITEL GELESEN HAST, DANN

⚡ weißt du, wie du den Avatar mit deiner Tastatur bewegst

⚡ beginnst du, JavaScript-Ereignisse zu verstehen

⚡ bist du in der Lage, die Kamera mit einem Avatar zu bewegen

In Kapitel 3, *Projekt: Einen Avatar herstellen*, auf Seite 29 haben wir behandelt, wie man einen Spiele-Avatar baut. Ein Avatar, den wir nicht bewegen können, ist ziemlich langweilig. Deshalb lernst du in diesem Kapitel, wie du den Avatar in unterschiedliche Richtungen bewegst. Wir stellen ihm außerdem auch einen kleinen Wald zur Verfügung, in dem er herumlaufen kann. Das Ganze wird dann ungefähr so aussehen:

◄ Abbildung 4-1
Ein Männlein steht im Walde ...

Leg los

Dieses Kapitel baut auf der Arbeit auf, die wir in *Projekt: Einen Avatar herstellen* erledigt haben. Falls du die Übungen in dem Kapitel noch nicht gemacht hast, solltest du dorthin zurückgehen und sie durchführen, bevor du weitermachst. Du müsstest dich speziell mit der animate()-Übung am Ende des Kapitels befassen.

Machen wir zuerst eine Kopie des Avatar-Projekts aus dem vorherigen Kapitel. Auf diese Weise können wir uns später – wenn wir das wollen – noch einmal unseren einfachen sich drehenden und Räder schlagenden Avatar anschauen. Um eine Kopie dieses Projekts herzustellen, klickst du auf den Menü-Button und wählst Make a Copy aus dem Menü (siehe Abbildung 4-2). Nennen wir dieses Projekt Mein Avatar: Tastatursteuerungen, wie in Abbildung 4-3 gezeigt wird.

Jetzt sind wir bereit, die Tastatursteuerungen hinzuzufügen.

Abbildung 4-2 ▶
»Make a Copy« auswählen

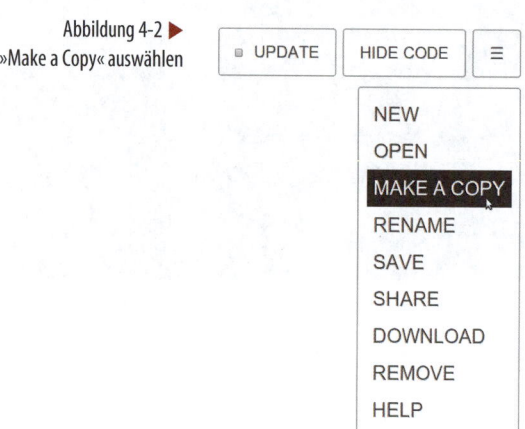

Abbildung 4-3 ▶
Das Projekt benennen

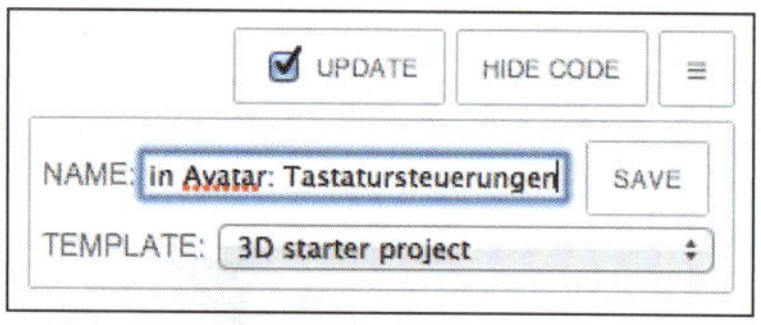

Mit Tastaturereignissen interaktive Systeme bauen

Bisher war unser Code in diesem Buch sehr linear – er folgte einer geraden Linie. Zuerst haben wir eine Hülle, eine Form und ein Mesh hergestellt, dann fügten wir die Objekte der Szene hinzu. Anschließend kamen wir zum nächsten Mesh, das ebenfalls in die Szene eingesetzt wurde. Es ist zwar möglich, eine Menge JavaScript zu schreiben, das genau so aussieht, doch die meisten JavaScript-Programme sind ein bisschen anders.

Das liegt daran, dass JavaScript normalerweise in einem Webbrowser läuft. In einem Webbrowser muss der JavaScript-Code auf Ereignisse (Events) reagieren. Eine Taste, die auf der Tastatur gedrückt wird, eine Maustaste, die geklickt wird, und der Mauszeiger, der sich auf der Seite bewegt, sind Beispiele für Ereignisse im Webbrowser. Auf jeder Webseite können möglicherweise extrem viele Ereignisse stattfinden, und diese Ereignisse werden zum größten Teil ignoriert.

Wir aber werden das Drücken von Tasten nicht ignorieren. Wir werden auf Ereignisse *lauschen*. Dazu benutzen wir einen *Event-Listener*, also quasi einen Ereignis-Überwacher. Fügen wir Folgendes ganz am Ende unseres Code hinzu, unter der animate()-Zeile aus Kapitel 3, *Projekt: Einen Avatar herstellen*, auf Seite 29.

```
// Auf Tastendruckereignisse lauschen
document.addEventListener('keydown', function(event) {
  alert(event.keyCode);
});
```

Dies fügt einen Event-Listener für die gesamte Seite hinzu. Er lauscht auf keydown-Ereignisse. Wenn unser Code ein keydown (das Herunterdrücken einer Taste) bemerkt, benachrichtigt er uns mit dem *Tastencode* des Ereignisses, das gerade eingetreten ist.

Was ist ein Tastencode? Um das zu beantworten, probieren wir es doch einfach aus! Klicke auf den Hide Code-Button oben auf der Seite und drücke dann die Taste A auf deiner Tastatur. Du solltest einen solchen Benachrichtigungsdialog sehen.

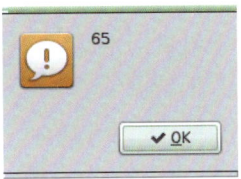

◀ Abbildung 4-4
A hat den Tastencode 65.

Was bedeutet diese 65? Erinnere dich daran, dass Computer alles, auch Buchstaben, als Zahlen speichern. Der Computer wandelt diese Zahl in einen Buchstaben um, wenn er uns Menschen den richtigen Buchstaben anzeigt. Wenn wir an den Buchstaben a denken, denkt ein Computer an 65.

Warum müssen wir das wissen? Klicke auf den OK-Button der Meldung, falls du es noch nicht getan hast. Wiederhole das dann für die vier Pfeiltasten auf deiner Tastatur (links, hoch, runter, rechts). Du wirst feststellen, dass der Computer für den Linkspfeil an 37 denkt. Für den Hochpfeil denkt er an 38. Und für den Rechtspfeil erkennt der Computer die Taste als 39. Für den Runterpfeil denkt der Computer sich eine 40.

Benutzen wir diese Tastencodes, um unseren Avatar zu bewegen!

Tastaturereignisse in Avatar-Bewegungen verwandeln

Durch das Herumspielen mit dem Event-Listener für die Tastatur kennen wir nun die Zahlen für die vier einzelnen Pfeiltasten. Wir konvertieren diese Pfeiltasten und Zahlen in Avatar-Bewegungen:

Pfeiltaste	Computerzahl	Avatar-Richtung
Links	37	Links
Hoch	38	Vorwärts
Rechts	39	Rechts
Runter	40	Zurück

Also los. Entferne die alert(event.keyCode)-Zeile in document.addEventListener(). Ersetze sie durch den folgenden Code, beginnend mit der var code-Anweisung.

```
document.addEventListener('keydown', function(event) {
  var code = event.keyCode;
  if (code == 37) avatar.position.x = avatar.position.x-5; // nach links
  if (code == 38) avatar.position.z = avatar.position.z-5; // hoch
  if (code == 39) avatar.position.x = avatar.position.x+5; // nach rechts
  if (code == 40) avatar.position.z = avatar.position.z+5; // runter
});
```

Wir haben die if-Anweisung bereits in *Projekt: Einen Avatar herstellen* gesehen. In diesem Fall testen wir, ob der Tastencode identisch mit einer der Computerzahlen für die Pfeiltasten ist. Wenn der Tastencode 37 ist (linke Pfeiltaste), ändern wir die x-Position des Avatars, indem wir 5 subtrahieren.

Ein doppeltes Gleichheitszeichen (==) in JavaScript prüft, ob etwas gleich etwas anderem ist. Ein einfaches Gleichheitszeichen (=) macht einen Wert gleich einem anderen. Man sagt, es setzt den Wert. In unserem gezeigten Codebeispiel haben wir code gleich event.keyCode gemacht. Dann überprüfen wir, ob es gleich den unterschiedlichen Pfeiltastenwerten ist.

Probiere es selbst aus!
Drücke den Hide Code-Button und versuche es selbst einmal. Benutze die Pfeiltasten, um den Avatar zu bewegen. Funktioniert das so, wie du es erwartet hast?
Merke dir: Falls etwas schiefgeht, musst du auf der JavaScript-Konsole nachschauen!

Wenn alles richtig funktioniert, solltest du in der Lage sein, deinen Avatar nach ganz weit hinten, nach ganz vorn, nach links oder rechts und sogar aus dem Bildschirm heraus zu bewegen.

◀ Abbildung 4-5
Der Avatar läuft nach vorn.

Als wir unserem Avatar in Abschnitt »Räder schlagen« auf Seite 36 die Fähigkeit gegeben haben, Räder zu schlagen, hast du gelernt, wie man dafür sorgt, dass sich die Hände und Füße des Avatars zusammen mit dem Körper bewegen. Da die Hände und Füße dem Avatar-Objekt hinzugefügt wurden und nicht der Szene, bewegen sie sich zusammen mit dem Avatar über den Bildschirm.

Schauen wir uns einmal an, was passiert, wenn eines der Beine nicht mit dem Avatar verbunden ist. Wir ändern in diesem Fall left_foot so, dass dieser Fuß mit der Szene verbunden ist anstatt mit dem Avatar.

```
var left_foot = new THREE.Mesh(foot, cover);
left_foot.position.set(75, -125, 0);
scene.add(left_foot);
```

Siehst du? Der Fuß geht verloren.

Unterschätze die Macht dieses Konzepts nicht. Wir werden später damit einige wirklich verrückte Dinge veranstalten. Doch jetzt solltest du den linken Fuß wieder am Avatar befestigen!

Herausforderung: Animation starten/stoppen

Erinnerst du dich an die is_cartwheeling- und is_flipping-Werte aus Kapitel 3, *Projekt: Einen Avatar herstellen*, auf Seite 29? Fügen wir dem Tastatur-Event-Listener noch zwei weitere if-Anweisungen hinzu. Wenn die Taste C gedrückt ist, für die der Computer die Zahl 67 denkt, soll der Avatar entweder beginnen oder aufhören, Räder zu schlagen. Ist die Taste F gedrückt, für die der Computer 70 denkt, soll das Herumdrehen beginnen oder enden.

Hinweis: Wechsle mit dem not-Operator zwischen true und false. In JavaScript ist der not-Operator ein Ausrufezeichen !. Du kannst diesen not-Operator benutzen, um den gegenteiligen Wert des Ursprungswerts von is_cartwheeling zuzuweisen, und zwar mit so etwas wie is_cartwheeling = !is_cartwheeling. Uns wird das in *Boolesche Werte* wieder begegnen.

Du hast das hoffentlich selbst hinbekommen. Hier ist die animate()-Funktion, die das Drehen und Überschlagen erledigt.

```
var is_cartwheeling = false;
var is_flipping = false;
function animate() {
  requestAnimationFrame(animate);
  if (is_cartwheeling) {
    avatar.rotation.z = avatar.rotation.z + 0.05;
  }
  if (is_flipping) {
    avatar.rotation.x = avatar.rotation.x + 0.05;
  }
  renderer.render(scene, camera);
}
animate();
```

Und jetzt folgt der vollständige Tastatur-Event-Listener zum Bewegen, Drehen und Radschlagen unseres Avatars.

```
document.addEventListener('keydown', function(event) {
  var code = event.keyCode;
  if (code == 37) avatar.position.x = avatar.position.x-5; // nach links
  if (code == 38) avatar.position.z = avatar.position.z-5; // hoch
  if (code == 39) avatar.position.x = avatar.position.x+5; // nach rechts
  if (code == 40) avatar.position.z = avatar.position.z+5; // runter
  if (code == 67) is_cartwheeling = !is_cartwheeling; // C
  if (code == 70) is_flipping = !is_flipping; // F
});
```

Wenn du es richtig gemacht hast, solltest du in der Lage sein, den Avatar Überschläge in verschiedene Richtungen machen zu lassen, während er sich aus dem Bildschirm herausbewegt.

◀ Abbildung 4-7
Der Avatar kugelt aus dem
Bildschirm heraus.

Es ist eigentlich ziemlich verrückt, dass der Avatar den Bildschirm verlassen kann. Wir werden das in Kürze beheben. Zuerst aber wollen wir unserem Avatar einige Bäume spendieren, zwischen denen er herumspazieren kann.

Mit Funktionen einen Wald bauen

Für unseren Wald brauchen wir eine Menge Bäume. Wir könnten sie einzeln bauen, werden das aber nicht tun. Stattdessen wollen wir hinter den Avatar-Körperteilen das folgende JavaScript einfügen:

```
makeTreeAt( 500, 0);
makeTreeAt(-500, 0);
makeTreeAt( 750, -1000);
makeTreeAt(-750, -1000);
function makeTreeAt(x, z) {
  var trunk = new THREE.Mesh(
    new THREE.CylinderGeometry(50, 50, 200),
    new THREE.MeshBasicMaterial({color: 0xA0522D})
  );
  var top = new THREE.Mesh(
    new THREE.SphereGeometry(150),
    new THREE.MeshBasicMaterial({color: 0x228B22})
  );
  top.position.y = 175;
  trunk.add(top);
  trunk.position.set(x, -75, z);
  scene.add(trunk);
}
```

Wenn du all diesen Code korrekt eingetippt hast, siehst du deinen Avatar vor einem Wald, der aus vier Bäumen besteht.

Abbildung 4-8 ▶
Da steht ein Avatar im Wald!

Das ist ziemlich cool, aber wie haben wir das gemacht?

Das Ganze auseinandernehmen

Der erste Teil beim Bauen unseres Walds lässt sich noch recht einfach nachvollziehen. Wir fügen an unterschiedlichen x- und z-Koordinaten in der Szene Bäume hinzu (erinnere dich, dass y hoch und runter bedeutet).

```
makeTreeAt( 500, 0);
makeTreeAt(-500, 0);
makeTreeAt( 750, -1000);
makeTreeAt(-750, -1000);
```

Das ist einigermaßen leicht, aber wie funktioniert diese make-TreeAt()-Sache?

Wie wir in Kapitel 5, *Funktionen: Immer und immer wieder benutzen*, auf Seite 55 sehen werden, bildet eine JavaScript-Funktion einen Weg, um denselben Code immer wieder auszuführen. In diesem Fall haben wir die ganze sich wiederholende Arbeit, also das Bauen eines Stamms und einer Baumkrone, in die Funktion make-TreeAt() gelegt. Wir hätten sie auch anders nennen können, wollten ihr aber einen Namen geben, der uns verrät, was sie macht – sie stellt einen Baum an den Koordinaten her, die wir definiert haben.

Wir sollten mit den meisten Dingen bereits vertraut sein, die in der Funktion vor sich gehen.

```
    function makeTreeAt(x, z) {
❶     var trunk = new THREE.Mesh(
        new THREE.CylinderGeometry(50, 50, 200),
        new THREE.MeshBasicMaterial({color: 0xA0522D})
      );
❷     var top = new THREE.Mesh(
        new THREE.SphereGeometry(150),
        new THREE.MeshBasicMaterial({color: 0x228B22})
      );
❸     top.position.y = 175;
❹     trunk.add(top);
❺     trunk.position.set(x, -75, z);
❻     scene.add(trunk);
    }
```

❶ Stell aus einem Zylinder einen Baumstamm her.

❷ Stell aus einer Kugel eine Baumkrone her.

❸ Verschiebe die Baumkrone nach oben (denk dran, y ist hoch und runter) auf den Stamm.

❹ Füge die Baumkrone dem Baumstamm hinzu.

❺ Setze die Position des Stamms auf die x- und z-Werte, mit denen die Funktion aufgerufen wurde – `makeTreeAt(500,0))`. Der y-Wert -75 verschiebt den Stamm so weit nach unten, dass er wie ein Baumstamm aussieht.

❻ Füge den Stamm der Szene hinzu.

Du musst dir unbedingt merken, dass wir die Baumkrone zum Stamm hinzufügen müssen und nicht zur Szene. Würden wir die Baumkrone zu der Szene hinzufügen, würden wir nur den Stamm bewegen, die Baumkrone jedoch nicht, wenn wir versuchten, den Baum zu verschieben. Wir müssten außerdem beim Hinzufügen zur Szene die Position der Baumkrone angeben – wenn wir sie zum Baumstamm hinzufügen, ist die Position der Baumkrone identisch mit der Position des Baumstamms.

Inzwischen sind wir schon ziemlich gut, wenn es ums Bauen von Objekten aus Formen und Materialien und ums Platzieren dieser Objekte auf dem Bildschirm geht. Du könntest vermutlich ohne große Mühe vier Bäume herstellen. Für einen Baum brauchst du eine `THREE.CylinderGeometry` für den Stamm und eine `THREE.Sphere-Geometry` für die Krone des Baums. Du färbst die Baumkrone grün, und dann verschiebst du beide Teile miteinander.

Und dann wiederholst du das Ganze noch dreimal, damit du insgesamt vier Bäume bekommst. Für vier Bäume müsstest du ganz schön viel tippen. Vergiss nicht: Wir Programmierer tippen nicht gern. Denke immer daran, dass wir faul sind. Und das Ding, das uns dabei hilft, faul zu sein, ist eine *Funktion*.

Neu ist hier auch die Farbe. Wir wählten diese Farben aus der (englischsprachigen) Wikipedia-Liste der Farbnamen unter *http://en. wikipedia.org/wiki/X11_color_names*. Der Baumstamm hat die Farbe Siena (ein ursprünglich aus Siena-Erde hergestellter Naturfarbton, der zwischen Ocker und Rotbraun liegen kann, je nachdem, ob die Erde naturbelassen bleibt oder gebrannt wird). Du kannst natürlich deine eigenen Farben ausprobieren. Die Farben findest du in der ersten Spalte auf dieser Webseite, allerdings müssen wir das Symbol # auf der Webseite durch `0x` ersetzen, damit JavaScript den Wert lesen kann. Aus `#A0522D` wird also `0xA0522D`.

Jetzt haben wir einen Wald und wollen einmal schauen, ob wir die Kamera zusammen mit dem Avatar bewegen können, wenn dieser durch die Szene wandert.

Die Kamera mit dem Avatar bewegen

Du erinnerst dich: Um die Hände und Füße zusammen mit dem Avatar bewegen zu können, fügten wir diese nicht der Szene, sondern dem Körper des Avatars hinzu. Und genau das müssen wir mit der Kamera machen. Suchen wir zuerst die Zeile, in der scene.add(camera) steht, und löschen wir sie. Unter der Zeile, in der der Avatar der Szene hinzugefügt wird, und über der makeTreeAt()-Funktion fügen wir dem Avatar dann die Kamera hinzu:

```
var left_foot = new THREE.Mesh(foot, cover);
left_foot.position.set(75, -125, 0);
avatar.add(left_foot);
❶ avatar.add(camera);
```

❶ Setze diese Zeile ein.

Nachdem du den Code ausgeblendet hast, siehst du, dass die Kamera direkt vor dem Avatar bleibt, auch wenn du ihn bewegst.

◀ Abbildung 4-9
Kamera und Avatar bewegen sich gemeinsam.

Die Kamera bleibt immer 500 Einheiten vor dem Avatar (camera.position.z = 500). Sie hat stets dieselbe Höhe wie der Avatar, da wir die Höhe der Kamera nie mit position.y definiert haben. Die Kamera ist immer direkt davor, da wir die Links-rechts-Position noch nicht mit position.x eingestellt haben.

Vielleicht hilft es, wenn du dir vorstellst, dass die Kamera mit einer unsichtbaren Kette an dem Avatar befestigt ist.

Abbildung 4-10 ▶
Bewegt sich der Avatar, ...

Wo auch immer der Avatar hingeht, geht auch die Kamera hin.

Abbildung 4-11 ▶
... dann bewegt sich auch die
Kamera.

Ziemlich cool, oder? Na ja, dieses Vorgehen bringt ein großes Problem mit sich. Was passiert, wenn der Avatar beginnt, Räder zu schlagen oder sich umzudrehen (du weißt schon, mit den Tasten C und F)? Probiere es einmal aus!

Der Avatar scheint stillzustehen, alles andere hingegen beginnt, sich zu drehen! (Siehe Abbildung 4-12.)

Das liegt daran, dass die Kamera an der unsichtbaren Kette hängt, die mit dem Avatar verbunden ist. Wenn sich der Avatar dreht, dreht sich die Kamera ebenfalls. (Siehe Abbildung 4-13.)

Das ist nicht direkt das, was wir wollten. Anstatt auf den Avatar wollten wir die Kamera auf die *Position* des Avatars fixieren.

In der 3D-Programmierung gibt es keine einfache Methode, um etwas nur auf die Position einer anderen Sache zu fixieren. Aber noch ist nicht alles verloren.

◀ Abbildung 4-12
Alles dreht sich!

◀ Abbildung 4-13
Die Kamera dreht sich mit
dem Avatar.

Wir fügen dem Spiel eine Avatar-Positionsmarke hinzu.

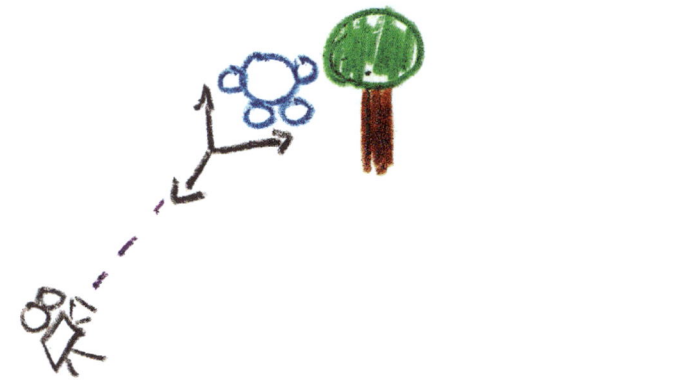

◀ Abbildung 4-14
Kamera und Avatar sind auf eine
Positionsmarke fixiert.

Wenn wir sowohl die Kamera als auch den Avatar auf diese Marke
fixieren, bewegen sich beim Bewegen der Marke sowohl der Avatar
als auch die Kamera.

Abbildung 4-15 ▶
Kamera und Avatar bewegen sich
immer noch gemeinsam, ...

Was aber noch wichtiger ist: Wenn der Avatar ein Rad schlägt, bewegt sich die Kamera nicht. Der Avatar überschlägt sich, die Marke hingegen dreht sich nicht. Da die Marke sich nicht dreht, dreht sich auch die Kamera nicht.

Abbildung 4-16 ▶
... doch wenn der Avatar sich überschlägt, macht die Kamera nicht
mit.

In der 3D-Programmierung ist diese Marke nur ein Markierungspunkt. Sie sollte unsichtbar sein. Deshalb benutzen wir auch keine Meshes oder geometrischen Körper dafür. Stattdessen verwenden wir Object3D. Fügen wir den folgenden Code vor dem Code zur Herstellung des Avatars ein, also direkt hinter START CODING ON THE NEXT LINE.

```
var marker = new THREE.Object3D();
scene.add(marker);
```

Jetzt ändern wir den Avatar, sodass er zu marker hinzugefügt wird anstatt zu der Szene:

```
var avatar = new THREE.Mesh(body, cover);
marker.add(avatar);
```

Wir müssen außerdem ändern, wie die Kamera hinzugefügt wird. Anstatt zu dem Avatar fügen wir die Kamera zu der Marke hinzu.

```
marker.add(camera);
```

Zuletzt müssen wir noch den Tastatur-Event-Listener ändern. Jetzt ändern wir nicht mehr die Position des Avatars, sondern die Position der Marke.

```
document.addEventListener('keydown', function(event) {
  var code = event.keyCode;
  if (code == 37) marker.position.x = marker.position.x-5; // nach
links
  if (code == 38) marker.position.z = marker.position.z-5; // nach
oben
  if (code == 39) marker.position.x = marker.position.x+5; // nach
rechts
  if (code == 40) marker.position.z = marker.position.z+5; // nach
unten
  if (code == 67) is_cartwheeling = !is_cartwheeling; // C
  if (code == 70) is_flipping = !is_flipping; // F
});
```

Nun können wir die Position des Avatars mit der Tastatur verschieben, doch wenn wir ihn sich drehen oder ein Rad schlagen lassen, bleibt die Kamera aufrecht stehen.

◀ Abbildung 4-17
Der Avatar schlägt ein Rad und wir schauen zu.

Der Code bisher

Wenn du deinen Code noch einmal überprüfen möchtest, vergleiche ihn mit dem Code in Abschnitt »Code: Avatare bewegen« auf Seite 256.

Wie es weitergeht

Wir haben in diesem Kapitel eine sehr wichtige Fertigkeit behandelt. Während sich unsere Kenntnisse über die Spieleprogrammierung weiterentwickeln, werden wir immer wieder Objekte miteinander gruppieren. Das Gruppieren vereinfacht das gemeinsame Bewegen sowie das Verdrehen, Wenden, Wachsen und Schrumpfen von Dingen.

Bevor wir unserem Avatar noch mehr Zeug geben, wollen wir kurz innehalten, um JavaScript-Funktionen näher zu untersuchen. Wir benutzen sie bereits, um einen Wald anzulegen, um zu animieren und um auf Ereignisse zu lauschen. Es gibt noch mehr coolen Kram, den wir mit ihnen machen können.

FUNKTIONEN: IMMER UND IMMER WIEDER BENUTZEN

WENN DU DIESES KAPITEL GELESEN HAST, DANN

- verstehst du ein supermächtiges Werkzeug (Funktionen) für Programmierer
- kennst du zwei Gründe, Funktionen zu benutzen
- erkennst du einige verbreitete JavaScript-Fehler und weißt, wie du sie beheben kannst

Funktionen sind uns schon mehr als einmal über den Weg gelaufen. Zuletzt sahen wir sie in Kapitel 4, *Projekt: Avatare bewegen*, auf Seite 39, wo wir sie benutzten, um einen Wald herzustellen. Wenn du genau aufgepasst hast, wirst du bemerkt haben, dass wir im selben Kapitel auch für den Tastatur-Event-Listener eine Funktion eingesetzt haben.

Nun haben wir Funktionen zwar schon benutzt, aber wir haben noch nicht viel über sie geredet. Du hast vielleicht bereits gemerkt, dass sie ziemlich mächtig sind. Werfen wir also einen genaueren Blick auf sie.

Wir werden nicht über jeden Aspekt der Funktionen reden – sie können relativ kompliziert werden. Wir wollen sie nur so weit behandeln, dass du die Funktionen verstehst, die in diesem Buch in Gebrauch sind.

Leg los

Erzeuge im ICE Code Editor ein neues Projekt. Benutze das Template Empty project und nenne das Projekt Funktionen.

Lösche hinter dem öffnenden <script>-Tag die Zeile, auf der steht »Your code goes here« und tippe folgenden JavaScript-Code ein.

```
var log = document.createElement('div');
log.style.height = '75px';
log.style.width = '450px';
log.style.overflow = 'auto';
log.style.border = '1px solid #666';
log.style.backgroundColor = '#ccc';
log.style.padding = '8px';
log.style.position = 'absolute';
log.style.bottom = '10px';
log.style.right = '20px';
document.body.appendChild(log);
var message = document.createElement('div');
message.textContent = 'Hallo, JavaScript-Funktionen!';
log.appendChild(message);
message = document.createElement('div');
message.textContent = 'Mein Name ist Chris.';
log.appendChild(message);
message = document.createElement('div');
message.textContent = 'Ich mag Popcorn.';
log.appendChild(message);
```

Der erste Abschnitt dieses Codes erzeugt einen Ort im Browser, an dem Meldungen in einem sogenannten Log aufgezeichnet (protokolliert) werden. Die letzten drei Blöcke mit Code schreiben drei unterschiedliche Meldungen in dieses Log. Wenn du alles richtig eingetippt hast, solltest du unten rechts auf der Seite die drei Meldungen sehen.

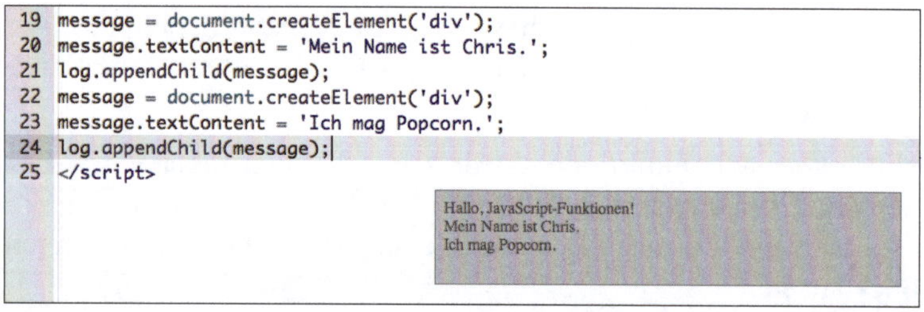

Abbildung 5-1 ▶
Log-Meldungen im Editor

```
19  message = document.createElement('div');
20  message.textContent = 'Mein Name ist Chris.';
21  log.appendChild(message);
22  message = document.createElement('div');
23  message.textContent = 'Ich mag Popcorn.';
24  log.appendChild(message);
25  </script>
```
Hallo, JavaScript-Funktionen!
Mein Name ist Chris.
Ich mag Popcorn.

In Kapitel 3, *Projekt: Einen Avatar herstellen*, auf Seite 29 benutzten wir eine Funktion, damit wir den Vorgang der Baumherstellung nicht viermal wiederholen mussten. Du kannst dir daher vermutlich vorstellen, was wir hier als Erstes ändern werden: die Art, wie wir diese drei Meldungen aufzeichnen.

Lösche dazu alles von der ersten var message-Zeile bis zur letzten log.appendChild-Zeile. Füge an der Stelle, an der dieser Code stand, Folgendes ein.

```
logMessage('Hallo, JavaScript-Funktionen!', log);
logMessage('Mein Name ist Chris.', log);
logMessage('Ich mag Popcorn.', log);
function logMessage(message, log) {
  var holder = document.createElement('div');
  holder.textContent = message;
  log.appendChild(holder);
}
```

Wenn wir diesen Code schreiben, geschieht etwas Überraschendes –
er wird viel besser lesbar. Selbst Nichtprogrammierer könnten diese
ersten drei Zeilen lesen und feststellen, dass sie eine Meldung an
das Log schicken. Für Programmierer wie uns ist das ein *riesiger*
Vorteil.

Falls wir später noch beschließen, dass wir vor jeder Meldung die
Zeit angeben wollen, können wir viel leichter herausfinden, wo wir
diese Änderung vornehmen müssen.

Lesbarer Code lässt sich später einfacher ändern

Eine der Fertigkeiten, die großartige Programmierer von guten
Programmierern unterscheidet, ist die Fähigkeit, funktionierenden Code zu ändern. Und großartige Programmierer wissen, dass
das einfacher geht, wenn der Code gut lesbar ist.

Ganz offensichtlich müssen wir etwas innerhalb dieser Funktion
ändern. Vorher hätten wir bestimmt eine ganze Weile gebraucht,
um festzustellen, dass diese drei Codeblöcke Meldungen schreiben
und wie man sie ändern müsste.

Das bringt uns gleich zu einer sehr wichtigen Regel.

Fasse dich kurz und wiederhole dich nicht!

Es gibt ein Buch namens *Der pragmatische Programmierer*. Wenn
du weiter programmierst, wirst du dieses Buch eines Tages
bestimmt einmal lesen. Es enthält einen fantastischen Tipp, den
Programmierer beherzigen sollten: Wiederhole dich nicht! (Im
Original: Don't Repeat Yourself, kurz DRY.)

Als wir unseren Code schrieben, wiederholten wir zunächst drei
Dinge:

1. Das Anlegen eines Platzhalters für die Meldung.
2. Das Hinzufügen einer Textmeldung zu dem Platzhalter.
3. Das Hinzufügen des Meldungsplatzhalters zu dem Log.

Man konnte leicht erkennen, dass wir uns wiederholt haben, da der Code in den drei Codeabschnitten bis auf die Meldung identisch war. Dies bietet uns eine weitere Gelegenheit, unsere Faulheit auszuleben. Möchten wir noch eine Meldung hinzufügen, müssten wir nur eine weitere Zeile tippen, nicht drei.

Und natürlich, auch wenn wir etwas an der Log-Meldung ändern wollten, müssten wir nur eine Funktion ändern, nicht drei unterschiedliche Codeblöcke.

Wir sind noch nicht ganz fertig damit, hier Funktionen einzusetzen. Wenn du dir den Code anschaust, dann merkst du, dass es lange dauert, bis wir zum wirklich wichtigen Kram kommen (siehe Abbildung 5-2).

Die wichtige Arbeit – das Schreiben der Meldungen – beginnt erst auf Zeile 15. Bevor wir Meldungen in das Log schreiben, brauchen wir erst einmal ein Log. Das ganze andere Zeug dagegen ist nur Rauschen.

Abbildung 5-2 ▼
Ein Haufen Müll vor der Funktion

```
1  <body></body>
2  <script>
3  var log = document.createElement('div');
4  log.style.height = '75px';
5  log.style.width = '450px';
6  log.style.overflow = 'auto';
7  log.style.border = '1px solid #666';
8  log.style.backgroundColor = '#ccc';
9  log.style.padding = '8px';
10 log.style.position = 'absolute';
11 log.style.bottom = '10px';
12 log.style.right = '20px';
13 document.body.appendChild(log);
14
15 logMessage('Hallo, JavaScript-Funktionen!', log);
16 logMessage('Mein Name ist Chris.', log);
17 logMessage('Ich mag Popcorn.', log);
18
19 function logMessage(message, log) {
20   var holder = document.createElement('div');
21   holder.textContent = message;
22   log.appendChild(holder);
23 }
24
25 </script>
```

UPDATE   HIDE CODE   ≡

Hallo, JavaScript-Funktionen!
Mein Name ist Chris.
Ich mag Popcorn.

Um das zu beheben, verschieben wir das Rauschen in eine Funktion unter den logMessage()-Zeilen. Füge eine neue Funktion namens makeLog() zwischen die drei Zeilen, die logMessage() aufrufen, und unsere Definition der logMessage()-Funktion ein. Das »Rauschen« beim Erzeugen des Log-Platzhalters, der nach makeLog() verschoben wird, beginnt mit der Zeile, auf der var log = document.createElement('div'); steht, und endet mit der Zeile document.body.appendChild(holder). Verschiebe diese Zeilen und alles dazwischen in makeLogM():

```
function makeLog() {
    var holder = document.createElement('div');
    holder.style.height = '75px';
    holder.style.width = '450px';
    holder.style.overflow = 'auto';
    holder.style.border = '1px solid #666';
    holder.style.backgroundColor = '#ccc';
    holder.style.padding = '8px';
    holder.style.position = 'absolute';
    holder.style.bottom = '10px';
    holder.style.right = '20px';
    document.body.appendChild(holder);
    return holder;
}
```

Beachte, dass wir log in holder geändert haben. Vergiss außerdem nicht die letzte Zeile, die holder zurückliefert, damit wir etwas anderes damit machen können.

Wir können unser Log mit dieser Funktion anlegen. Unsere ersten vier Zeilen nach dem öffnenden <script>-Tag sehen jetzt folgendermaßen aus:

```
var log = makeLog();
logMessage('Hallo, JavaScript-Funktionen!', log);
logMessage('Mein Name ist Chris.', log);
logMessage('Ich mag Popcorn.', log);
```

Das ist wirklich gut lesbarer Code!

Solchen Code zu schreiben, ist sicher schwieriger, als du dir vorstellen kannst. Wirklich gute Programmierer wissen, dass sie nur dann Funktionen benutzen sollten, wenn es einen wichtigen Grund dafür gibt. Mit anderen Worten, großartige Programmierer machen genau das, was wir hier auch getan haben: Sie schreiben funktionierenden Code und überlegen dann, wie sie ihn verbessern können.

Einfache Funktionen verstehen

Wir haben uns jetzt einige Gründe dafür angeschaut, dass wir Funktionen benutzen sollten. Jetzt wollen wir uns ansehen, wie sie funktionieren.

Entferne die drei `logMessage()`-Zeilen aus dem Code. Schreibe Folgendes hinter die `var log = makeLog`-Zeile.

```
logMessage(hello('Präsident Obama'), log);
logMessage(hello('Mutti'), log);
logMessage(hello('Dein Name'), log);
function hello(name) {
  return 'Hallo, ' + name + '! Du siehst heute wirklich gut aus :)';
}
```

Das Ergebnis dieser `hello()`-Funktion wäre, dass zuerst die Phrase »Hallo, Präsident Obama! Du siehst heute wirklich gut aus :)« zurückgeliefert wird. Beim Aufzeichnen dieser Phrasen im Log sollte so etwas herauskommen:

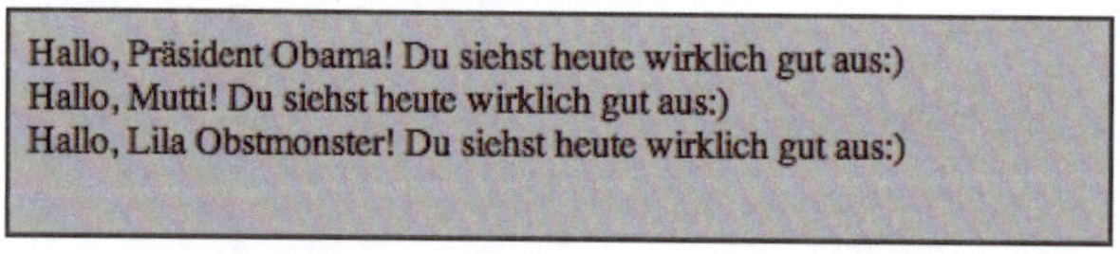

Abbildung 5-3 ▶
Wirklich wichtige Aussagen

```
Hallo, Präsident Obama! Du siehst heute wirklich gut aus:)
Hallo, Mutti! Du siehst heute wirklich gut aus:)
Hallo, Lila Obstmonster! Du siehst heute wirklich gut aus:)
```

In der `hello`-Funktion passiert eine ganze Menge, damit das so funktioniert. Schauen wir uns das Ganze einmal in kleinen Häppchen an.

❶ `function hallo(name) {`
❷ `  return 'Hallo, ' + name + '! Du siehst heute wirklich gut aus :`
`  )';`
`}`

Eine Funktion besteht aus folgenden Teilen:

❶ Das Wort function verrät JavaScript, dass wir eine Funktion herstellen.

Es folgt der Name der Funktion, in diesem Fall hallo.

Dann kommen die Funktions*argumente*. Wir akzeptieren hier ein Argument (name), das wir im Körper der Funktion benutzen. Wenn wir die Funktion mit einem Argument aufrufen − hallo(Fred) −, sagen wir der Funktion, dass es jedes Mal, wenn sie das name-Argument benutzt, genau das Gleiche ist, als würde sie Fred verwenden.

Der Körper der Funktion beginnt mit einer öffnenden geschweiften Klammer, {, und endet mit einer schließenden geschweiften Klammer, }. Du hast vielleicht noch nie geschweifte Klammern geschrieben, aber wenn du JavaScript schreibst, brauchst du sie sehr oft.

❷ Das Wort return sagt JavaScript, was wir als Ergebnis der Funktion erwarten. Das kann alles sein: Zahlen, Buchstaben, Wörter, Daten und noch interessantere Dinge.

JavaScript-Zeilen, selbst solche in Funktionen, sollten mit einem Semikolon enden.

Buchstaben, Wörter und Sätze sind Strings
Dinge in Anführungszeichen, wie 'Hallo', werden Strings genannt. Man kann auch Zeichenkette sagen. In anderen Programmiersprachen heißen Buchstaben, Wörter und Sätze normalerweise ebenfalls Strings.
Achte immer darauf, die Anführungszeichen wieder zu schließen. Wenn du es vergisst, bekommst du eigenartige Fehler, die nur schwer zu befinden und zu beheben sind.

Jetzt versuchen wir, absichtlich etwas kaputt zu machen, damit wir eine Vorstellung davon bekommen, was wir tun müssen, wenn etwas schiefgeht.

Wenn etwas schiefgeht

Setzen wir uns unsere Hacker-Mützen auf und versuchen wir, einige Funktionen kaputt zu machen.

Es ist zwar einfach, mit JavaScript-Funktionen etwas falsch zu machen, allerdings lässt sich nicht immer so leicht feststellen, was schiefgegangen ist. Die am häufigsten auftretenden Fehler, die Programmier machen, erzeugen eigenartige Effekte. Schauen wir uns das einmal an, damit du besser vorbereitet bist.

Hacken, nicht cracken

Keine Panik! Wir werden nichts wirklich kaputt machen. Wollten wir das, würde man das *Cracking* nennen, nicht Hacking. Hacking ist gut. Oft hört man Nichtprogrammierer das Wort *Hack* falsch benutzen. Da du jetzt ein Programmierer bist, musst du wissen, was das Wort bedeutet und wie man es richtig benutzt. Hacking bedeutet, dass wir mit Code, einer Anwendung oder einer Website herumspielen. Wir spielen, um zu lernen, nicht um Schaden anzurichten. Und manchmal versuchen wir, unseren eigenen Code zu knacken – aber nur, um ihn besser zu verstehen.

Du sollst hacken. Du sollst *nie* cracken.

Unerwartete Fehler

Am häufigsten kommt es vor, dass man eine geschweifte Klammer vergisst:

```
// Hier fehlt eine geschweifte Klammer - das wird nicht funktionieren!
function hallo(name)
  return 'Hallo, ' + name + '! Du siehst heute wirklich gut aus :)';
}
```

Dies ist ein Compile-Zeit-Fehler in JavaScript – einer der Fehler, die JavaScript entdecken kann, wenn es versucht, den Code zu lesen, zu kompilieren und auszuführen. Wir haben in Abschnitt »Fehlersuche in der Konsole« auf Seite 23 schon einmal einen solchen Fehler gesehen. Da es ein Compile-Zeit-Fehler ist, informiert uns der ICE Code Editor über das Problem.

Abbildung 5-4 ▶
Hier haben wir einen
Fehler gemacht.

```
 9  // Hier fehlt eine geschweifte Klammer - das wird nicht funktionieren!
10  function hello(name)
11    return 'Hallo, ' + name + '! Du siehst heute wirklich gut aus:)';
1  Expected '{' and instead saw 'return'.
1
```

Was passiert, wenn wir die geschweifte Klammer wieder setzen, aber dafür die geschweifte Klammer nach der return-Anweisung entfernen?

```
// Hier fehlt eine geschweifte Klammer - das wird nicht funktionieren!
function hello(name) {
  return 'Hallo, ' + name + '! Du siehst heute wirklich gut aus :)';
```

In unserer hello-Funktion sind keine Fehler, dafür ist ein Fehler ganz am Ende unseres Codes.

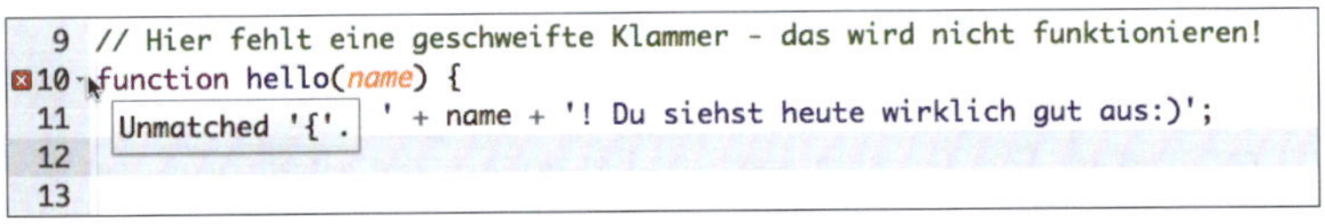

```
 9  // Hier fehlt eine geschweifte Klammer - das wird nicht funktionieren!
❌10  function hello(name) {
11    Unmatched '{'.  ' + name + '! Du siehst heute wirklich gut aus:)';
12
13
```

◀ Abbildung 5-5
Noch eine Fehlermeldung

Das kann ein Fehler sein, der nur sehr schwer zu entdecken ist. Programmierer tippen oft viele Zeilen und möglicherweise auch mehrere Funktionen, bevor sie merken, dass sie etwas falsch gemacht haben. Dann dauert es wieder eine ganze Weile, um herauszufinden, wo man die geschweifte Klammer eigentlich setzen wollte.

Herausforderung

Versuche einmal selbst, den folgenden kaputten Code zu untersuchen. Wo tauchen die Fehler auf? *Hinweis*: Wie in Abschnitt »Fehlersuche in der Konsole« auf Seite 23, können hier einige dieser Fehler Laufzeitfehler sein.

Klammern um das Argument herum vergessen:

```
function hello name {
  return 'Hallo, ' + name + '! Du siehst heute ziemlich gut aus :)';
}
```

Argument der Funktion vergessen:

```
function hello() {
  return 'Hallo, ' + name + '! Du siehst heute ziemlich gut aus :)';
}
```

Falscher Variablenname in der Funktion:

```
function hello(name) {
  return 'Hallo, ' + person + '! Du siehst heute ziemlich gut aus :)';
}
```

Funktion mit dem falschen Namen aufgerufen:

```
logMessage(helo('Präsident Obama'), log);
function hello(name) {
  return 'Hallo, ' + name + '! Du siehst heute ziemlich gut aus :)';
}
```

Wow! Es gibt auf jeden Fall viele Möglichkeiten, Funktionen falsch zu schreiben. Und glaube mir, wenn ich dir sage, dass du auf dem Weg zum großartigen Programmierer noch viele Funktionen auf diese und andere Weisen scheitern lassen wirst.

Großartige Programmierer machen ständig Dinge kaputt
Weil sie so viel kaputt machen, sind sie *richtig* gut darin, Dinge zu reparieren. Das ist eine weitere Fertigkeit, die einen großartigen Programmierer großartig macht.

Ärgere dich nicht über dich selbst, wenn du Code kaputt machst. Kaputter Code bietet die Möglichkeit, etwas zu lernen. Und vergiss nicht, die JavaScript-Konsole als Hilfe bei der Fehlersuche zu benutzen, wie du es in Kapitel 2, *Mit der Konsole herumspielen und feststellen, was kaputt ist,* gelernt hast!

Bizarre Tricks mit Funktionen

Funktionen sind so besonders in JavaScript, dass du alle möglichen verrückten Sachen mit ihnen anstellen kannst. Ganze Bücher wurden über das »funktionale« JavaScript geschrieben. Wir wollen hier einen Blick auf einen Trick werfen, den wir später benutzen werden.

Rekursion

Ändere das hello folgendermaßen:

```
function hello(name) {
  var ret = 'Hallo, ' + name + '! ' + 'Du siehst heute wirklich gut
aus :)';
  if (!name.match(/again/)) {
❶  ret = ret + ' /// ' + hello(name + ' (again)');
  }
  return ret;
}
```

❶ Schau hier genau hin. Im Körper der Funktion hello rufen wir die Funktion hello auf!

Dadurch werden die Hallo-Meldungen zweimal aufgezeichnet.

Abbildung 5-6 ▶
Hier wird alles doppelt gesagt.

Hallo, Präsident Obama! Du siehst heute wirklich gut aus:) /// Hallo, Präsident Obama (again)! Du siehst heute wirklich gut aus:)
Hallo, Mutti! Du siehst heute wirklich gut aus:) /// Hallo, Mutti (again)! Du siehst heute wirklich gut aus:)
Hallo, Lila Obstmonster! Du siehst heute wirklich gut aus:) /// Hallo

Eine Funktion, die sich selbst aufruft, ist gar nicht so verrückt. Das ist sogar so verbreitet, dass sie einen besonderen Namen hat: nämlich *rekursive Funktion*.

Sei vorsichtig mit rekursiven Funktionen! Wenn es nichts gibt, was die rekursive Funktion davon abhält, sich selbst immer und immer wieder aufzurufen, blockierst du deinen Browser und musst in den Edit-only-Modus wechseln, um ihn wieder benutzbar zu machen, wie du in Abschnitt »Was tun, wenn der ICE kaputt ist?« auf Seite 27 gelernt hast.

In diesem Fall stoppen wir die Rekursion, indem wir die hello-Funktion nur dann wieder aufrufen, wenn die name-Variable nicht again entspricht. In dem Fall rufen wir hello() mit name + '(again)' auf, damit der nächste Aufruf wieder again enthält.

Das Konzept der Rekursion ist nicht ganz einfach, aber du hast schon ein großartiges Beispiel dafür im Namen deines Codeeditors:

- Wofür steht das I in ICE Code Editor?
- Es steht für ICE Code Editor.
- Wofür steht das I in ICE Code Editor?
- Es steht für ICE Code Editor.
- Wofür steht das I in ICE Code Editor?
- ...

Du könntest diese Frage bis in alle Ewigkeit stellen, aber irgendwann hättest du bestimmt die Nase voll davon. Computer dagegen bekommen das viele Fragen nie über, deshalb musst du ihnen sagen, wann sie aufhören dürfen.

Der Code bisher

Falls du den Code aus diesem Kapitel noch einmal überprüfen möchtest, findest du ihn in Abschnitt »Code: Funktionen: Immer und immer wieder benutzen« auf Seite 259.

Wie es weitergeht

Funktionen bilden für JavaScript-Programmierer sehr mächtige Werkzeuge. Wie wir gesehen haben, gibt es zwei Gründe, eine Funktion einzusetzen: Man möchte Code wiederverwenden, und der Code wird leichter lesbar. Wir erzeugten eine logMessage()-

Funktion, um deren Funktionalität immer wieder einzusetzen. Mithilfe der Funktion `makeLog()` konnten wir eine ganze Menge unordentlichen Code aus dem Weg räumen, sodass mehr Platz für wichtigeren Code blieb. Und wir warfen sogar schon einmal einen kurzen Blick auf die verrückten Sachen, die wir mit Funktionen anstellen können, wie Rekursionen.

Und dabei haben wir gerade erst an der Oberfläche gekratzt!

Wie du bald sehen wirst, werden wir in kommenden Kapiteln oft Funktionen verwenden. Beginnen wir damit im nächsten Kapitel, in dem wir unserem Avatar beibringen, seine Hände und Füße zu bewegen!

PROJEKT: HÄNDE UND FÜBE BEWEGEN

WENN DU DIESES KAPITEL GELESEN HAST, DANN

- verstehst du einige der wichtigen Berechnungen für 3D-Spiele
- weißt du, wie man Objekte vor- und zurückschwingt
- hast du einen Avatar, der aussieht, als würde er laufen

Als wir unseren Avatar in Kapitel 4, *Projekt: Avatare bewegen*, auf Seite 39 das letzte Mal sahen, bewegte er sich schon ganz schön, war aber noch ein bisschen steif. Der Körper konnte bereits in Bewegung versetzt werden, Hände und Füße blieben jedoch starr. In diesem Kapitel werden wir unseren Avatar dazu bringen, sich lebhafter zu zeigen.

Leg los

In diesem Kapitel führen wir die Arbeit aus den vorhergehenden Kapiteln weiter. Da wir uns schon so sehr bemüht haben, unseren Avatar in Bewegung zu setzen, wollen wir eine Kopie des Projekts aus *Projekt: Avatare bewegen* machen, um weiter daran zu arbeiten.

Falls das Projekt noch nicht im ICE Code Editor geöffnet ist, öffne bitte unser Projekt mit dem Namen Mein Avatar: Tastatursteuerungen. Stelle eine Kopie davon her, indem du auf den Menü-Button klickst und Make a Copy aus dem Menü wählst.

Nenne das Projekt Mein Avatar: Hände und Füße bewegen und klicke auf den Save-Button.

Damit sind wir nun bereit, unserem Avatar Leben einzuhauchen!

Eine Hand bewegen

Beginnen wir mit einer Hand. Erinnere dich daran, dass Hände und Füße bisher einfach nur Bälle sind, die aus dem Kopf herausragen. Wir haben die rechte Hand hiermit in JavaScript gebaut:

```
var right_hand = new THREE.Mesh(hand, cover);
right_hand.position.set(-150, 0, 0);
avatar.add(right_hand);
```

Wie du weißt, sind die drei Zahlen, die wir benutzen, um die Position der Hand einzustellen, die x-Position (links/rechts), die y-Position (hoch/runter) und die z-Position (vor/zurück). Wir haben die rechte Hand −150 von der Mitte des Avatars entfernt platziert.

Wir können nicht nur alle drei Zahlen für die Position einstellen, sondern auch nur eine der Positionen ändern, indem wir position.x, position.y oder position.z aktualisieren. Um die rechte Hand nach vorn zu bewegen (auf den Betrachter zu), füge die gezeigte position.z-Zeile hinzu.

```
var right_hand = new THREE.Mesh(hand, cover);
right_hand.position.set(-150, 0, 0);
avatar.add(right_hand);
right_hand.position.z = 100;
```

Ändere den Wert von position.z von 100 auf -100. Was passiert? Was passiert, wenn du immer wieder zwischen 100 und -100 wechselst? Wenn z 100 ist, wird die Hand nach vorn bewegt.

Abbildung 6-1 ▶
Rechte Hand nach vorn ...

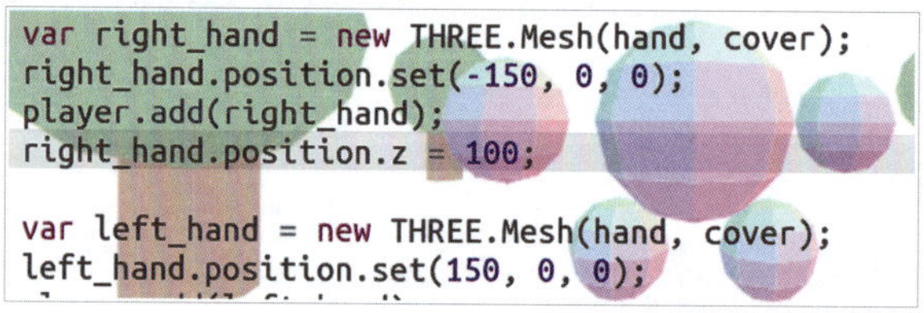

Wenn z -100 ist, wird die Hand nach hinten bewegt, sodass wir die Hand hinter dem Körper fast nicht sehen können.

Abbildung 6-2 ▶
... und nach hinten bewegen.

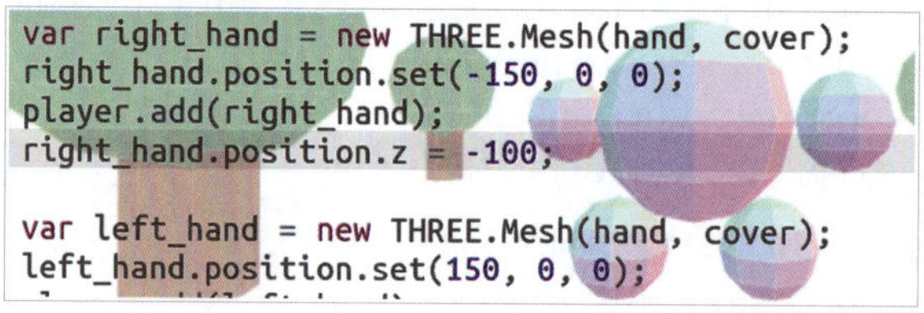

Und wenn du position.z zwischen -100 und 100 hin- und zurückänderst, dann ist es fast so, als würde die Hand vor- und zurückschwingen. Super! Du hast gerade eine berühmte Animationstechnik gelernt!

In manchen Spielen reicht es, eine Sache von einer Stelle zu einer anderen zu bewegen, damit es so aussieht, als würde sie sich bewegen. Wir können das aber in unserem Spiel noch besser machen.

Entferne dazu zuerst die Zeile, die position.z einstellt. Wir wollen sie nicht nur einmal einstellen. Wir wollen sie animieren. Gehe deshalb nach dem Entfernen der Zeile zur Funktion animate(). Seit Kapitel 4, *Projekt: Avatare bewegen*, auf Seite 39 animieren wir bereits Räder und Überschläge.

```
var is_cartwheeling = false;
var is_flipping = false;
function animate() {
  requestAnimationFrame(animate);
  if (is_cartwheeling) {
    avatar.rotation.z - avatar.rotation.z + 0.05;
  }
  if (is_flipping) {
    avatar.rotation.x = avatar.rotation.x + 0.05;
  }
  renderer.render(scene, camera);
}
animate();
```

In unserer animate()-Funktion passiert eine ganze Menge. Wir wissen aus Kapitel 5, *Funktionen: Immer und immer wieder benutzen*, auf Seite 55, dass dieses »Rauschen« es uns erschweren kann, unseren Code zu lesen. Wir werden zu animate() sogar noch mehr Kram hinzufügen. Solange wir nichts daran ändern, wird diese animate()-Funktion wirklich unglaublich groß werden.

Stellen wir deshalb eine acrobatics()-Funktion her, die das Überschlagen und Räderschlagen erledigt. Wir könnten auch gleich die Variablen is_cartwheeling und is_flipping verschieben. Dann können wir acrobatics() aus animate() heraus aufrufen, wodurch diese Funktion besser lesbar wird.

```
function animate() {
  requestAnimationFrame(animate);
  acrobatics();
  renderer.render(scene, camera);
}
```

```
animate();
var is_cartwheeling = false;
var is_flipping = false;
function acrobatics() {
  if (is_cartwheeling) {
    avatar.rotation.z = avatar.rotation.z + 0.05;
  }
  if (is_flipping) {
    avatar.rotation.x = avatar.rotation.x + 0.05;
  }
}
```

Nimm dir einen Augenblick Zeit, um zu überprüfen, ob alles noch funktioniert. Falls etwas schiefgegangen ist, wirf einen Blick auf die JavaScript-Konsole!

Jetzt fügen wir drei Dinge der animate()-Funktion hinzu.

```
❶ var clock = new THREE.Clock(true);
   function animate() {
     requestAnimationFrame(animate);
❷    walk();
     acrobatics();
     renderer.render(scene, camera);
   }
   animate();
❸ function walk() {
     var position = Math.sin(clock.getElapsedTime()*10) * 100;
     right_hand.position.z = position;
   }
```

❶ Wir benutzen diese 3D-Uhr als Timer für unsere Animation.

❷ Jetzt werden wir nicht nur herumturnen, sondern auch gehen.

❸ Dies ist die Funktion, die Hände und Füße bewegt.

Wie dir der Name vermutlich schon verraten dürfte, hat Math.sin() etwas mit Mathematik zu tun. Es ist, um genau zu sein, ein ziemlich faszinierendes mathematisches Etwas namens *Sinus*, für das es alle möglichen Anwendungen gibt. Hier nutzen wir die Tatsache aus, dass Math.sin() eine Zahl zwischen −1 und 1 generiert, wenn die Zeit verstreicht.

100 mit Math.sin() zu multiplizieren, bedeutet, dass position eine Zahl zwischen −100 und 100 annimmt. In JavaScript wird das Sternchen (*) für die Multiplikation verwendet.

Wir werden in Kapitel 7, *Die Grundlagen von JavaScript näher untersucht,* genauer besprechen, wie man sich Berechnungen zunutze macht.

Wenn du alles korrekt eingetippt hast, sollte die rechte Hand des Avatars nach vorne:

◀ Abbildung 6-3
Der Avatar ...

und zurückschwingen:

◀ Abbildung 6-4
... lässt die Hand schwingen.

Und sie sollte sich ziemlich schnell bewegen.

Probiere es selbst aus

Experimentiere mit den Zahlen in `animate()` herum. Was passiert, wenn du 10 in 100 änderst? Was passiert, wenn du 100 in 1000 änderst? Versuche es mit `position.x` oder `position.y` anstatt mit `position.z`. Versuche, `position.y` und `position.z` gleichzeitig zu ändern.

Sobald du ein Gefühl für diese Zahlen entwickelt hast, kannst du versuchen, die andere Hand und die Füße zu animieren.

Hände und Füße zusammen schwingen lassen

Wie hat es funktioniert? Konntest du Hände und Füße gemeinsam vor- und zurückschwingen lassen? Gab es irgendwelche Probleme?

Falls du versucht hast, Hände und Füße auf die gleiche Weise zu bewegen, wird dir aufgefallen sein, dass unser Avatar sich irgendwie komisch bewegt. Beide Füße und beide Hände kommen gleichzeitig nach vorn. Und dann schwingen beide Füße und beide Hände gleichzeitig wieder zurück. So läuft nun wirklich niemand!

Wenn du gehst, dann ist ein Fuß vorn, und der andere ist dahinter. In Bezug auf den Avatar bedeutet dies, dass sich ein Fuß in positiver z-Richtung befindet, während der andere in negativer z-Richtung steht:

```
var position = Math.sin(clock.getElapsedTime()*5) * 50;
right_foot.position.z = -position;
left_foot.position.z = position;
```

Normalerweise bewegen Menschen außerdem ihre rechte Hand nach vorn, sobald ihr *linker* Fuß nach vorn gesetzt wird. Und wenn die rechte Hand vorn ist, sollte die linke Hand hinten sein. Mit dem folgenden Code können wir unseren Avatar dazu bringen, das auch so zu machen.

```
function walk() {
  var position = Math.sin(clock.getElapsedTime()*5) * 50;
  right_hand.position.z = position;
  left_hand.position.z = -position;
  right_foot.position.z = -position;
  left_foot.position.z = position;
}
```

Damit müssten unsere Hände und Füße jetzt in einer schönen Gehbewegung vor- und zurückschwingen.

Abbildung 6-5 ▶
Der Avatar läuft.

Gehen beim Bewegen

Momentan geht unser Avatar ständig, auch wenn wir ihn nicht mit unseren Steuerelementen aus Kapitel 4, *Projekt: Avatare bewegen*, auf Seite 39 kontrollieren. Dieses Problem wollen wir jetzt beheben.

Zuerst fügen wir unserer walk()-Funktion eine Zeile hinzu.

```
function walk() {
  if (!isWalking()) return;
  var position = Math.sin(clock.getElapsedTime()*5) * 50;
  right_hand.position.z = position;
  left_hand.position.z = -position;
  right_foot.position.z = -position;
  left_foot.position.z = position;
}
```

Ist dir die erste Zeile der Funktion aufgefallen? Diese Codezeile bedeutet: *Falls der Avatar nicht geht, kehre sofort aus der Funktion zurück.* Der Aufruf von return heißt, dass wir die Funktion sofort verlassen und nichts weiter in der Funktion ausgeführt wird. Das bedeutet wiederum: *Falls der Avatar nicht geht, verlasse die* walk()*-Funktion, ohne etwas von dem Code auszuführen, der den Avatar aussehen lässt, als würde er gehen.*

Wenn du jetzt ganz genau aufgepasst hast, wirst du dich vermutlich fragen, worum es sich bei diesem isWalking()-Ding handelt. Es ist eine Funktion, die wir nun schreiben werden!

Wir fügen diesen Code vor dem keydown-Event-Listener ein.

```
var is_moving_right, is_moving_left, is_moving_forward, is_moving_
back;
function isWalking() {
  if (is_moving_right) return true;
  if (is_moving_left) return true;
  if (is_moving_forward) return true;
  if (is_moving_back) return true;
  return false;
}
```

Unmittelbar vor der isWalking()-Funktion deklarieren wir is moving-Variablen, die bald zum Einsatz kommen. Wir verwenden eine JavaScript-Abkürzung – eine durch Kommata abgetrennte Liste – für alle vier Variablen auf einer einzigen Zeile und mit nur einem var.

Innerhalb der Funktion benutzen wir das Schlüsselwort return, um die Funktion sofort zu verlassen. Dieses Mal liefern wir den Wert true oder false mit. Wenn irgendwelche der Bewegungseigenschaften der Avatar-Steuerungen true (wahr) sind, liefert isWalking() den Wert true zurück. Mit anderen Worten, wenn irgendwelche der Bewegungseigenschaften sagen, dass sich der Avatar bewegt, dann geht der Avatar (isWalking()).

Die letzte Zeile der Funktion isWalking(), die false zurückliefert, wird nur dann erreicht, wenn keine der Bewegungssteuerungen true (wahr) ist. Ist keine der Bewegungseigenschaften der Avatar-Steuerungen aktiv, liefern wir den Wert false (falsch) zurück, um bekannt zu geben, dass der Avatar nicht geht.

Jetzt müssen wir diese Bewegungssteuerungen ein- und ausschalten. Wir erledigen dies im Event-Listener, in dem wir den Avatar bereits bewegen, falls die entsprechende Taste gedrückt ist. Füge die gezeigten Zeilen hinzu.

```
document.addEventListener('keydown', function(event) {
  var code = event.keyCode;
  if (code == 37) {                                // nach links
    marker.position.x = marker.position.x-5;
❶   is_moving_left = true;
  }
  if (code == 38) {                                // nach oben
    marker.position.z = marker.position.z-5;
❷   is_moving_forward = true;
  }
  if (code == 39) {                                // nach rechts
    marker.position.x = marker.position.x+5;
❸   is_moving_right = true;
  }
  if (code == 40) {                                // nach unten
    marker.position.z = marker.position.z+5;
❹   is_moving_back = true;
  }
  if (code == 67) is_cartwheeling = !is_cartwheeling; // C
  if (code == 70) is_flipping = !is_flipping;    // F
});
```

❶ Der Avatar bewegt sich nach links.

❷ Der Avatar bewegt sich nach vorn.

❸ Der Avatar bewegt sich nach rechts.

❹ Der Avatar bewegt sich nach hinten.

Dies schaltet die Bewegungssteuerungen ein, allerdings brauchen wir noch eine Möglichkeit, sie wieder auszuschalten. Da wir keydown benutzt haben, um zu entscheiden, wann eine Taste gedrückt ist, kannst du bestimmt erraten, wie wir entscheiden, wann eine Taste losgelassen wurde.

Füge hinter der letzten Zeile des keydown-Event-Listener-Codes – hinter der });-Zeile – den folgenden keyup-Event-Listener-Code ein.

```
document.addEventListener('keyup', function(event) {
  var code = event.keyCode;
  if (code == 37) is_moving_left = false;
  if (code == 38) is_moving_forward = false;
  if (code == 39) is_moving_right = false;
  if (code == 40) is_moving_back = false;
});
```

Damit sollten wir in der Lage sein, unseren Avatar mit den Pfeiltasten zu bewegen, während gleichzeitig die Hände und Füße des Avatars vor- und zurückschwingen. Wenn wir diese Tasten loslassen, sollte der Avatar stehen bleiben.

Cool!

Herausforderung: Bessere Steuerungen für die Akrobatik

Falls du dich der Herausforderung gewachsen fühlst, wollen wir versuchen, bessere Steuerungen für die akrobatischen Übungen zu bauen.

Da wir Code haben, der auf keydown- und keyup-Ereignisse lauscht, wollen wir versuchen, die Räder und Überschläge zu starten, wenn die Tasten C bzw. F gedrückt werden, und zu stoppen, wenn die Tasten C bzw. F wieder losgelassen werden. Glaubst du, die Steuerungen sind so besser? Wenn ja, lass sie einfach so – es ist dein Spiel!

Der Code bisher

Falls du den Code in diesem Kapitel noch einmal überprüfen willst, schau in Abschnitt »Code: Hände und Füße bewegen« auf Seite 260 nach.

Wie es weitergeht

Wir haben jetzt eine neue Methode, um unsere Avatare zum Leben zu erwecken. In Kapitel 4, *Projekt: Avatare bewegen*, auf Seite 39, konnten wir unseren Avatar in der Szene herumbewegen und Überschläge und Räder schlagen lassen. In diesem Kapitel schafften wir es, Teile des Avatars zu bewegen – wodurch der Avatar gleich viel lebendiger wirkte.

Das große Konzept in diesem Kapitel war keine JavaScript- oder gar 3D-Sache. Es war eine Angelegenheit der Mathematik: Sinus. Auch wenn du darüber schon einmal etwas im Unterricht gelernt hast, wette ich, dass du nicht wusstest, dass du sie so wir hier einsetzen kannst!

Was unserem Avatar noch fehlt, ist die Fähigkeit, sich umzudrehen. Er kann sich zwar nach links oder rechts bewegen, schaut dabei aber weiter geradeaus. Das ist ein bisschen komisch, oder? In Kapitel 8, *Projekt: Unseren Avatar umdrehen*, auf Seite 91 werden wir behandeln, wie man den gesamten Avatar dreht.

Doch zuerst wollen wir einen genaueren Blick auf JavaScript werfen.

DIE GRUNDLAGEN VON JAVASCRIPT NÄHER UNTERSUCHT

WENN DU DIESES KAPITEL GELESEN HAST, DANN

- kennst du viele von diesen JavaScript-Dingen, wie z.B. var
- bist du in der Lage, Code zu schreiben, der nur dann etwas macht, wenn du das willst

Bevor wir weitermachen, wollen wir einen genaueren Blick auf JavaScript werfen. Genau wie jede andere Programmiersprache wurde JavaScript geschaffen, um sowohl von Computern als auch von Menschen verstanden zu werden.

Man kann sich die JavaScript-Programmierung so vorstellen, dass Dinge und das, was diese Dinge tun, beschrieben werden. Das ist im Prinzip wie in Deutsch, Englisch und anderen Sprachen. Als wir unseren Avatar bauten, nutzten wir JavaScript, um seinen Kopf sowie seine Hände und Füße zu beschreiben. Wir beschrieben außerdem, wie der 3D-Renderer die Szene in unserem Browser zeichnen sollte. Um all das zusammenzusetzen, enthält JavaScript Schlüsselwörter, die sowohl Computer als auch Menschen verstehen können.

Schauen wir uns das genauer an.

Leg los

Anstatt in diesem Kapitel Formen zu zeichnen und zu bewegen, werden wir die Programmiersprache JavaScript erkunden. Das können wir zu einem Großteil in der JavaScript-Konsole erledigen.

Öffne sie deshalb gleich einmal. Solltest du dich nicht daran erinnern, wie das geht, kannst du in Abschnitt »Die JavaScript-Konsole öffnen und schließen« auf Seite 20 nachschauen.

Ein Teil des JavaScripts, das wir uns anschauen, ist zu groß für die JavaScript-Konsole. Wir müssen dafür deshalb ein neues Projekt im ICE Code Editor anlegen. Nutze das Template 3D starter project und nenne das Projekt Nur JavaScript.

Code in der JavaScript-Konsole
Wir führen am Anfang dieses Kapitels einfach nur einige Dinge ein. Es ist deshalb am einfachsten, damit in der JavaScript-Konsole herumzuspielen und zu experimentieren!

Eine Sache in JavaScript beschreiben

Hast du bemerkt, wie wir neue Dinge in JavaScript einführen?

```
// Du musst dies hier nicht eintippen:
var head_shape = new THREE.SphereGeometry(100);
```

Das Schlüsselwort var deklariert neue Dinge in JavaScript. Es sagt sowohl dem Computer als auch den Menschen, die diesen Code lesen: »Macht euch bereit – jetzt kommt etwas Neues!«

Es gibt eine Menge unterschiedlicher Dinge in JavaScript. In dem bisschen Code, das du gerade gesehen hast, stellen wir eine neue 3D-Kugelform her. Bei den Dingen kann es sich auch um Zahlen handeln:

```
var my_height = 1.5;
```

Es können Wörter sein:

```
var title = "Kids programmieren 3D-Spiele mit JavaScript";
```

Programmierer nennen die Dinge in den Anführungszeichen normalerweise Strings (Zeichenketten). Das Titelelement, das hier gezeigt wird, ist ein String, der den Titel dieses Buchs enthält.

Strings gehen leicht kaputt

Achte immer darauf, deine Anführungszeichen zu schließen. Wenn du es vergisst, bekommst du ausgesprochen seltsame Fehler, die nur schwer zu beheben sind.

Es können wahre Dinge sein:

```
var bin_ich_cool = true;
var bin_ich_dumm = false;
```

Es können sogar absonderliche JavaScript-Dinge sein, die nichts bedeuten:

```
var ich_bedeute_nichts = null;
var ich_bedeute_auch_nichts = undefined;
```

Was hat es mit null und undefined auf sich?

Im Allgemeinen musst du dir keine Sorgen um Dinge machen, die undefined (undefiniert) oder null (ungültig) sind. Es ist nicht besonders sinnvoll, so etwas herzustellen. Wenn du sie überhaupt einmal siehst, dann in einer Funktion, in der sie anzeigen, dass von dieser Funktion nichts gefunden oder hergestellt wurde.

Wieso var?

Das Schlüsselwort var ist die Abkürzung für *Variable*. Eine Variable ist eine Sache, die sich ändern kann:

```
var spiel = "gestartet";
// hier muss etwas getan werden
spiel = "vorbei";
```

Zunächst einmal sind wir noch nicht fertig mit dem Spiel. Irgendwann später sind wir es. Hätten wir an der Stelle, an der // hier muss etwas getan werden steht, Code geschrieben, würde dieser Code denken, dass das Spiel noch in Gang ist. Es wird uns bald ganz gelegen kommen, dass man Variablen aktualisieren kann.

Nun zu der Zeile, die mit den beiden Schrägstrichen beginnt ...

Kommentare

Doppelte Schrägstriche weisen immer auf Kommentare hin. Der Computer weiß, dass er alles ignorieren soll, was auf dieser Zeile hinter den // kommt. Kommentare sind also nur für die Menschen gedacht:

```
// Dies liefert das heutige Datum zurück.
var heute = new Date();
// Das ist der 1. Januar 2013.
var jan1 = new Date(2013, 1, 1);
```

Du musst die Kommentare nicht mit eintippen

Die Kommentare, die dir in diesem Buch begegnen, sollen dir hilfreiche Hinweise liefern. Du musst sie nicht mit eintippen, aber es wäre besser. Kommentare helfen dir dabei, dich daran zu erinnern, warum du bestimmte Dinge gemacht hast, falls du später einmal wieder zu dem Code zurückkommst, um etwas zu ändern.

Um ehrlich zu sein: Du solltest sogar deine eigenen Kommentare hinzufügen.

Dinge ändern

Wir wissen, dass wir Dinge ändern können, aber wie können sich die einzelnen Variablen in JavaScript ändern? Schauen wir sie uns nacheinander an.

Zahlen

Du kannst die normalen mathematischen Symbole benutzen, um Zahlen in JavaScript zu addieren und zu subtrahieren. Probiere dies hier einmal in der JavaScript-Konsole aus:

```
5 + 2;
10 - 9.5;
23 - 46;
84 + -42;
```

Du müsstest folgende Antworten erhalten (die Antwort steht jeweils in den Kommentaren unter dem Matheproblem):

```
5 + 2;
// 7
10 - 9.5;
// 0.5
```

```
23 - 46;
// -23
84 + -42;
// 42
```

Das funktioniert also sogar mit negativen Zahlen. Merk dir das. Negative Zahlen helfen uns beim Herumspielen mit 3D-Grafiken.

Okay, das Addieren und Subtrahieren in JavaScript ist ziemlich einfach. Wie steht es mit der Multiplikation und Division? Auf den meisten Tastaturen gibt es Plus- und Minuszeichen, allerdings fehlen Tasten für × und ÷.

Nimm für die Multiplikation das Sternchen (*):

```
3 * 7;
// 21
2 * 2.5;
// 5
-2 * 4;
// -8
7 * 6;
// 42
```

Die Division klappt mit dem Schrägstrich (/):

```
45 / 9;
// 5
100 / 8;
// 12.5
84 / 2;
// 42
```

Du solltest über Zahlen noch wissen, dass du Klammern verwenden kannst, um Dinge zu gruppieren, falls du viele Berechnungen gleichzeitig ausführen möchtest. Die Berechnungen in den Klammern werden immer zuerst durchgeführt:

```
5 * (2 + 4);
// 30
(5 * 2) + 4;
// 14
```

Was passiert ohne die Klammern? Kannst du erraten, warum es passiert?[1]

---

[1] Ohne Klammern wird zuerst multipliziert und dann addiert. Es gilt die Regel »Punktrechnung vor Strichrechnung«, die du bestimmt schon im Mathematikunterricht gelernt hast!

Geometrie

Wir arbeiten in diesem Buch an Konzepten für 3D-Spiele. Das bedeutet Geometrie. Wir werden Geometrie im Zusammenhang mit den passenden Projektkapiteln näher betrachten. Im Moment wollen wir uns nur mit zwei geometrischen Funktionen befassen: Sinus und Kosinus. Mach dir keine Sorgen, falls du sie bisher noch nicht kennst – du wirst sie in den Spielen kennenlernen.

Merk dir einfach, dass wir in JavaScript keine Grad-Einheiten verwenden. Stattdessen benutzen wir das Bogenmaß oder auch Radiant. Was ist Bogenmaß bzw. Radiant? Anstatt zu sagen, dass wir uns um 180° gedreht haben, wenn wir uns um einen halben Kreis herumbewegen, würden wir sagen, dass wir uns um pi Radiant drehen.

Abbildung 7-1 ▶
Eine halbe Drehung

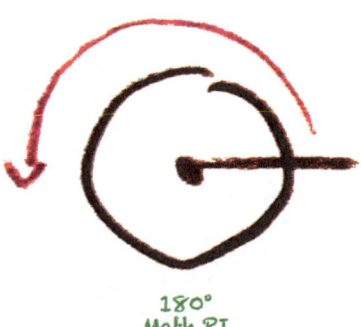

180°
Math.PI

Pi ist in der Mathematik eine besondere Zahl. Ihr Wert liegt bei etwa 3,14159. Oft wird das Symbol π für pi benutzt. Wir nennen es pi, da JavaScript es Math.PI nennt.

Eine komplette Drehung ist das Doppelte einer 180°-Drehung. Es ist also eine 360°-Drehung, also zwei pi Radiant oder 2 × pi.

Abbildung 7-2 ▶
Eine ganze Drehung

360°
2 x Math.PI

Übrigens entspricht 2 × pi ungefähr dem Wert 6,3, den wir als vollständige Drehung angegeben haben, als wir in Abschnitt »Mit der

Würfelform Kisten herstellen« auf Seite 8 über Drehungen gesprochen haben. Da der Zahlenwert von pi ungefähr bei 3,15 liegt, ist 2 × pi gleich 2 × 3,15 oder 6,3.

In JavaScript wird pi als `Math.PI` bezeichnet. 360° wären also `2*Math.PI`. Hier ist eine praktische Umrechnungstabelle:

Grad	Radiant	JavaScript
0°	0	0
45°	pi ÷ 4	Math.PI/4
90°	pi ÷ 2	Math.PI/2
180°	pi	Math.PI
360°	2 × pi	2*Math.PI
720°	4 × pi	4*Math.PI

Geometrische Funktionen findest du auch in JavaScripts Math-Modul. Ein Beispiel ist der Sinus, den wir in Kapitel 6, *Projekt: Hände und Füße bewegen*, auf Seite 67 sahen. JavaScript kürzt den Sinus und seinen Begleiter Kosinus zu sin und cos ab:

```
Math.sin(0);
// 0
Math.sin(2*Math.PI);
// 0
Math.cos(0);
// 1
```

Wirklich ganz nah an null

Je nachdem, was für einen Computer du benutzt, hast du möglicherweise nicht die richtige Antwort erhalten, als du `Math.sin(2*Math.PI)` in der JavaScript-Konsole ausprobiert hast. Der Sinus von 2 ? pi ist null, doch du hast vielleicht so etwas wie `-2,4492127076447545e-16` bekommen. Das zeigt, dass Computer nicht perfekt sind. Manchmal liegen ihre Berechnungen ein kleines bisschen daneben.

Wenn JavaScript `e-16` am Ende der Zahl zeigt, bedeutet dies, dass es sich um eine Dezimalzahl mit 16 Nachkommastellen handelt. Mit anderen Worten, `-2,45e-16` ist dasselbe wie -0,000000000000000245. Das ist eine wirklich kleine Zahl – du müsstest sie mehr als zwei Millionen Mal mit sich selbst addieren, um `1` zu erhalten.

Wir werden diese Math.-Funktionen nicht oft benötigen. Gelegentlich tauchen sie jedoch auf. Meist reichen einfache arithmetische Operatoren zum Addieren, Subtrahieren, Multiplizieren und Dividieren.

Strings

Strings (Zeichenketten) in JavaScript sind irgendwie langweilig. Man kann eigentlich nur zwei Strings zu längeren Strings zusammenfügen. Interessant ist lediglich, dass es der Plus-Operator ist, der sie zusammenbaut. Probiere dies einmal in der JavaScript-Konsole aus:

```
var str1 = "Howdy";
var str2 = "Bob";
str1 + " " + str2;
// "Howdy Bob"
```

Irre, oder? Da es auf den meisten Tastaturen nicht einmal eigene Tasten für Multiplikation und Division gibt, ist es eigentlich klar, dass es auch keine Tasten zum Zusammenkleben zweier Strings gibt. JavaScript ist deshalb faul und greift wieder auf das Pluszeichen zurück.

Was passiert deiner Meinung nach, wenn du versuchst, einen String und eine Zahl zusammenzusetzen? Nun, versuch's mal:

```
var str = "Die Antwort auf 7 + 4 ist ";
var Antwort = 7 + 4;
str + Antwort;
```

Probiere es selbst aus
Mach das selbst einmal in der JavaScript-Konsole!

Wenn man einen String und eine Zahl miteinander kombiniert, behandelt JavaScript die Zahl als String:

```
var str = "Die Antwort auf 7 + 4 ist ";
var Antwort = 7 + 4;
str + Antwort;
// "Die Antwort auf 7 + 4 ist 11"
```

Boolesche Werte

Zu einem Booleschen Wert gibt es nicht viel zu sagen. Er ist entweder true (wahr) oder false (falsch). Es ist möglich, Boolesche

Werte mit dem not-Operator (Nicht-Operator) umzuwandeln. In JavaScript dient das Ausrufezeichen als not-Operator:

```
var ja = true;
var das_Gegenteil = !ja;
var das_Gegenteil_des_Gegenteils = !!ja;
ja;
// wahr
das_Gegenteil;
// falsch
das_Gegenteil_des_Gegenteils;
// wahr
```

Wir werden Boolesche Werte nicht sehr oft auf so direkte Weise benutzen. Normalerweise sehen wir Vergleichsoperatoren, die Boolesche Werte ergeben:

```
// Das >-Symbol prüft auf Werte, die größer sind als andere.
var ist_zehn_groesser_als_sechs = 10 > 6;
ist_zehn_groesser_als_sechs;
// wahr
// Zwei Gleichheitszeichen prüfen, ob Werte gleich sind.
var ist_zwoelf_dasselbe_wie_elf = 12 == 11;
ist_zwoelf_dasselbe_wie_elf;
// falsch
```

Doppeltes Gleichheitszeichen oder einfaches Gleichheitszeichen?

Ein doppeltes Gleichheitszeichen (==) in JavaScript prüft, ob etwas gleich etwas anderem ist. Es nimmt keine Änderungen an irgendwelchen Dingen vor – es überprüft lediglich Werte und liefert einen Booleschen Wert als Ergebnis.

Wie wir im Laufe dieses Buchs bereits gesehen haben, *macht* ein einfaches Gleichheitszeichen (=) einen Wert zu etwas anderem. Ein einfaches Gleichheitszeichen, das oft auch als Zuweisungsoperator bezeichnet wird, ändert einen Wert – es aktualisiert eine Variable oder weist ihr überhaupt erst einmal einen Wert zu.

Du wirst dich vielleicht fragen, ob es klug ist, zwei sehr unterschiedliche Operatoren zu haben, die so ähnlich aussehen. Ist es nicht. Es ist eine sehr gern genommene Fehlerquelle – selbst für Leute, die schon seit Jahren programmieren. Aber da es dieses Phänomen schon sehr lange gibt, wird sich vermutlich auch so schnell nichts daran ändern. Achte also auf solche Fehler.

Wir sehen diese Art von Booleschen Werten sehr häufig. Um genau zu sein, werden sie uns schon im nächsten Abschnitt wieder begegnen.

Code mit while und if wiederholen und überspringen

Normalerweise wird JavaScript-Code von oben nach unten ausgeführt. Die Codezeilen am Anfang eines Programms sind zuerst dran. Sobald der Computer mit diesen Zeilen fertig ist, kommt er zu den nächsten Zeilen. Das geht so weiter, bis das Ende einer Programmdatei erreicht ist.

Manchmal wollen wir aber gar nicht, dass der gesamte Code ausgeführt wird. Und dann wieder möchten wir, dass Code mehr als einmal durchlaufen wird. Für diese Gelegenheiten nutzen wir bestimmte *Kontrollschlüsselwörter*. Die Schlüsselwörter, die in diesem Buch am häufigsten verwendet werden, sind while und if.

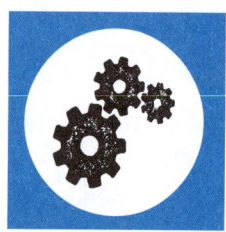

Programmiere im ICE, prüfe in der Konsole
Der Code im Rest dieses Kapitels ist zu groß für die JavaScript-Konsole. Füge ihn deshalb im ICE hinter der START CODING-Zeile ein. Lass die JavaScript-Konsole jedoch geöffnet – wir tippen hier zwar keinen Code ein, benutzen sie jedoch, um uns Meldungen anzeigen zu lassen.

While

Wenn ein Codeabschnitt, ein sogenannter Block, mit while beginnt, wird dieser Block immer und immer wieder ausgeführt, bis sich etwas ändert. Das, was sich ändern muss, steht in Klammern hinter dem Schlüsselwort while:

```
var i = 0;
while (i < 5) {
  console.log("i ist jetzt: " + i);
  i = i + 1;
}
```

Wenn du das ausprobierst, wirst du in der JavaScript-Konsole so etwas sehen:

```
i ist jetzt: 0
i ist jetzt: 1
i ist jetzt: 2
i ist jetzt: 3
i ist jetzt: 4
```

Bei jedem Durchlauf des Codeblocks geben wir die Variable i in der JavaScript-Konsole aus. Außerdem führen wir eine kleine Berechnung durch. Wir addieren 1 zum alten Wert von i. Anschließend durchläuft der Computer den while-Block erneut – solange i kleiner als 5 ist (das <-Symbol bedeutet *kleiner als*). Sobald i gleich 5 ist, stoppt der Computer den Durchlauf des while-Blocks und geht zu den nächsten Zeilen weiter.

Probiere es selbst aus
Was passiert, wenn du Folgendes ausführst?

```
var i = 0;
while (i < 5) {
  console.log("Chris ist fantastisch!!!!");
  i = i + 1;
}
```

Du solltest hier unbedingt deinen eigenen Namen einsetzen!

Code nur ausführen, wenn etwas wahr ist

Manchmal wollen wir Code ganz und gar überspringen. In dem Fall nutzen wir das Schlüsselwort if. Genau wie while macht das Schlüsselwort if etwas mit einem Codeblock:

```
var game = "gestartet";
// Hier kommt weiterer Code hin, der die Variable "game"
// in etwas anderes ändern könnte ...
if (game == "vorbei") {
  console.log("Game Over!!!");
}
```

Das Schlüsselwort if erlaubt es uns, JavaScript-Code zu schreiben, der nur dann läuft, *falls* (englisch: if) eine Bedingung wahr ist. In diesem Fall prüfen wir, ob game gleich dem String vorbei ist. Dazu benutzen wir die doppelten Gleichheitszeichen (==) als Vergleichsoperator.

Wir können eine if-Aussage mit else if und else erweitern. Schau dir einmal folgenden Code an, den wir benutzen werden, um in Kapitel 20, *Projekt: Rafting auf dem Fluss*, auf Seite 215 ein Floß zu drehen und zu bewegen:

```
document.addEventListener("keydown", function(event) {
    var code = event.keyCode;
❶  if (code == 32) pushRaft();              // Leertaste
❷  else if (code == 37) rotateRaft(-1);        // nach links
❸  else if (code == 39) rotateRaft(1);         // nach rechts
❹  else {          // etwas anderes
      console.log(code);
   }
});
```

Wir werden in den entsprechenden Projektkapiteln ausführlicher über den Code reden. Hier sehen wir aber Folgendes:

❶ Wir schieben das Floß vorwärts, wenn code dem Code für die Leertaste entspricht.

❷ Ansonsten drehen wir das Floß nach links, falls code für die linke Pfeiltaste erkannt wird.

❸ Ansonsten drehen wir das Floß nach rechts, falls code für die rechte Pfeiltaste erkannt wird.

❹ Wird eine andere Taste gedrückt, protokollieren wir den Code auf der JavaScript-Konsole.

Übertreibe es nicht mit den Ifs

If, else if und else sind sehr mächtig, man kann es mit ihnen aber auch übertreiben. In einigen der Projektkapitel stellen wir dir bessere Ansätze vor.

Dinge auflisten

Manchmal ist es ganz praktisch, wenn man in der Lage ist, eine Liste aus Dingen zu beschreiben. In JavaScript werden Listen mit eckigen Klammern erzeugt. Eine Liste aufregender Filme könnte so aussehen:

```
var aufregende_Filme = [
  'Star Wars',
  'Das Imperium schlägt zurück',
  'Indiana Jones - Jäger des verlorenen Schatzes'
];
```

In der Liste können all die Dinge stehen, über die wir bisher geredet haben: Strings, Zahlen, Boolesche Werte. Es ist sogar möglich, eine Liste mit verschiedenen Arten von Dingen herzustellen:

```
// Mach das nicht:
var nutzlose_Liste = [
  true,
  3.14,
  'OK'
];
```

Du solltest das aber besser nicht machen. Es ist albern. Genau wie im richtigen Leben sollten Computerlisten Dinge gleicher Art enthalten. Es wäre nicht sinnvoll, deine Lieblingsfarbe, den Zeitpunkt, an dem dein Freund dich besucht, oder die Ergebnisse des Spiels von gestern Abend auf einer Einkaufsliste zu vermerken. Eine Liste von Dingen, die man im Laden kaufen möchte, sollte tatsächlich nur Objekte enthalten, man dort auch.

Es gibt eine Menge Einsatzmöglichkeiten für Listen. Die Variante, die wir in diesem Buch am häufigsten verwenden, besteht darin, eine Funktion für jedes Element in der Liste aufzurufen:

```
var aufregende_Filme = [
  'Star Wars',
  'Das Imperium schlägt zurück',
  'Indiana Jones - Jäger des verlorenen Schatzes'
];
aufregende_Filme.forEach(function(Film) {
  console.log("GROSSARTIG: " + Film);
});
```

Stell dir die forEach()-Funktion als eine Methode var, mit der man für jede Sache in unserer Liste

- einen Spitznamen vergeben kann – im gezeigten Code Film
- etwas in der Funktion machen kann – wir vermerken sie als "GROSSARTIG"

Wenn du das eintippst und dann in die JavaScript-Konsole schaust, erhältst du dieses Ergebnis:

```
GROSSARTIG: Star Wars
GROSSARTIG: Das Imperium schlägt zurück
GROSSARTIG: Indiana Jones - Jäger des verlorenen Schatzes
```

Wir werden in späteren Kapiteln weitere Listen sehen.

Was JavaScript anders macht

Viele Dinge unterscheiden JavaScript von anderen Sprachen. Für uns am wichtigsten ist die Tatsache, dass es für die Ausführung im Browser gedacht ist. Das bedeutet, dass man leicht viel Arbeit im Web erledigen kann. Wie wir in Kapitel 4, *Projekt: Avatare bewegen*, auf Seite 39 sahen, kann JavaScript Warndialoge im Browser öffnen:

```
alert('Stoppe alles, was du gerade tust, und rufe "Jau!"');
```

JavaScript eignet sich außerdem sehr gut, um Änderungen in Webseiten vorzunehmen. Wir werden das in diesem Buch nur selten machen, allerdings befassen wir uns mit diesem Thema, wenn wir Anzeigetafeln in einigen unserer Spiele herstellen.

Wie es weitergeht

Dieses Kapitel enthält eine Menge Informationen. Mach dir keine Sorgen, wenn du noch nicht so viel damit anfangen kannst. Komm hierher zurück, falls du beim Durcharbeiten der späteren Kapitel Fragen hast. Du wirst dann vieles von dem, was hier steht, besser verstehen.

Die Grundlagen, die wir hier behandelt haben, sind ein bisschen wie die Substantive der JavaScript-Sprache. Die Funktionen, die wir in Kapitel 5, *Funktionen: Immer und immer wieder benutzen*, auf Seite 55, sahen, sind sozusagen die Verben – sie sagen den Grundlagen, was diese machen müssen, damit etwas passiert.

Apropos etwas passieren lassen: Bauen wir jetzt noch mehr coole Sachen für unseren Avatar!

PROJEKT: UNSEREN AVATAR UMDREHEN

WENN DU DIESES KAPITEL GELESEN HAST, DANN

⚡ kennst du noch mehr lustige Berechnungen für die 3D-Programmierung

⚡ weißt du, wie man etwas dreht, damit es in eine bestimmte Richtung blickt

⚡ kannst du geschmeidige Animationen herstellen

Wir haben es fast geschafft, unseren Avatar zu animieren. In Kapitel 4, *Projekt: Avatare bewegen*, auf Seite 39 lernten wir, wie wir unseren Avatar in Bewegung setzen. In Kapitel 6, *Projekt: Hände und Füße bewegen*, auf Seite 67 ließen wir unseren Avatar aussehen, als würde er laufen. Jetzt müssen wir dafür sorgen, dass er wirkt, als würde er sich drehen, wenn wir die Richtung wechseln. Umdrehen oder Rotieren ist für uns nicht neu – unser Avatar dreht sich schon, wenn er Räder schlägt. Dieses Mal aber soll er in eine bestimmte Richtung schauen.

Leg los

Falls es noch nicht im ICE Code Editor geöffnet ist, öffne jetzt unser Projekt mit dem Namen Mein Avatar: Hände und Füße bewegen (aus *Projekt: Hände und Füße bewegen*). Stell eine Kopie davon her, indem du auf den Menü-Button klickst und Make a Copy aus dem Menü wählst.

Nenne das Projekt Mein Avatar: Umdrehen und klicke auf den Save-Button.

In die richtige Richtung schauen

Es ist relativ einfach, den Avatar dazu zu bringen, in die richtige Richtung zu schauen – vor allem mit dem, was wir bereits wissen. Genau wie beim Hinzufügen der Gehbewegung für die Hände und Füße schreiben wir eine neue Funktion, um unseren Avatar zu drehen. Wir nennen diese Funktion turn(), ergänzen wir deshalb die animate()-Funktion um einen Aufruf für diese Funktion.

```
function animate() {
  requestAnimationFrame(animate);
  walk();
  turn();
  acrobatics();
  renderer.render(scene, camera);
}
animate();
```

Jetzt schreiben wir die Funktion turn(). JavaScript ist es egal, wo du diese Funktion hinlegst, da wir sie aber nach walk() in der animate()-Funktion aufrufen, können wir sie auch gleich hinter die walk()-Funktion legen. Tippe die folgenden Zeilen hinter der schließenden geschweiften Klammer der walk()-Funktion ein:

```
function turn() {
  var direction = 0;
  if (is_moving_forward) direction = Math.PI;
  if (is_moving_back) direction = 0;
  if (is_moving_right) direction = Math.PI/2;
  if (is_moving_left) direction = -Math.PI/2;

  avatar.rotation.y = direction;
}
```

Wenn wir nun nach links oder rechts gehen, schaut der Avatar ab jetzt auch in die Richtung, in die er sich bewegt:

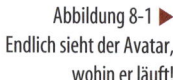
Abbildung 8-1 ▶
Endlich sieht der Avatar,
wohin er läuft!

Das ist ganz erstaunlich. Du hast jetzt einen komplizierten Spiele-Avatar hergestellt. Denke einmal darüber nach, was du erreicht hast:

- Du hast dem Avatar einen Körper, Hände und Füße gegeben.
- Du bewegst den Avatar so, dass sich alle Teile mit ihm bewegen.
- Du lässt den Avatar Überschläge machen und Räder schlagen.
- Du hast die Kamera am Avatar befestigt.
- Du hast die Kamera an der Position des Avatars befestigt, damit uns bei seinen Überschlägen und Rädern nicht übel wird.
- Du lässt die Hände und Füße nach vorne und zurückschwingen, wenn der Avatar läuft.
- Du lässt die Hände stoppen, wenn der Avatar sich nicht bewegt.
- Du lässt den Avatar in die Richtung schauen, in die er geht

Das ist schon unglaublich viel JavaScript-3D-Programmierung. Du bist ziemlich gut. Wir können aber noch mehr.

Schauen wir uns zuerst diese turn()-Funktion genauer an, damit wir auch wirklich verstehen, was hier vor sich geht.

Das Ganze auseinandernehmen

Warum setzen wir in der turn()-Funktion die Richtung auf Werte wie Math.PI und -Math.PI/2?

Erinnere dich aus dem Abschnitt »Geometrie« auf Seite 82 daran, dass Winkel, also das Maß für die Stärke der Drehung, anstelle von Grad die Einheit Radiant (Bogenmaß) benutzen. Der Avatar schaut zunächst nach hinten zur Kamera. Eine Drehung von 0° ist deshalb 0 Radiant, also nach hinten gewandt. Und 180° ist pi Radiant, der Avatar ist also nach vorn zum Bildschirm gewandt. Die folgende Tabelle zeigt die vollständige Liste, die wir in der turn()-Funktion verwenden.

Richtung	Grad	Radiant	JavaScript
Nach vorn	180°	pi	Math.PI
Nach rechts	90°	pi ÷ 2	Math.PI/2
Nach links	-90°	-pi ÷ 2	-Math.PI/2
Nach hinten	0°	0	0

Warum rotation.y?

Das erklärt also die Zahl, die wir für die direction-Variable in der Funktion turn() benutzen. Warum aber setzen wir rotation.y? Warum nicht rotation.z oder rotation.x?

Nun, zum einen ändern wir rotation.x bereits, wenn wir Räder schlagen, und rotation.z, wenn wir Überschläge machen.

Wir setzen rotation.y, weil wir wollen, dass sich der Avatar um die y-Achse dreht. Erinnere dich daran, dass die y-Achse in 3D von unten nach oben verläuft. Stell dir einfach eine Stange vor, die aus der Mitte des Avatars heraus nach oben weist – das ist die y-Achse des Avatars:

Abbildung 8-2 ▶
Der Avatar im dreidimensionalen
Koordinatensystem

Mit dem Drehen um die y-Achse meinen wir also, dass sich der Avatar um diese Stange herumdreht.

Vergiss avatar.rotation nicht!

Solltest du versucht haben, marker.rotation anstelle von avatar. rotation zu drehen, wirst du gemerkt haben, dass sich nicht nur der Avatar, sondern anscheinend auch alles andere gedreht hat. Das liegt daran, dass wir die Kamera an den marker des Avatars angehängt haben:

```
var marker = new THREE.Object3D();
scene.add(marker);

marker.add(camera);
```

Stell dir den Marker des Avatars als eine unsichtbare Kiste vor, die die Teile des Avatars enthält. Indem du die Kamera dem Marker hinzufügst, klebst du sie sozusagen an eine Seite des Markers. Beim Drehen der Kiste muss die Kamera sich ebenfalls drehen:

Deshalb hatten wir die Hände und Füße des Avatars dem Kopf des Avatars hinzugefügt anstatt seinem Marker. Wenn wir den Avatar in dem Marker drehen, müssen sich seine Hände und Füße mit bewegen – und nicht mit dem Marker stillstehen.

Die Drehung animieren

Wenn wir unseren Avatar drehen, schaut er sofort in die neue Richtung. Wir wollen das ein bisschen realistischer gestalten, indem wir die Drehung in eine neue Richtung animieren. Dafür brauchen wir eine neue JavaScript-Bibliothek. Diese Bibliothek hilft uns bei der Animation zwischen unterschiedlichen Positionen und Drehungen. Die Bibliothek trägt den Namen Tween.

Gehe dazu ganz an den Anfang deines Codes (an den richtigen Anfang, nicht nur zur Zeile START CODING ON THE NEXT LINE). Füge das <script>-Tag für Tween.js hinzu, wie hier gezeigt wird:

```
<body></body>
<script src="http://gamingJS.com/Three.js"></script>
<script src="http://gamingJS.com/Tween.js"></script>
<script src="http://gamingJS.com/ChromeFixes.js"></script>
```

Die Tween-Bibliothek animiert Änderungen zwischen einem Anfang und einem Ende. Wir wollen hier die Animation bei einer Drehung beginnen und bis zu einer Enddrehung fortsetzen.

Der erste Schritt beim Benutzen von Tween besteht darin, dass wir ihre update()-Funktion zu unserer animate()-Funktion hinzufügen:

```
function animate() {
  requestAnimationFrame(animate);
  TWEEN.update();
  walk();
  turn();
  acrobatics();
  renderer.render(scene, camera);
}
animate();
```

Anschließend müssen wir die Funktion turn(), die wir gerade geschrieben haben, ändern. Anstatt die Richtung sofort einzustellen, rufen wir eine neue Funktion auf, die den Avatar in die neue Richtung dreht. Ändere die letzte Zeile der Funktion turn() so, dass sie nun spinAvatar() aufruft:

```
function turn() {
  var direction = 0;
  if (is_moving_forward) direction = Math.PI;
  if (is_moving_back) direction = 0;
  if (is_moving_right) direction = Math.PI/2;
  if (is_moving_left) direction = -Math.PI/2;

spinAvatar(direction);
}
```

Zuletzt müssen wir den Code für die Funktion spinAvatar() schreiben. Der Tween-Code wirkt vielleicht zu Anfang ein bisschen eigenartig. Denke beim Lesen des Codes daran, dass wir die Drehung an der Stelle beginnen wollen, zu der der Kopf des Avatars momentan weist (avatar.rotation.y). Wir wollen in der neuen Richtung aufhören, die als direction-Argument an spinAvatar() übergeben wird.

Schreibe die folgende spinAvatar()-Funktion hinter die turn()-Funktion:

```
function spinAvatar(direction) {
  new TWEEN.
    Tween({y: avatar.rotation.y}).
    to({y: direction}, 100).
    onUpdate(function () {
      avatar.rotation.y = this.y;
    }).
    start();
}
```

Schauen wir uns diese Funktion einmal von oben nach unten an. Das neue Tween beginnt mit einem Wert für die y-Drehung von **avatar.rotation.y** – das ist die Richtung, in die der Avatar bereits schaut. Wir sagen dem Tween dann, dass wir *in* die neue y-Drehung drehen wollen, die an die Funktion spinAvatar() übergeben wurde. Immer wenn die Animation durchlaufen wird, geschieht das, was in onUpdate() steht. Die Drehung des Kopfs des Avatars wird auf die y-Drehung des Tween aktualisiert. Die letzte Zeile startet das Ganze.

Die Punkte am Ende der einzelnen Zeilen in dieser Funktion repräsentieren *Methodenketten*. In JavaScript beendet ein Semikolon einen »Codesatz«. Der Punkt in JavaScript deutet im Gegensatz zu seiner Verwendung in der normalen Schriftsprache an, dass wir noch etwas anderes mit dem aktuellen Code machen wollen – dass der Codesatz noch nicht vorbei ist.

Wir hätten den gesamten Code auf eine einzige Zeile schreiben können, allerdings ist es für Menschen einfacher, Code zu lesen, der auf mehrere Zeilen verteilt ist (Computern ist das ziemlich egal). Methodenketten funktionieren nur mit bestimmten JavaScript-Objekten, wie Tweens. Diese Praxis ist in JavaScript relativ verbreitet, allerdings werden wir sie nicht oft einsetzen.

Probiere es selbst aus

Wir sagten der Tween-Bibliothek, dass sie von Anfang bis Ende in 100 Millisekunden laufen würde. Diese Zahl stand am Ende der Zeile, die mit to begann.

1000 Millisekunden sind dasselbe wie eine Sekunde. 100 Millisekunden sind also weniger als eine Sekunde. Die Drehung des Avatars dauert weniger als eine Sekunde. Experimentiere mit dieser Zahl herum, bis dir die Zeitdauer gefällt. Ist 1000 zu lang? Ist 10 zu kurz? Du entscheidest!

Der Code bisher

Falls du den Code aus diesem Kapitel noch einmal überprüfen möchtest, findest du ihn in Abschnitt »Code: Unseren Avatar umdrehen« auf Seite 263.

Wie es weitergeht

Wow! Unsere einfache Avatar-Simulation wird so langsam ziemlich aufwendig, oder? Wir haben schon eine ganze Menge Arbeit in unseren Avatar gesteckt. Du hast aber sicher bemerkt, dass er immer noch durch die Bäume hindurchgehen kann. Im nächsten Projektkapitel sprechen wir über die Erkennung von Kollisionen und nutzen diese, um unseren Avatar zu stoppen, wenn er mit einem Baum zusammenzustoßen droht.

Aber vorher wollen wir uns den JavaScript-Code genauer anschauen, der für uns hinzugefügt wurde, als wir dieses Projekt starteten.

WAS IST DAS ALLES FÜR EIN CODE?

WENN DU DIESES KAPITEL GELESEN HAST, DANN

⚡ weißt du ein bisschen über die Herstellung von Webseiten

⚡ verstehst du den Starter-Code

⚡ hast du kein Problem damit, den Starter-Code zu ändern

Wenn wir ein neues Projekt aus dem 3D Starter-Template anlegen, befindet sich schon eine Menge Code in der Projektdatei. In diesem Kapitel wollen wir uns anschauen, was das alles bedeutet.

Leg los

Erzeuge ein neues Projekt aus dem 3D Starter-Template im ICE Code Editor. Nenne das Projekt Der ganze andere Code.

Eine kurze Einführung in HTML

Ganz am Anfang unseres Codes steht folgendes HTML:

```
<body></body>
```

HTML ist keine Programmiersprache. Warum finden wir es zwischen unserem wunderbaren JavaScript-Code?

HTML ist die Hypertext Markup Language (auf Deutsch: Hypertext-Auszeichnungssprache). Diese Sprache wird benutzt, um

Webseiten zu bauen. Sie dient nicht dazu, Webseiten interessante Dinge machen zu lassen.

Doch obwohl HTML keine Programmiersprache ist, brauchen wir sie für JavaScript. Da JavaScript eine Webprogrammiersprache ist, benötigen wir eine Webseite, auf der wir programmieren können – selbst wenn es nur eine ganz einfache Seite ist.

Die erste Zeile enthält ein öffnendes und ein schließendes ‹body›-Tag. (Ein »Tag« – gesprochen: Täg – ist eine Kennzeichnung. Damit lassen sich Bereiche kennzeichnen, die der Browser dann auf eine bestimmte Weise verarbeitet, also zum Beispiel fett oder besonders groß druckt oder als »Link« auf andere Webseiten darstellt. Die Gesamtheit dieser Kennzeichnungen oder Tags bildet dann das oben bereits erwähnte »Markup«, also die Auszeichnungen.) Zwischen diese beiden Tags würden HTML-Autoren normalerweise ihre Inhalte legen – Verweise auf Bilder und andere Seiten. Wir legen hier nichts hinein, da wir programmieren und keine Webseiten herstellen.

Um ein Gefühl dafür zu bekommen, was HTML macht, schreibe einmal das folgende HTML zwischen die beiden ‹body›-Tags:

```
<body>
  <h1>Hallo!</h1>
  <p>
    Du kannst <b>fette</b> Worte,
    <i>kursive</i> Worte,
    sogar <u>unterstrichene</u> Worte schreiben.
  </p>
  <p>
    Du kannst auf
    <a href="http://gamingJS.com">andere Seiten</a> verweisen.
    Du kannst auch Bilder von Webservern einbinden:
    <img src="/images/purple_fruit_monster.png">
  </p>
</body>
```

Ignoriere ICE-Warnungen für HTML
Dein HTML-Code bekommt möglicherweise rote X-Warnungen. Diese kannst du problemlos ignorieren. Der ICE ist dafür gedacht, JavaScript zu bearbeiten, nicht HTML, er kommt also leicht durcheinander.

Wenn du den Code im ICE Code Editor ausblendest, siehst du so etwas hier:

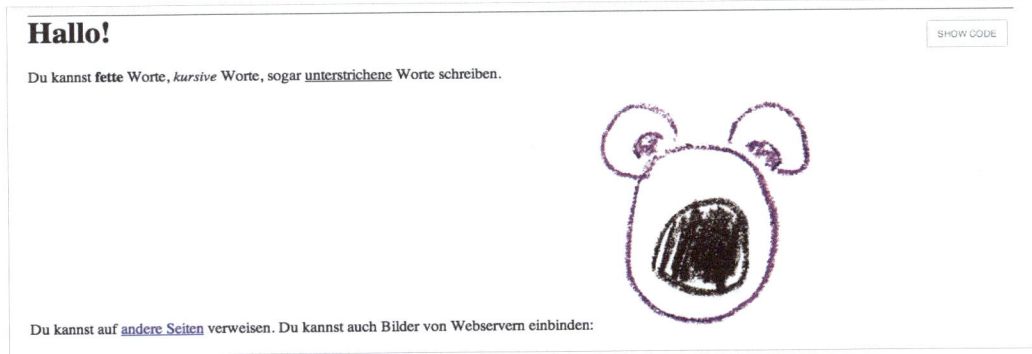

Hallo!

SHOW CODE

Du kannst **fette** Worte, *kursive* Worte, sogar <u>unterstrichene</u> Worte schreiben.

Du kannst auf <u>andere Seiten</u> verweisen. Du kannst auch Bilder von Webservern einbinden:

▲ Abbildung 9-1
Beispiel für eine Webseite

Dies ist ein JavaScript-Buch, kein HTML-Buch, aber du erkennst sicher schon ein wenig von dem, was mit HTML möglich ist. Nach den <body>-Tags kommen zwei <script>-Tags. Genau wie bei den <body>-Tags handelt es sich bei ihnen <script>-Tags um HTML, allerdings laden diese JavaScript von einer anderen Stelle im Web, damit wir es auf der aktuellen Seite benutzen können.

```
<script src="http://gamingJS.com/Three.js"></script>
<script src="http://gamingJS.com/ChromeFixes.js"></script>
```

Diese zwei Zeilen weisen den Browser an, zwei Bibliotheken zu laden. In diesem Fall laden wir eine 3D-JavaScript-Bibliothek namens Three.js und eine kleine Bibliothek, die einige Bugs (Fehler) des ICE Code Editor im Webbrowser Chrome behebt. Java-Script muss nicht von anderen Stellen kommen. In diesem Buch werden wir meist direkt *in* einer HTML-Webseite programmieren.

Die Szene einrichten

Um irgendetwas in der 3D-Programmierung zu machen, brauchen wir eine Szene. Stell dir eine Szene als das Universum vor, in dem alle Aktionen stattfinden. Dafür, dass die Szene so wichtig ist, lässt sie sich wirklich ganz einfach herstellen. Der folgende Code im ICE macht das für uns:

```
// This is where stuff in our game will happen (Hier findet der Kram
aus unserem Spiel statt):
var scene = new THREE.Scene();
```

Es lässt sich recht einfach mit Szenen arbeiten. Wir haben die ganze Zeit bereits Objekte zu unserer Szene hinzugefügt. Ist das geschehen, muss die Szene auf alles aufpassen. Mehr müssen wir über Szenen eigentlich gar nicht wissen – nachdem wir eine angelegt haben, fügen wir Dinge hinzu, und die Szene kümmert sich um den Rest.

Die Szene mit Kameras erfassen

Szenen sind wirklich gut darin, alles im »Blick« zu behalten, aber sie zeigen uns nicht, was passiert. Um etwas in der Szene zu sehen, brauchen wir eine Kamera. Schau dir den folgenden Code im ICE an:

```
// This is what sees the stuff (Dies ist, was alles sieht):
var aspect_ratio = window.innerWidth / window.innerHeight;
var camera = new THREE.PerspectiveCamera(75, aspect_ratio, 1, 10000);
camera.position.z = 500;
scene.add(camera);
```

Die Aufgabe von aspect_ratio besteht darin, die Form des Browsers festzulegen. Im Prinzip entspricht sie dem Seitenverhältnis von Filmleinwänden und Fernsehern. Ein großer Fernseher mit einem Seitenverhältnis von 4:3 könnte vier Meter breit und drei Meter hoch sein (okay, das ist ein *wirklich* großer Fernseher). Ein noch größerer Fernseher könnte zwölf Meter breit und neun Meter hoch sein (multipliziere sowohl die 4 als auch die 3 in 4:3 mit 3, um 12:9 zu erhalten).

Die meisten Filme werden heutzutage mit einem Seitenverhältnis von 16:9 gedreht, was bedeuten würde, dass ein 9 Meter hoher Bildschirm 16 Meter breit wäre – 4 Meter mehr, wenn man das mit dem Seitenverhältnis 4:3 bei gleicher Höhe vergleicht. Warum ist das für uns so wichtig? Wenn du versuchst, einen Film, der in 16:9 gedreht wurde, auf einen 4:3-Bildschirm zu projizieren, muss er ziemlich stark gequetscht werden. Ein 4:3-Film wiederum müsste auseinandergezogen werden, um auf einen 16:9-Bildschirm zu passen. Anstatt sie zu strecken oder zusammenzuquetschen, werden jedoch die meisten Filme einfach abgeschnitten, sodass einem 4 Meter einfach weggenommen werden. Unsere Three.js-Bibliothek schneidet nicht ab – sie streckt oder quetscht. Es ist also mit anderen Worten ziemlich wichtig, das Seitenverhältnis richtig einzustellen.

Nachdem wir eine neue Kamera gebaut haben, müssen wir sie der Szene hinzufügen. Wie alles andere in der 3D-Programmierung wird die Kamera in der Mitte der Szene platziert, zu der wir sie hinzufügen. Wir verschieben sie um 500 Einheiten in z-Richtung (»aus« dem Bildschirm heraus), damit wir eine gute Sicht auf das bekommen, was in der Mitte der Szene vor sich geht.

Mit einem Renderer projizieren, was die Kamera sieht

Die Szene und die Kamera reichen aus, um zu beschreiben, wie die Szene aussieht und von welcher Seite wir sie sehen. Allerdings ist noch eine Sache notwendig, um das alles dann auf der Webseite anzuzeigen. Diese eine Sache ist der *Renderer*. Er zeigt oder rendert die Szene so, wie die Kamera sie sieht:

```
// This will draw what the camera sees onto the screen (Dies zeichnet
das, was die Kamera sieht, auf den Bildschirm):
var renderer = new THREE.CanvasRenderer();
renderer.setSize(window.innerWidth, window.innerHeight);
document.body.appendChild(renderer.domElement);
```

Wir müssen dem Renderer die Größe des Bildschirms verraten, auf den er zeichnen soll. Wir stellen die Größe der Ansicht so ein, dass sie den ganzen Browser einnimmt (window.innerWidth und window.innerHeight).

Um den Renderer in die Webseite aufzunehmen, nutzen wir dessen domElement-Eigenschaft. Ein domElement ist ein anderer Name für ein HTML-Tag wie diejenigen, die wir in diesem Kapitel bereits hinzugefügt haben. Anstelle eines Titels oder eines Absatzes enthält dieses domElement unsere aufregenden 3D-Welten.

Wir fügen das domElement zu document.body hinzu – dabei handelt es sich um das gleiche <body>-Tag, das auch das HTML von vorhin enthielt. Die appendChild()-Funktion kümmert sich um das Hinzufügen von domElement zum Dokumentenkörper. Falls du dich fragst, warum wir Namen wie appendChild() und domElement haben, kann ich nur sagen: Sei froh, dass du 3D-Spieleprogrammierer bist und nicht Webprogrammierer. Webprogrammierer müssen ständig solche albernen (und schwer zu merkenden) Namen benutzen.

Jetzt kann der Renderer auf den Bildschirm zeichnen, allerdings müssen wir ihm noch sagen, dass er das machen soll, bevor tatsächlich etwas zu sehen ist. Hier kommt renderer.render() am Ende unseres aktuellen Codes ins Spiel.

```
// Now, show what the camera sees on the screen (Dies zeigt auf dem
Bildschirm, was die Kamera sieht):
renderer.render(scene, camera);
```

Es mag dir so vorkommen, als sei der Renderer ein nerviger kleinerer Bruder oder eine unausstehliche jüngere Schwester, der bzw. die nur dann das Richtige macht, wenn du extrem genaue Anweisungen gibst. In gewisser Weise stimmt das, aber andererseits ist das beim Programmieren immer so. Solange wir dem Computer nicht auf genau die richtige Weise sagen, was er machen soll, tut er oft etwas völlig Unerwartetes.

Im Fall des Renderers können wir bereits sehen, wieso es ganz nett ist, wenn man diese Art von Kontrolle hat. In einigen unserer Experimente haben wir nur ein einziges Mal gerendert. Oft rendern wir jedoch mehrmals innerhalb einer animate()-Funktion. Ohne diese Art von Kontrolle wäre es viel schwieriger, den richtigen Stil für die Darstellung auszuwählen.

Unterschiedliche Kameras und Renderer untersuchen

Du hast vielleicht bemerkt, dass wir unsere Kamera als PerspectiveCamera und unseren Renderer als CanvasRenderer bezeichnen. Diese Namen wirken ziemlich speziell, was aber daran liegt, dass es auch noch andere Arten von Kameras und Renderern gibt. Wir haben diese benutzt, weil die meisten Browser und die meiste Hardware sie unterstützen. Wie wir in Kapitel 12, *Mit Licht und Material arbeiten*, auf Seite 125 sehen werden, erfordern einige coole Effekte, die wir in unseren 3D-Spielen umsetzen wollen, andere Kameras und Renderer, die nur auf relativ neuen Computern funktionieren.

Du musst diese Beispiele nicht ausprobieren

Manche Computer sind nicht in der Lage, die Beispiele im Rest dieses Kapitels durchzuführen. Das liegt daran, dass die Beispiele auf eine Technik namens WebGL zurückgreifen, über die wir in Kapitel 12, *Mit Licht und Material arbeiten*, auf Seite 125 genauer reden werden. Da dein Computer WebGL möglicherweise nicht unterstützt, musst du die Beispiele in diesem Abschnitt nicht im ICE Code Editor nachvollziehen.

Der WebGLRenderer vorgestellt

Der andere wichtige Renderer ist der WebGLRenderer. Wir setzen diesen auf exakt dieselbe Weise ein wie den CanvasRenderer. Wir müssen nur den Namen ändern:

```
// This will draw what the camera sees onto the screen (Dies zeichnet
auf den Bildschirm, was die Kamera sieht):
var renderer = new THREE.WebGLRenderer();
renderer.setSize(window.innerWidth, window.innerHeight);
document.body.appendChild(renderer.domElement);
```

WebGL ist eine ziemlich neue Technik, die es Programmierern erlaubt, interessante 3D-Programmiertechniken einzusetzen wie Beleuchtung, Schatten und Nebel. Sie lässt außerdem Animationen viel schneller ablaufen als der CanvasRenderer. Wir erkunden diese Technik in Kapitel 12, *Mit Licht und Material arbeiten*, näher.

Ein schneller Blick auf eine Kamera mit einem seltsamen Namen

Die andere Art von Kamera wird *orthografisch* genannt. Um zu verstehen, was eine orthografische Kamera macht, fügen wir eine rote Straße hinzu, auf der das lila Obstmonster reisen kann. Tippe die folgenden Zeilen hinter START CODING ON THE NEXT LINE ein.

```
var shape = new THREE.CubeGeometry(200, 1000, 10);
var cover = new THREE.MeshBasicMaterial({color:0x990000});
var road = new THREE.Mesh(shape, cover);
scene.add(road);
road.position.set(0, 400, 0);
road.rotation.set(-Math.PI/4, 0, 0);
```

Unsere Perspektivenkamera lässt die Straße ungefähr so aussehen:

◀ Abbildung 9-2
Das Rechteck auf der Webseite wird hier perspektivisch dargestellt.

Das ist eine rechteckige Straße, die allerdings nicht rechteckig aussieht. Sie sieht aus, als würde sie immer kleiner werden, je weiter sie weg ist. Die Perspektivenkamera macht das für uns:

```
var aspect_ratio = window.innerWidth / window.innerHeight;
var camera = new THREE.PerspectiveCamera(75, aspect_ratio, 1, 10000);
```

Benutzen wir hingegen eine orthografische Kamera, sieht alles flach aus:

Abbildung 9-3 ▶
Hier kommt die orthografische
Kamera zum Einsatz.

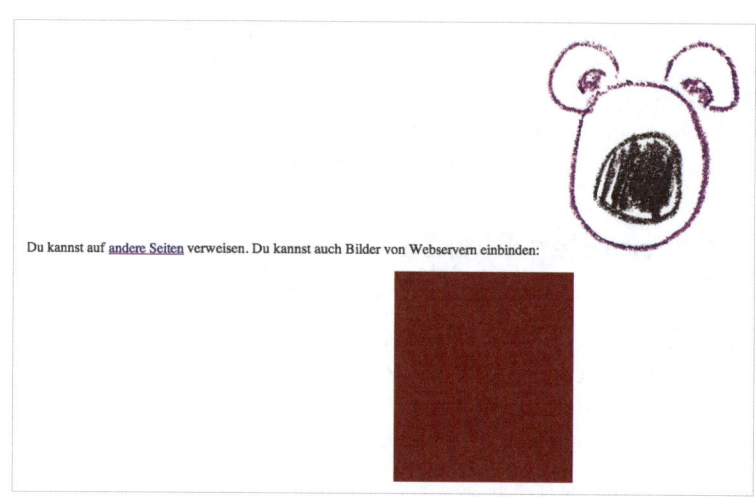

Du kannst auf andere Seiten verweisen. Du kannst auch Bilder von Webservern einbinden:

Das ist die gleiche Straße wie im vorherigen Bild. Wir haben lediglich die zwei Zeilen, die die Perspektivenkamera erzeugen, durch folgende Zeilen ersetzt:

```
var width = window.innerWidth,
    height = window.innerHeight;
var camera = new THREE.OrthographicCamera(
  -width/2, width/2, height/2, -height/2, 1, 10000
);
```

Wie du dir vorstellen kannst, ist die Perspektivenkamera, die allem eine dreidimensionale Anmutung verleiht, in 3D-Spielen ganz praktisch. Warum solltest du also eine orthografische Kamera benutzen?

Orthografische Kameras sind in zwei Fällen sinnvoll. Der erste Fall tritt ein, wenn du ein flaches, zweidimensionales Spiel herstellen möchtest. Es sieht einfach komisch aus, wenn du eine 3D-Kamera für ein flaches Spiel einsetzt – vor allem an den Rändern des Bildschirms. Der andere Fall tritt ein, wenn wir Spiele mit wirklich sehr langen Distanzen herstellen, wie etwa Weltraumspiele. Wir können orthografische Kameras in einigen der Weltraumsimulationen verwenden, die wir in Kürze herstellen wollen.

Wie es weitergeht

Jetzt wissen wir Bescheid über Kameras, Szenen und JavaScript-Bibliotheken und können sie immer mehr ändern. Zuerst aber wollen wir unserem Avatar beibringen, *nicht* mehr durch die Bäume zu gehen.

PROJEKT: KOLLISIONEN

10

WENN DU DIESES KAPITEL GELESEN HAST, DANN

- kannst du verhindern, dass Spielelemente durch andere Spielelemente hindurchgehen
- verstehst du Kollisionen, die bei der Entwicklung von Spielen wichtig sind
- hast du Spielbegrenzungen für deinen Avatar

Wir haben einen ziemlich professionellen Spiele-Avatar. Er bewegt sich, er läuft, er dreht sich sogar um. Aber vermutlich hast du schon etwas Seltsames bei unserem Avatar bemerkt. Er kann durch Bäume gehen.

◄ Abbildung 10-1
Ein Baum und ein Avatar stoßen zusammen.

In diesem Kapitel werden wir Werkzeuge aus unserer Three.js-3D-JavaScript-Bibliothek benutzen, um zu verhindern, dass unser Avatar in die Bäume läuft. (Wie wir später sehen werden, gibt es noch andere Methoden, um das zu verhindern.)

Leg los

Falls noch nicht geschehen: Öffne im ICE Code Editor nun das Projekt aus Kapitel 8, *Projekt: Unseren Avatar umdrehen.* Es trägt den Namen Mein Avatar: Umdrehen.

Stell eine Kopie des Projekts her. Wähle aus dem Menü im ICE Code Editor Make a Copy und tippe Mein Avatar: Kollisionen als neuen Projektnamen ein.

Abbildung 10-2 ▶
Ein neues Projekt

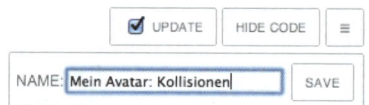

Strahlen und Überschneidungen

Es ist eigentlich ziemlich einfach, zu verhindern, dass unser Avatar durch die Bäume läuft. Stell dir einen Pfeil vor, der von unserem Avatar aus nach unten weist.

Abbildung 10-3 ▶
Hier weist ein Strahl vom Avatar aus nach unten.

In der Geometrie bezeichnen wir einen Pfeil als *Strahl.* Du bekommst einen Strahl, wenn du an einer Stelle beginnst und in eine Richtung zeigst. In diesem Fall startet er an der Stelle, an der unser Avatar steht, und ist nach unten gerichtet. Manchmal scheint es albern zu sein, wenn man solche simplen Ideen mit irgendwelchen Namen versieht, aber für Programmierer ist es wichtig, diese Namen zu kennen.

Programmierer geben einfachen Ideen gern ausgefallene Namen

Wenn man die Namen für einfache Konzepte kennt, ist es leichter, mit anderen Menschen darüber zu reden, die ebenfalls solche Arbeit machen. Programmierer bezeichnen diese Namen als *Muster.*

Wenn nun unser Strahl nach unten weist, stell dir auf dem Boden um die Bäume herum Kreise vor.

◀ Abbildung 10-4
Wir ziehen um jeden Baum herum
einen Kreis, ...

Hier ist die total einfache Idee, wie wir verhindern, dass unser Avatar in einen Baum rennt: Wir tun es nicht! Stattdessen verhindern wir, dass der Strahl des Avatars durch den Kreis des Baums zeigt.

◀ Abbildung 10-5
... der eine Art Sperrzone bildet.

Falls wir irgendwann einmal merken, dass die nächste Bewegung den Strahl des Avatars so platzieren würde, dass er durch den Kreis weisen würde, stoppen wir die Bewegung des Avatars. Das ist schon alles!

Star Trek II: Der Zorn des Khan

Es kommt dir vielleicht seltsam vor, aber du wirst dir dein Leben als Programmierer leichter machen, wenn du dir bestimmte Science-Fiction-Filme anschaust. Manchmal sagen Programmierer eigenartige Dinge, die sich dann als Zitate aus Filmen herausstellen. Es ist nicht notwendig, diese Filme anzuschauen oder gar zu mögen, aber es kann helfen.

Eines dieser Zitate stammt aus dem Klassiker *Star Trek II: Der Zorn des Khan*. Es lautet: »Er ist intelligent, aber nicht erfahren. Seine Struktur deutet auf zweidimensionales Denken hin.«

Der Böse in diesem Film war nicht daran gewöhnt, in drei Dimensionen zu denken, und das wurde gegen ihn verwendet. In diesem Fall *wollen* wir nur über zweidimensionale Kollisionen nachdenken, obwohl wir ein dreidimensionales Spiel bauen. Wir denken an Kollisionen nur in zwei Dimensionen (x und z) und ignorieren die Hoch-und-runter-y-Dimension komplett.

Das ist ein weiteres Beispiel dafür, dass geschummelt wird, wenn es möglich ist. *Echte* 3D-Kollisionen sind schwierig und erfordern neue JavaScript-Bibliotheken. Oft können wir aber schummeln und denselben Effekt mit einfacheren Tricks erzielen.

Jetzt formt sich in unseren Gedanken ein Bild dessen, was wir als Nächstes tun müssen. Wir brauchen eine Liste dieser Baum-Kreis-Grenzen, die unser Avatar nicht betreten darf. Wir müssen diese Kreisbegrenzungen bauen, wenn wir die Bäume herstellen, und müssen erkennen, wann ein Avatar im Begriff ist, eine Kreisbegrenzung zu übertreten. Schließlich müssen wir den Avatar daran hindern, diese verbotenen Bereiche zu betreten.

Stellen wir die Liste auf, die alle verbotenen Grenzen enthält. Füge direkt hinter der Zeile START CODING ON THE NEXT LINE Folgendes ein.

```
var not_allowed = [];
```

Du erinnerst dich sicher aus Abschnitt »Dinge auflisten« auf Seite 88 daran, dass eckige Klammern die Methode in JavaScript darstellen, um Listen anzulegen. Hier erzeugen die leeren eckigen Klammern eine leere Liste. Die Variable not_allowed stellt eine leere Liste der Orte dar, an denen der Avatar nicht erlaubt ist.

Stell als Nächstes fest, wo makeTreeAt() definiert ist. Wenn wir unseren Baum herstellen, legen wir auch gleich die Grenzen fest. Füge folgenden Code nach der Zeile ein, die die Baumkrone zum Baumstamm hinzufügt, aber vor der Zeile, in der die Position des Stamms angegeben wird.

```
var boundary = new THREE.Mesh(
  new THREE.CircleGeometry(300),
  new THREE.MeshNormalMaterial()
);
boundary.position.y = -100;
boundary.rotation.x = -Math.PI/2;
trunk.add(boundary);

not_allowed.push(boundary);
```

Das ist hier nichts Besonderes. Wir erzeugen unser übliches 3D-Gitter – dieses Mal mit einer einfachen Kreisgeometrie. Wir drehen es so, dass es flach liegt, und positionieren es unter dem Baum. Und natürlich fügen wir es zum Schluss dem Baum hinzu.

Wir sind aber noch nicht fertig mit unserem Begrenzungsgitter. Am Ende setzen wir es auf die Liste der verbotenen Orte. Immer wenn wir nun mit der Funktion makeTreeAt() einen Baum herstellen, erweitern wir diese Liste. Lass uns jetzt etwas mit dieser Liste anstellen.

Ganz am Ende unseres Codes, direkt über dem </script>-Tag, fügst du den folgenden Code hinzu, mit dem Kollisionen entdeckt werden.

```
function detectCollisions() {
  var vector = new THREE.Vector3(0, -1, 0);
  var ray = new THREE.Ray(marker.position, vector);
  var intersects = ray.intersectObjects(not_allowed);
  if (intersects.length > 0) return true;
  return false;
}
```

Dies liefert einen Booleschen Wert zurück, eine Ja- oder eine Nein-Antwort, die davon abhängt, ob der Avatar mit einer Grenze zusammenstößt. Das ist die Stelle, an der der Strahl feststellt, ob er durch irgendetwas hindurchzeigt. Wie bereits beschrieben, ist ein Strahl eine Kombination aus einer Richtung oder einem Vektor (in unserem Fall nach unten) und einem Punkt (in diesem Fall marker.position des Avatars). Wir fragen diesen Strahl dann, ob er durch eines der nicht erlaubten (not_allowed) Objekte hindurchgeht (sie überschneidet). Überschneidet der Strahl eines dieser Objekte, hat die Variable intersects eine Länge, die größer als null ist. In diesem Fall haben wir eine Kollision entdeckt und liefern true zurück. Ansonsten gibt es keine Kollision, und wir liefern false zurück.

In vielen Situationen stellen Kollisionen ein schwieriges Problem dar. Du solltest deshalb unserem Ansatz folgen. Wir sind aber noch nicht ganz fertig. Wir können jetzt erkennen, wann ein Avatar mit einer Grenze zusammenstößt, allerdings haben wir ihn noch nicht gestoppt. Wir machen das im keydown-Listener.

Falls der keydown-Listener merkt, dass eine Pfeiltaste gedrückt ist, ändern wir die Position des Avatars.

```
if (code == 37) {                              // nach links
  marker.position.x = marker.position.x-5;
  is_moving_left = true;
}
```

Eine solche Änderung könnte bedeuten, dass der Avatar sich noch in der Begrenzung befindet. Wir müssten die Bewegung dann sofort rückgängig machen. Füge am Ende des keydown-Event-Listeners den folgenden Code hinzu (direkt hinter if (code == 70)).

```
if (detectCollisions()) {
  if (is_moving_left) marker.position.x = marker.position.x+5;
  if (is_moving_right) marker.position.x = marker.position.x-5;
  if (is_moving_forward) marker.position.z = marker.position.z+5;
  if (is_moving_back) marker.position.z = marker.position.z-5;
}
```

Lies dir diese Zeilen noch einmal durch, damit du sie auch wirklich verstehst. Dieser Code bedeutet: *Falls wir eine Kollision erkennen, prüfe die Richtung, in die wir uns bewegen. Falls wir uns nach links bewegen, kehre die Bewegung um, die der Avatar gerade gemacht hat – gehe um denselben Betrag in die entgegengesetzte Richtung.*

Damit kann unser Avatar bis zu den Baumbegrenzungen gehen, aber nicht weiter.

Abbildung 10-6 ▶
Die Bäume sind jetzt tabu.

Jepp! Dieser Code mag vielleicht ziemlich einfach aussehen, aber du hast gerade ein sehr schwieriges Problem in der Spieleprogrammierung gelöst.

Der Code bisher

Falls du den Code aus diesem Kapitel noch einmal überprüfen möchtest, findest du ihn in Abschnitt »Code: Kollisionen« auf Seite 267.

Wie es weitergeht

Das Erkennen von Kollisionen in Spielen ist ein relativ kompliziertes Problem. Herzlichen Glückwunsch, dass du es so weit geschafft hast. Es wird dann noch schwieriger, wenn du dich neben den Bewegungen nach links, rechts, vorn und hinten auch noch um die Richtungen hoch und runter kümmern musst. Das Konzept bleibt aber gleich. Normalerweise greifen wir auf Codebibliotheken zurück, die von anderen Leuten geschrieben wurden, um uns in solchen Fällen zu helfen. In einigen der Spiele, mit denen wir in Kürze experimentieren, werden wir genau so eine Codebibliothek einsetzen.

Zunächst aber werden wir noch letzte Hand an unser Avatar-Spiel legen. Im nächsten Kapitel fügen wir Töne und eine Bewertung hinzu. Auf geht's!

PROJEKT: OBSTJAGD

11

WENN DU DIESES KAPITEL GELESEN HAST, DANN

⚡ kannst du Töne zu Spielen hinzufügen

⚡ kannst du eine einfache Punktebewertung in ein Spiel einbauen

⚡ hast du ein albernes Spiel zum Spielen

Wir haben einen Avatar. Wir haben Bäume. Lasst uns ein Spiel erstellen, in dem unser Avatar Zeug aus diesen Bäumen holen muss. Die Bäume verstecken leckeres Obst, das der Avatar haben möchte. Und falls es der Avatar schafft, rechtzeitig an dieses Obst heranzukommen, werden Punkte auf einer Bewertungstafel vermerkt.

Am Ende soll das dann so aussehen:

◀ Abbildung 11-1
Das fertige Obstjagd-Spiel

Unsere Glückwünsche an die Spieleprogrammiererin Sophie H. für das siegreiche Spielkonzept, das diesem Kapitel zugrunde liegt!

Leg los

Um das Spiel zu bauen, brauchen wir den Avatar, die Bäume und die Funktionen zur Kollisionserkennung. An allem haben wir in diesem Buch bereits gearbeitet. Nach Kapitel 10, *Projekt: Kollisionen*, auf Seite 107 haben wir alles, um mit diesem Projekt loszulegen. Erzeugen wir also eine Kopie des Projekts, an dem wir bisher gearbeitet haben.

Wähle aus dem Menü des ICE Code Editor Make a Copy aus und gib Obstjagd! als neuen Projektnamen ein.

Um in diesem Spiel die Punkte zu zählen, brauchen wir etwas Neues – eine Punktetafel. In den ICE Code Editor ist eine ganz schöne Punktetafel eingebaut, allerdings müssen wir erst die Bibliothek laden. In Kapitel 9, *Was ist das alles für ein Code?*, auf Seite 99 haben wir die Bibliotheken gesehen, die mit den <script>-Tags ganz am Anfang des Codes geladen werden. Wir müssen hier eine weitere hinzufügen.

Auch für die Töne brauchen wir eine Bibliothek. Setzen wir deshalb ein zweites <script>-Tag an den Anfang des Codes.

Wir nehmen diese Änderungen vor, indem wir hinter den drei <script>-Tags mit den src-Attributen oben auf der Seite eine neue Zeile starten. Die neue Zeile sollte dann auf Zeile 5 liegen. Füge die folgenden <script>-Tags hinzu, um die Bibliotheken für die Punktetafel (Scoreboard) und die Töne (Sound) einzubinden:

```
<script src="http://gamingJS.com/Scoreboard.js"></script>
<script src="http://gamingJS.com/Sounds.js"></script>
```

Da dies nur der Einstiegsabschnitt unseres Programms ist, ändern diese Zeilen in unserem Spiel noch gar nichts. Um die Punktetafel zu sehen, müssen wir sie konfigurieren und einschalten. Das machen wir jetzt.

Eine Punktetafel bei null starten

Der Rest des Codes in diesem Kapitel kommt unter die Zeile START CODING ON THE NEXT LINE.

Um eine Punktetafel unserem Spiel hinzuzufügen, legen wir mit dem Schlüsselwort new eine neue an. Dann weisen wir die Punktetafel an, einen Countdown-Zähler zu starten, die Punkte anzuzeigen und eine Hilfe-Meldung zu ergänzen. Dazu fügen wir zuerst den folgenden Code hinter der Zeile ein, die die not_allowed-Variable einführt:

```
var scoreboard = new Scoreboard();
scoreboard.countdown(45);
scoreboard.score();
scoreboard.help(
  'Pfeiltasten zum Bewegen. ' +
  'Leertaste zum Springen nach dem Obst. ' +
  'Achte auf wackelnde Bäume mit Obst.' +
  'Gehe zu dem Baum und springe, bevor das Obst verschwunden ist!'
);
```

Diese Zeilen bringen eine hübsch aussehende Punktetafel auf unseren Bildschirm, vollständig mit einer Restzeitanzeige (45 Sekunden), dem aktuellen Punktestand (0) und einem Hinweis für die Spieler, dass sie das Fragezeichen (?) drücken können, um Hilfe zu erhalten. Die Punktetafel sollte ungefähr so aussehen:

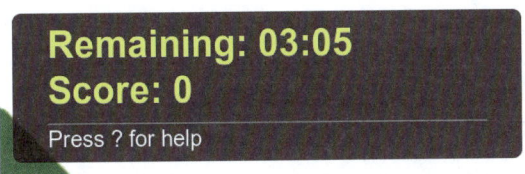

◀ Abbildung 11-2
Die Punktetafel (noch ohne Punkte)

Bevor wir das Spiel dazu bringen, sich so zu verhalten, wie es die Hilfe beschreibt, müssen wir ihm sagen, was es tun soll, wenn die Zeit abläuft. Füge dazu die folgende Zeile hinter dem Code für die Punktetafel ein:

```
var game_over = false;
scoreboard.onTimeExpired(function() {
  scoreboard.message("Das Spiel ist aus!");
  game_over = true;
});
```

Die Punktetafel weiß jetzt, dass sie nach Ablauf der Zeit die Funktion ausführen soll, die auf der Punktetafel die Meldung Das Spiel ist aus! einstellt und die Variable game_over auf true setzt.

Mehr ist nicht zu tun, um die Punktetafel zu bauen. Überlegen wir uns jetzt, wie der Spieler Punkte erzielen kann.

Die Bäume ein bisschen wackeln lassen

Das Ziel dieses Spiels soll darin bestehen, in den Bäumen Obst zu finden. Wir bezeichnen das Obst hier als Schatz. Es wird immer nur ein Baum einen Schatz enthalten. Um zu zeigen, welcher Baum das ist, lassen wir ihn ein wenig wackeln und schwanken. Zuerst jedoch brauchen wir eine Liste der Bäume.

Suche den Code, der den Wald erzeugt hat – es sollten vier Zeilen sein, die unterschiedliche makeTree()-Aufrufe enthalten. Wir haben diesen Code in Kapitel 4, *Projekt: Avatare bewegen*, auf Seite 39 hinzugefügt. Jetzt müssen wir den Teil des Codes, der die Bäume zur Szene hinzufügt, ein klein wenig ändern.

Wir fügen zuerst zwei Variablen hinzu. Die erste ist tree_with_ treasure, die auf den Baum verweist, der momentan den Schatz enthält. Die zweite Variable ist eine Liste mit allen Bäumen. Wir nennen diese Variable trees. Auf diese Liste »schieben« wir alle Bäume, aus denen unser Wald besteht. Ändere deine vier make-TreeAt()-Zeilen folgendermaßen:

```
var tree_with_treasure;
var trees = [];
trees.push(makeTreeAt( 500, 0));
trees.push(makeTreeAt(-500, 0));
trees.push(makeTreeAt( 750, -1000));
trees.push(makeTreeAt(-750, -1000));
```

Damit das funktioniert, müssen wir die Funktion makeTreeAt() so ändern, dass sie etwas zurückliefert. Würde makeTreeAt() nichts zurückliefern, würden wir nichts auf unsere Liste der Bäume schieben. Füge folgende Zeile ganz am Ende der makeTreeAt()-Funktion hinzu, also genau vor der letzten geschweiften Klammer:

```
function makeTreeAt(x, z) {
    // Ändere keinen Code am Anfang ...
    // ... aber füge diese Zeile am Ende hinzu:
    return top;
}
```

Damit wird die Baumkrone (der grüne Ball/die grünen Blätter) zurückgeliefert, um auf die Liste der Bäume gesetzt zu werden. Wir hätten den Baumstamm oder sogar die Kollisionsbegrenzung aus Kapitel 10, *Projekt: Kollisionen*, zurückliefern können. Weil wir es allerdings am häufigsten mit der Baumkrone zu tun haben werden (da sich dort auch der Schatz verbirgt), ist es sinnvoll, diese zurückzuliefern, um sie auf die Liste der Bäume zu schieben.

Wenn wir nun eine Liste der Bäume haben, können wir den Schatz in einem der Bäume verstecken und ihn schütteln. Füge hinter der Funktion makeTreeAt() die folgende Funktion und den Funktionsaufruf hinzu:

```
function shakeTree() {
  tree_with_treasure = Math.floor(Math.random() * trees.length);

  new TWEEN
    .Tween({x: 0})
    .to({x: 2*Math.PI}, 200)
    .repeat(20)
    .onUpdate(function () {
      trees[tree_with_treasure].position.x = 75 * Math.sin(this.x);
    })
    .start();
  setTimeout(shakeTree, 12*1000);
}

shakeTree();
```

Wir werden in Kapitel 20, *Projekt: Rafting auf dem Fluss*, auf Seite 215 über Math.floor() und Math.random() sprechen. Im Moment reicht es, wenn du weißt, dass die erste Zeile in shake-Tree() zufällig einen Baum auswählt.

Die Tween-Bibliothek ist uns bereits begegnet. Sie verschiebt Dinge von einem Wert zu einem anderen. In diesem Fall bewegen wir uns wieder entlang einer Sinus-Kurve. Sinus und Kosinus sind großartig, weil sie beim Bewegen von 0 bis 360° (2*Math.PI) beim selben Wert starten und enden. Wir verwenden den Sinus.

Während sich der Wert von Tween von 0 bis 2*Math.PI bewegt, verschiebt sich der Wert von Math.sin() von 0 auf 1, dann zurück auf 0, dann auf -1 und schließlich zurück auf 0. Er eignet sich mit anderen Worten perfekt, um etwas ein bisschen wackeln zu lassen.

Der letzte Teil von shakeTree() stellt einen Timeout von 12 Sekunden ein. Wenn 12 Sekunden verstrichen sind, ruft dieser Timeout erneut die Funktion shakeTree() auf und weist den Schatz einem neuen Baum zu.

Nach diesem Code sollte ein anderer Baum unkontrolliert wackeln und damit dem Spieler verraten, dass hier ein Schatz eingesammelt werden kann. Geben wir dem Avatar nun eine Möglichkeit, sich diesen Schatz zu greifen.

Für Punkte springen

In diesem Spiel muss der Avatar neben dem Baum, der momentan den Schatz enthält, hochspringen. Wir machen zwei Dinge, wenn dies geschieht: Der Avatar bekommt Punkte, und wir führen eine nette kleine Animation des Schatzes aus und spielen einen Ton ab.

Zuerst brauchen wir aber eine Taste, die einen Sprung startet. Dazu fügen wir die folgende if-Anweisung zum keydown()-Listener hinzu:

```
if (code == 32) jump();                    // Leertaste
```

Du kannst nun diesen if-Code direkt über den anderen if-Anweisungen einfügen, die den Avatar drehen.

Jetzt fügen wir die jump()-Funktion hinzu, die die case-Anweisung aufruft. Diese Funktion kann hinter der detectCollisions()-Funktion kommen. Sie prüft, ob ein Schatz da ist, und animiert den Sprung auf unserem Bildschirm:

```
function jump() {
  checkForTreasure();
  animateJump();
}
```

Um zu überprüfen, ob der Avatar dicht genug ist, um sich den Schatz zu schnappen, füge am Ende des Codes (direkt über dem letzten <script/>-Tag) die folgende Funktion hinzu:

```
function checkForTreasure() {
  if (tree_with_treasure == undefined) return;

  var treasure_tree = trees[tree_with_treasure],
      p1 = treasure_tree.parent.position,
      p2 = marker.position;
  var distance = Math.sqrt(
    (p1.x - p2.x)*(p1.x - p2.x) +
    (p1.z - p2.z)*(p1.z - p2.z)
  );

  if (distance < 500) {
    scorePoints();
  }
}
```

Die checkForTreasure()-Funktion macht drei Sachen:

- Wenn es keinen aktiven Baum gibt – wenn sie undefined (undefiniert) ist, wie in Abschnitt »Eine Sache in JavaScript beschreiben« auf Seite 78 beschrieben wird –, kehrt sie sofort zurück und macht nichts weiter.

- Wenn es in der Nähe des Avatars einen aktiven Baum gibt, berechnet checkForTreasure() den Abstand zwischen dem Baum und dem Avatar.

- Beträgt der Abstand weniger als 500, wird die Funktion score-Points() aufgerufen.

Im Moment bleibt die Funktion scorePoints() noch sehr einfach. Füge sie nach der checkForTreasure()-Funktion hinzu. Wir benutzen sie nur, um Punkte zur Punktetafel hinzuzufügen:

```
function scorePoints() {
  if (scoreboard.getTimeRemaining() === 0) return;
  scoreboard.addPoints(10);
}
```

Vergiss auf keinen Fall die erste Zeile in dieser Funktion, da ansonsten Spieler Punkte erzielen können, nachdem die Zeit abgelaufen ist!

Zum Schluss müssen wir noch den Sprung animieren, damit wir ihn auf dem Bildschirm sehen können. Wir kombinieren zwei Dinge, die wir schon einmal benutzt haben: Tweens und eine Sinus-Funktion. Fügen wir als Nächstes die animateJump()-Funktion hinzu:

```
function animateJump() {
  new TWEEN
    .Tween({jump: 0})
    .to({jump: Math.PI}, 500)
    .onUpdate(function () {
      marker.position.y = 200* Math.sin(this.jump);
    })
    .start();
}
```

Das sollte reichen! Wenn du den Code ausblendest, kannst du dich nun herumbewegen, den aktiven Baum suchen und springen, um den Schatz zu erhaschen. Falls du sehr schnell bist, kannst du neben dem aktiven Baum sogar mehrmals springen, um mehrere Punkte zu ergattern.

Es ist bereits ein lustiges Spiel, wir können aber noch einige Kniffe hinzufügen, damit es noch besser wird.

Unsere Spiele noch besser machen

Wir haben in diesem Buch schon eine beträchtliche Zeit aufgewandt, um unseren Avatar zu animieren. Teilweise diente das dazu, wichtige Konzepte, wie das Gruppieren von Objekten, zu verdeutlichen. Es ist aber auch ein wesentlicher Bestandteil dessen, was 3D-Spieleprogrammierer machen.

Unser Avatar braucht *eigentlich* keine Hände und Füße, die sich wie im richtigen Leben bewegen, doch mit dieser Animation wirkt das Spiel realistischer. In diesem Beispiel ist die Spielweise recht einfach: Drücke die `Leertaste`, wenn du in der Nähe des Schatzes bist, um Punkte zu erhalten.

Was das Spiel so anziehend und lustig macht, dass Spieler immer wieder zurückkehren, ist die Kombination aus interessanter Spielweise und dem gelegentlichen Aufblitzen von Realismus.

Animation und Ton hinzufügen

Wie viele Kniffe du hinzufügst, liegt an dir, dem Spieleprogrammierer. Für dieses Kapitel wollen wir zwei hinzugeben, die zusammen auftreten sollen: Wir sehen eine Animation und hören einen Ton, wenn der Avatar das Schatzobst bekommt. Das Hinzufügen des Tons ist die einfachere Übung, sodass wir das zuerst erledigen.

Fügen wir also `Sounds.bubble.play()` zur Funktion `scorePoints()` hinzu:

```
function scorePoints() {
  if (scoreboard.getTimeRemaining() === 0) return;
  scoreboard.addPoints(10);
  Sounds.bubble.play();
}
```

Mehr Informationen über die Sounds.js-Bibliothek findest du in Abschnitt »Sounds.js« auf Seite 318. Die Bibliothek bietet dir nur wenige Töne zur Auswahl. Für den Anfang sollte das aber ausreichen.

Nachdem du diese Zeile hinzugefügt hast, kannst du Punkte sammeln und einen Ton hören, wenn der Avatar springt, um eine Frucht zu schnappen. Allerdings bekommen wir noch keine der goldenen Früchte von dem Baum.

Um das Obst zu animieren, müssen wir es dem Bezugsrahmen des Avatars hinzufügen und dann ein Tween dazu anlegen. Das Tween wird sich ein wenig von denen unterscheiden, die wir bisher gemacht haben, da es zwei Dinge animiert. Es wird sich über den

Avatar erheben, und es wird sich drehen. Das Ganze erledigt der folgende Code, den wir hinter der Funktion scorePoints() einfügen können:

```
var fruit;
function animateFruit() {
  if (fruit) return;
  fruit = new THREE.Mesh(
    new THREE.CylinderGeometry(25, 25, 5, 25),
    new THREE.MeshBasicMaterial({color: 0xFFD700})
  );
  fruit.rotation.x = Math.PI/2;

  marker.add(fruit);

  new TWEEN.
    Tween({
      height: 150,
      spin: 0
    }).
    to({
      height: 250,
      spin: 4
    }, 500).
    onUpdate(function () {
      fruit.position.y = this.height;
      fruit.rotation.z = this.spin;
    }).
    onComplete(function() {
      marker.remove(fruit);
      fruit = undefined;
    }).
    start();
}
```

Über die Eigenschaften in den geschweiften Klammern reden wir ausführlicher, wenn wir Kapitel 17, *Projekt: JavaScript-Objekte kennenlernen*, auf Seite 183 erreichen. Im Moment reicht es, zu wissen, dass wir zwei unterschiedliche Zahleneigenschaften einstellen: die Drehung (spin) und die Höhe (height) der Frucht. spin startet bei null und dreht sich im Laufe der gesamten Animation viermal. Das Obst steigt außerdem im Laufe der Animation von Position 150 auf Position 250 auf dem Bildschirm.

Natürlich muss die Funktion animateFruit() aufgerufen werden, bevor sie irgendetwas machen kann. Füge am Ende der Funktion scorePoints() einen Aufruf hinzu, sodass diese jetzt so aussieht:

```
function scorePoints() {
  if (scoreboard.getTimeRemaining() === 0) return;
  scoreboard.addPoints(10);
  Sounds.bubble.play();
  animateFruit();
}
```

Das Ergebnis ist eine nette Animation, die abläuft, sobald der Avatar die Frucht eingesammelt hat.

Cool! Treffer!

Abbildung 11-3 ▶
Der Avatar springt nach dem Obst.

Was können wir noch hinzufügen?

Für unseren Avatar, den wir in Kapitel 3, *Projekt: Einen Avatar herstellen*, auf Seite 29 von Grund auf neu begonnen haben, ist das erst einmal alles. Das heißt aber nicht, dass du das Spiel nicht noch besser machen kannst!

Es ist wirklich einfach, in diesem Spiel eine Frucht von einem Baum zu greifen. Vielleicht kannst du noch einen Dreh einbauen, durch den der Avatar von einem Baum immer nur eine Frucht holen darf? Schön wäre es auch, wenn man einen Spieler bestrafen könnte – etwa mit `subtractPoints()` –, falls der Avatar springt, obwohl der Baum nicht aktiv ist und wackelt. Wenn du das Gefühl hast, dass sich der Spieler zu schnell oder zu langsam bewegt, könntest Du im keydown-Listener nach Möglichkeiten suchen, um das zu verbessern. Du kannst in das Spiel alle möglichen Haken und Ecken und Preise einbauen.

Das ist die Aufgabe des Spieledesigners – und das bist du. Stell eine Kopie des Codes her, den du jetzt vor dir hast, und überlege dir, was du noch programmieren könntest, damit das Spiel so funktioniert, wie du es gern hättest. Wie sorgst du dafür, dass das Spiel großartig wird?

Der Code bisher

Falls du den Code aus diesem Kapitel noch einmal überprüfen möchtest, schau in Abschnitt »Code: Obstjagd« auf Seite 271.

Wie es weitergeht

Das mag es zwar für unser Avatar-Projekt gewesen sein, aber es bleibt immer noch viel zu tun. Als Nächstes untersuchen wir weitere Dinge, die in der 3D-Programmierung eine Rolle spielen. Wir beginnen mit Licht, Material und Schatten.

MIT LICHT UND MATERIAL ARBEITEN

12

WENN DU DIESES KAPITEL GELESEN HAST, DANN

⚡ verstehst du, wie man unterschiedliche Farben erzeugt

⚡ kannst du Formen glänzen lassen oder schwer erkenn-
bar machen

⚡ weißt du, wie man Schatten in 3D-Spielen herstellt

In diesem Kapitel behandeln wir, wie man interessante Formen und Materialien herstellt, die so aussehen:

◀ Abbildung 12-1
Ein glänzender Donut mit Schatten

In Kapitel 1, *Projekt: Einfache Formen herstellen*, auf Seite 1 diskutierten wir die Formen in unserer 3D-Bibliothek. Hier reden wir nun über unterschiedliche Arten von Umhüllungen für diese Formen. Wir können aber nichts über Umhüllungen lernen, ohne gleichzeitig etwas über Licht zu erfahren. Selbst in der wirklichen Welt kommen Material und Licht immer zusammen. Wenn ein Material glänzt, bedeutet dies, dass es das Licht besser reflektiert. Ist ein Material dunkel und glänzt nicht, dann ist möglicherweise ein sehr helles Licht erforderlich, um es sehen zu können.

Das MeshNormalMaterial, das wir bisher benutzt haben, war für den Einstieg in die Spieleprogrammierung ganz nützlich, es eignet sich aber nicht gut für echte Spiele. Es gibt keine Kontrolle über die Farbe, über den Glanz oder andere Dinge. Schauen wir uns einige Materialien an, bei denen das nicht so ist.

Leg los

Starte ein neues Projekt im ICE. Wähle das Template 3D starter project aus dem Menü und speichere es dann unter dem Namen Licht und Material.

Die Farbe ändern

Füge Folgendes unter START CODING ON THE NEXT LINE hinzu:

```
var shape = new THREE.SphereGeometry(100);
var cover = new THREE.MeshBasicMaterial();
cover.color.setRGB(1, 0, 0);
var ball = new THREE.Mesh(shape, cover);
scene.add(ball);
```

MeshBasicMaterial

Anstelle von MeshNormalMaterial, das wir bisher verwendet haben, um Dinge zu umhüllen, benutzen wir nun MeshBasicMaterial. Da es eine einfache Umhüllung ist, können wir nicht allzu viel damit machen. Wir *können* aber die Farbe ändern, was neu ist.

Du solltest auf dem Bildschirm einen roten Ball sehen:

Abbildung 12-2 ▶
Mit einem einfachen Ball
fängt alles an.

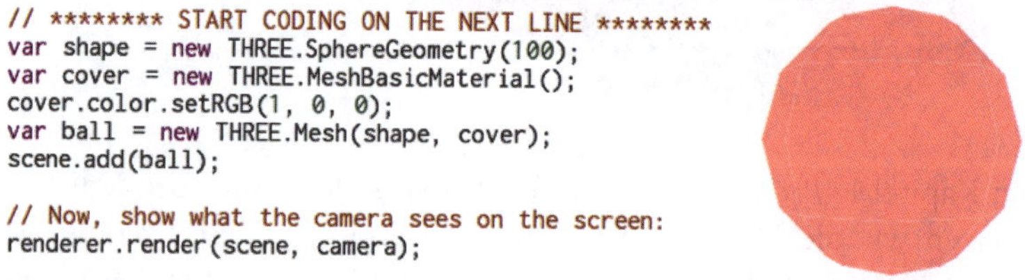

```
// ******** START CODING ON THE NEXT LINE ********
var shape = new THREE.SphereGeometry(100);
var cover = new THREE.MeshBasicMaterial();
cover.color.setRGB(1, 0, 0);
var ball = new THREE.Mesh(shape, cover);
scene.add(ball);

// Now, show what the camera sees on the screen:
renderer.render(scene, camera);
```

Farben werden in Computerprogrammen als *RGB-Zahlen* geschrieben, die beschreiben, welche Anteile an Rot (R), Grün (G) und Blau (B) benutzt werden. Ob du es glaubst oder nicht, du kannst nahezu jede Farbe herstellen, indem du diese drei Farben miteinander kombinierst. Das Kombinieren von RGB-Farben funktioniert aber vielleicht nicht ganz so, wie du es dir vorstellst – so stellst du zum Beispiel Gelb her, indem du Rot und Grün miteinander kombinierst: `cover.color.setRGB(1,1,0)`.

> **In der Wikipedia gibt es eine Liste mit Farben**
>
> Die (englischsprachige) Wikipedia listet unter *http://en.wikipedia.org/wiki/List_of_colors* Farben einschließlich ihrer RGB-Prozentwerte auf, die du brauchst, um sie in Dezimalzahlen angeben zu können. So hat etwa eine der ersten aufgeführten Farben »Air Force Blue (RAF)« die folgenden RGB-Prozentwerte: 36 %, 54 %, 66 %. Damit der Ball diese Farbe erhält, nutze folgende Angabe: `cover.color.setRGB(0.36, 0.54, 0.66)`.

Dieses Grundmaterial ist in echten Spielen ein bisschen nützlicher als das `MeshNormalMaterial`, das wir bisher verwendet haben. Besonders hilfreich ist es für Hintergründe und flache Oberflächen. Dennoch handelt es sich nicht um das wirklichkeitsgetreueste Material, das wir wählen könnten. Die Farbe sieht immer gleich aus, egal welches Licht darauf fällt. Licht wird nicht reflektiert, und Schatten gibt es auch nicht. Du kannst es trotzdem nehmen, wenn es sich anbietet – es ist für den Computer einfach zu zeichnen.

Schauen wir uns nun ein interessanteres Material an. Doch zuerst schiebe den einfachen roten Ball aus dem Weg:

```
ball.position.set(500, 0, 0);
```

Realismus: Glanz

Als Erstes müssen wir für diese Übung den Renderer wechseln. Wir haben in Kapitel 9, *Was ist das alles für ein Code?*, auf Seite 99 über Renderer gesprochen. Erinnere dich daran, dass der Renderer das Ding ist, das unsere Spiele auf unsere Computerbildschirme malt. Wir haben in jenem Kapitel kurz die unterschiedlichen Arten von Renderern diskutiert. Jetzt benutzen wir sie. Derjenige, den wir einsetzen, der `CanvasRenderer`, funktioniert mit den meisten Computern, kann aber einige der coolen Effekte nicht ausführen, die wir in unseren Spielen vielleicht haben wollen.

Das funktioniert auf deinem Computer vielleicht nicht!

Um Realismus zu erzielen, muss dein Computer WebGL-fähig sein. Wenn dein Computer kein WebGL beherrscht, solltest du dir den Rest dieses Kapitels zwar durchlesen, aber nicht versuchen, irgendetwas davon einzutippen, da das nicht funktioniert. Es ist schön, wenn man diese Effekte sehen kann, es ist aber für die meisten Spiele, an denen wir arbeiten werden, nicht notwendig.

Am einfachsten kannst du feststellen, ob dein Computer und dein Browser WebGL können, wenn du *http://get.webgl.org/* besuchst. Falls du einen sich drehenden Würfel auf dieser Seite siehst, hast du WebGL.

Um zum WebGLRenderer zu wechseln, musst du den Code für den Renderer suchen (etwa bei Zeile 15) und CanvasRenderer durch Web-GLRenderer ersetzen. Der Code sollte nun so aussehen:

```
// This will draw what the camera sees onto the screen (Dies zeichnet
das, was die Kamera sieht, auf den Bildschirm):
var renderer = new THREE.WebGLRenderer();
```

Wenn du den Ball auf der rechten Seite immer noch sehen kannst, ist alles in Ordnung, und dein Computer beherrscht WebGL. Falls nicht, wechsle wieder zurück zum CanvasRenderer und lies dir dieses Kapitel durch, ohne die beschriebenen Änderungen vorzunehmen.

Unter dem Code für den Ball wollen wir einen Donut aus dem Material Phong herstellen:

```
var shape = new THREE.TorusGeometry(100, 50, 8, 20);
var cover = new THREE.MeshPhongMaterial();
cover.emissive.setRGB(0.8, 0.1, 0.1);
var donut = new THREE.Mesh(shape, cover);
scene.add(donut);
```

Hast du alles richtig gemacht, siehst du einen mattroten Donut. Du denkst jetzt vielleicht: »Das war alles?« Nun, natürlich ist das noch nicht alles!

Es fehlt das Licht. Wenn irgendetwas im wirklichen Leben glänzt, dann bedeutet dies, dass ein Licht – Sonnenlicht, ein Blitzlicht oder so was – hell darauf fällt. Das gilt auch für Computerspiele. Geben wir also Licht hinzu.

Füge unter dem Code für den Donut ein wenig Sonnenlicht hinzu:

```
var sunlight = new THREE.DirectionalLight();
sunlight.intensity = 0.5;
sunlight.position.set(100, 100, 100);
scene.add(sunlight);
```

Wir positionieren das Sonnenlicht oben rechts vor den Donut. Das Ergebnis müsste ein ziemlich cool aussehender Donut sein:

Strahlend

Anders als bei der `MeshBasicMaterial`-Umhüllung – bei der wir das color-Attribut eingestellt haben – ändern wir bei `MeshPhongMaterial` das Attribut `emissive`, um die Farbe zu beschreiben:

```
cover.emissive.setRGB(0.8, 0.1, 0.1);
```

Wir können nicht einfach nur color benutzen, weil wir eine Reihe von farbbezogenen Attributen einstellen müssen, wenn wir mit `MeshPhongMaterial` arbeiten. Das Attribut `emissive` beschreibt die Farbe, die die Umhüllung »ausstrahlt« – die Farbe, die sie hat.

Spiegelnd

Specular ist ein weiteres Farbattribut, das wir ändern können. Das Attribut specular beschreibt die Farbe der glänzenden Teile des Objekts. Wenn wir diesen Wert nicht einstellen, ist es nicht besonders hell. Also machen wir es hell.

Füge die specular-Zeile unter der Zeile ein, auf der wir die emissive-Farbe eingestellt haben:

```
var shape = new THREE.TorusGeometry(100, 50, 8, 20);
var cover = new THREE.MeshPhongMaterial();
cover.emissive.setRGB(0.8, 0.1, 0.1);
cover.specular.setRGB(0.9, 0.9, 0.9);
var donut = new THREE.Mesh(shape, cover);
scene.add(donut);
```

Wenn alle RGB-Farben den gleichen Wert haben, sehen wir Schwarz, Weiß oder eine Grauschattierung. Nehmen wir nur Nullen, würde das Schwarz ergeben, nur Einsen dagegen ergeben Weiß. Alles dazwischen ergibt Grau. Wir setzen in diesem Fall die specular-Farbe – die Farbe des Strahlens – auf 0.9, und zwar bei allen drei RGB-Werten. Das ist ziemlich nahe an 1.0, was Weiß ergeben würde.

Wir sehen also ein bisschen mehr von dem Strahlen:

Abbildung 12-4 ▶
Noch besser wird es mit strahlen-
den Spitzlichtern.

Nutze immer Grau oder Weiß für die specular-Farben
Man kann natürlich für das specular-Attribut auch jede andere beliebige Farbe benutzen. Normalerweise ist es jedoch am besten, bei Grau oder Weiß zu bleiben. So ist zum Beispiel das Sonnenlicht, das wir auf unseren Donut fallen lassen, weiß, aber es ist trotzdem möglich, das Strahlen auf dem Objekt gelb zu färben (ändere die letzte Zahl auf 0.0). Jedoch wäre das ziemlich merkwürdig – weißes Licht, das ein gelbes Strahlen erzeugt.

Wir haben emissive und specular behandelt. Es gibt noch zwei weitere farbbezogene Werte, die wir für Phong-Materialien einstellen können: ambient und das gute alte color. Die ambient-Farbe gilt nur, wenn man ein »ambientes« Licht benutzt – ein Licht, das überall ist (ganz gleichmäßig). Die color-Eigenschaft hingegen verwendet man nur, wenn es in der Nähe keine starken Lichtquellen gibt. Wir belassen es in diesem Buch bei emissive und specular – sie erzeugen Objekte, die cooler aussehen.

Schatten

Wir lassen ein Licht auf unseren Donut fallen, und trotzdem gibt es keinen Schatten. Normalerweise kannst du das Rendern von Schatten weglassen, aber manchmal sind sie wirklich hilfreich.

Übertreibe es nicht mit Schatten
Für den Computer bedeutet es eine Menge Arbeit, Schatten zu zeichnen. Deshalb solltest du Schatten nur an solchen Stellen benutzen, an denen sie wirklich helfen. Das ist keine einfache Entscheidung, da Schatten ein Spiel fast immer besser aussehen lassen. Doch wie wir erkennen werden, muss der Computer damit neben dem eigentlichen Spiel schwer an einer weiteren Sache arbeiten, und es ist nicht ganz einfach, Schatten korrekt einzurichten.

Zuerst müssen wir dem Renderer verraten, dass er Schatten zu erwarten hat. Füge die Zeile, die das Attribut shadowMapEnabled setzt, direkt unter der WebGL-Renderer-Zeile ein:

```
// This will draw what the camera sees onto the screen (Dies zeichnet
das, was die Kamera sieht, auf den Bildschirm):
var renderer = new THREE.WebGLRenderer();
renderer.shadowMapEnabled = true;
```

Es mag so aussehen, als sei das genug – wir haben den Renderer angewiesen, Schatten zu zeichnen, und dieser sollte sich um alles Weitere kümmern. Doch Schatten verlangen vom Computer eine Menge Arbeit. Wenn jedes Licht einen Schatten erzeugt und jedes Objekt einen Schatten wirft und auf jedes Objekt ein Schatten fallen kann ... nun, dann muss der Computer all seine Kraft zusammennehmen, um Schatten zu zeichnen, und hat keine mehr übrig, damit der Anwender tatsächlich Spiele spielen kann.

Der nächste Schritt besteht darin, den Donut als ein Objekt zu kennzeichnen, das Schatten wirft. Dazu setzen wir das castShadow-Attribut, nachdem wir den Donut zur Szene hinzugefügt haben. Füge die donut.castShadow-Zeile hinter scene.add(donut) ein:

```
var shape = new THREE.TorusGeometry(100, 50, 8, 20);
var cover = new THREE.MeshPhongMaterial();
cover.emissive.setRGB(0.8, 0.1, 0.1);
cover.specular.setRGB(0.9, 0.9, 0.9);
var donut = new THREE.Mesh(shape, cover);
scene.add(donut);
donut.castShadow = true;
```

Jetzt sagst du dem Sonnenlicht, dass es Schatten verursacht, indem du dort ebenfalls castShadow setzt. Auch hier fügst du die sunlight.castShadow-Zeile hinter scene.add(sunlight) ein:

```
var sunlight = new THREE.DirectionalLight();
sunlight.intensity = 0.5;
sunlight.position.set(100, 100, 100);
scene.add(sunlight);
sunlight.castShadow = true;
```

Als Letztes brauchen wir eine Stelle, auf die der Schatten fallen kann. Im wirklichen Leben sehen wir einen Schatten auf einem Gebäude oder auf dem Boden. Stellen wir uns doch einfach ein bisschen Boden unter dem Donut her, auf den der Schatten fallen kann:

```
var shape = new THREE.PlaneGeometry(1000, 1000);
var cover = new THREE.MeshBasicMaterial();
var ground = new THREE.Mesh(shape, cover);
scene.add(ground);
ground.position.set(0, -200, 0);
ground.rotation.set(-Math.PI/2, 0, 0);
ground.receiveShadow = true;
```

Beachte, dass wir eine Ebene und ein Grundmaterial (Basic) dafür benutzen. Verwende immer das einfachste Objekt, das möglich ist.

Nun sollte unser unglaublicher Donut einen sichtbaren Schatten werfen:

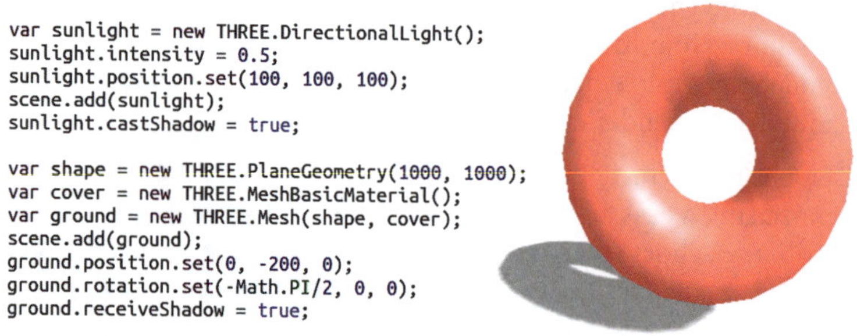

Abbildung 12-5 ▶
Ein Schatten lässt den
schwebenden Donut noch realistischer aussehen.

```
var sunlight = new THREE.DirectionalLight();
sunlight.intensity = 0.5;
sunlight.position.set(100, 100, 100);
scene.add(sunlight);
sunlight.castShadow = true;

var shape = new THREE.PlaneGeometry(1000, 1000);
var cover = new THREE.MeshBasicMaterial();
var ground = new THREE.Mesh(shape, cover);
scene.add(ground);
ground.position.set(0, -200, 0);
ground.rotation.set(-Math.PI/2, 0, 0);
ground.receiveShadow = true;
```

Animieren wir!

Das ist alles schon ziemlich cool. Aber weißt du, was noch cooler wäre als ein glänzender Donut, der einen Schatten wirft? Ein glänzender Donut, der einen Schatten wirft und sich dabei dreht!

Ersetze den `renderer.render()` am Ende unseres Codes:

```
var clock = new THREE.Clock();
function animate() {
  requestAnimationFrame(animate);

  var time = clock.getElapsedTime();
  donut.rotation.set(time, 2*time, 0);

  renderer.render(scene, camera);
}
animate();
```

Wir haben schon eine Menge solcher Codestücke gesehen, aber dies ist nun ein guter Zeitpunkt, um ihn zu erklären. Unsere 3D-Bibliothek liefert die Uhr (clock). Sie ist ausgesprochen nützlich, um festzustellen, wie viel Zeit vergangen ist, seit die Animation begonnen hat. Diese verstrichene Zeit (Elapsed Time) hilft beim Animieren aller möglichen Dinge.

In diesem Code verwenden wir sie, um die Drehung des Donuts um die x-Achse und die y-Achse einzustellen. Während die Sekunden verticken, ändert sich die Drehung des Donuts von 0 auf 0.5, auf 1 und schließlich auf 2 × pi (eine vollständige Drehung). Und dann dreht er sich weiter bis 4 × pi, dann 6 × pi und immer weiter bis in alle Ewigkeit (oder bis der Computer nicht mehr weiter zählen kann). Die Drehung um die y-Achse verläuft doppelt so schnell wie die Drehung um die x-Achse, damit das Ganze verrückt und wackelig wirkt.

Es ist ein bisschen seltsam, wenn man die Anzahl der Sekunden für die Stärke der Drehung verwendet. Aber andererseits sind beides nur Zahlen. Der Aufruf `clock.getElapsedTime()` liefert uns die Anzahl der Sekunden, und wir nutzen diese Zahl dann als Größe des Radianten, um den der Donut sich gedreht hat.

Die andere interessante Sache, die in der `animate()`-Funktion passiert, ist `requestAnimationFrame()`. Das ist eine Funktion, die in moderne Webbrowser eingebaut ist, die sehr gut Bescheid wissen, wann die richtige Zeit ist, um Dinge zu zeichnen. Mit der Funktion `requestAnimationFrame()` erhalten wir sehr geschmeidige Animationen.

Wirklich interessant an `requestAnimationFrame()` ist, dass wir ihr eine andere Funktion übergeben – und zwar genau die Funktion `animate()`, die gerade läuft. Wir fügen die Klammern am Ende von animate nicht hinzu, weil das die Funktion `animate()` aufrufen würde. Indem wir `requestAnimationFrame()` einen Verweis, also eine sogenannte Referenz, auf `animate()` übergeben, sagen wir dem Webbrowser, dass er beim nächsten Mal, wenn er zum Zeichnen bereit ist – was in einigen Millisekunden der Fall sein sollte –, diese animate-Funktion wieder aufrufen soll.

Du hast jetzt aus dem Nichts einen Donut geschaffen und ihn wild herumwirbeln lassen.

```
var sunlight = new THREE.DirectionalLight();
sunlight.intensity = 0.5;
sunlight.position.set(100, 100, 100);
scene.add(sunlight);
sunlight.castShadow = true;

var shape = new THREE.PlaneGeometry(1000, 1000);
var cover = new THREE.MeshBasicMaterial();
var ground = new THREE.Mesh(shape, cover);
scene.add(ground);
ground.position.set(0, -200, 0);
ground.rotation.set(-Math.PI/2, 0, 0);
ground.receiveShadow = true;
```

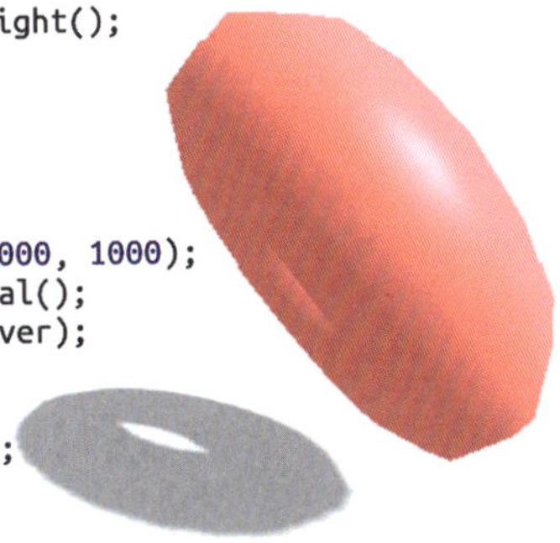

◀ Abbildung 12-6
Jetzt dreht er sich wie wild.

Wie cool ist das denn?

Der Code bisher

Falls du den Code aus diesem Kapitel noch einmal überprüfen möchtest, schau in Abschnitt »Code: Mit Licht und Material arbeiten« auf Seite 278.

Wie es weitergeht

Licht und Material sind sehr fortgeschrittene Themen. Wir haben allerdings bisher nur an der Oberfläche gekratzt. Es gibt viele Einstellungen, an die man sich gewöhnen muss. Schon das Einstellen der Farben mithilfe von Rot-, Grün- und Blauwerten ist zu Anfang etwas eigenartig. Aber das ist nicht der Grund, weshalb es fortgeschrittene Themen sind. Licht und Material sind unglaublich stylisch, aber du musst erkennen, dass du sie nicht *immer* benutzen solltest. Das ist eine wichtige Lektion in jeder Art von Programmierung, nicht nur bei der Spieleherstellung mit JavaScript: Nur weil du etwas benutzen *kannst*, heißt das nicht, dass du es tun *solltest*. Die besten Programmierer kennen diese Regel sehr gut. Und du kennst sie jetzt auch!

Wir wollen unsere Kenntnisse über das Licht im nächsten Kapitel einsetzen, wenn wir eine Simulation unseres Sonnensystems bauen.

13

WENN DU DIESES KAPITEL GELESEN HAST, DANN

⚡ weißt du, wie man Dinge im Kreis bewegt

⚡ verstehst du, wie man eine Sonnenlichtquelle herstellt

⚡ bist du in der Lage, in derselben Szene zwischen zwei Kameras umzuschalten

⚡ verstehst du ein Geheimnis, für dessen Lösung die Menschheit Tausende von Jahren brauchte

Gönnen wir unserem Avatar eine Pause, um etwas anderes zu machen, das aber genauso cool ist: eine Animation des Sonnensystems. Es wird schließlich so aussehen:

◀ Abbildung 13-1
Ein Sonnensystem, ganz für dich allein!

Nein, das ist kein Spiel, macht aber trotzdem Spaß.

Leg los

Starte im ICE ein neues Projekt. Wähle das Template 3D starter project und nenne das Projekt Planeten.

Sonne, Erde und Mars

Da wir es mit dem Weltraum zu tun haben, müssen wir die normale Kamera entsprechend anpassen und den Renderer wechseln. Wir nehmen diese Änderungen an dem Code vor, der *über* START CODING ON THE NEXT LINE steht.

Erzeuge eine Kamera, die 1e6 weit gucken kann. Bei diesem Wert handelt es sich um eine Kurzform für eine 1 mit 6 anschließenden Nullen: 1.000.000. Bewege die Kamera außerdem um 1000 aus der Mitte des Bildschirms heraus.

```
// This is what sees the stuff (Das hier sieht den ganzen Kram):
var aspect_ratio = window.innerWidth / window.innerHeight;
var camera = new THREE.PerspectiveCamera(75, aspect_ratio, 1, 1e6);
camera.position.z = 1000;
scene.add(camera);
```

Eine weitere Änderung, die wir vornehmen, ist der Wechsel zum WebGLRenderer, genau wie in Kapitel 12, *Mit Licht und Material arbeiten*, auf Seite 125.

```
// This will draw what the camera sees onto the screen (Dies zeichnet
das, was die Kamera sieht, auf den Bildschirm):
var renderer = new THREE.WebGLRenderer();
renderer.setSize(window.innerWidth, window.innerHeight);
document.body.appendChild(renderer.domElement);
```

Wenn der WebGLRenderer auf deinem Computer nicht funktioniert

Auch wenn der WebGLRenderer bei deinem Test in Kapitel 12, *Mit Licht und Material arbeiten*, auf Seite 125 nicht funktioniert hat, kannst du in einem Großteil dieses Kapitels mitmachen. Du musst den CanvasRenderer in deinem Code behalten. Ersetze im folgenden Code die Erwähnungen von MeshPhongMaterial durch MeshBasicMaterial. Die Simulation sieht nicht ganz so cool aus – und du kannst beim letzten Teil nicht mitmachen –, aber das meiste funktioniert.

Jetzt beginnen wir hinter START CODING ON THE NEXT LINE mit unserem Code.

Zuerst machen wir etwas, das für eine Weltraumsimulation sehr wichtig ist: Wir färben den Weltraum schwarz.

```
document.body.style.backgroundColor = 'black';
```

Jetzt fügen wir unserer Simulation die Sonne hinzu.

```
var surface = new THREE.MeshPhongMaterial({ambient: 0xFFD700});
var star = new THREE.SphereGeometry(50, 28, 21);
var sun = new THREE.Mesh(star, surface);
```

```
scene.add(sun);

var ambient = new THREE.AmbientLight(0xffffff);
scene.add(ambient);

var sunlight = new THREE.PointLight(0xffffff, 5, 1000);
sun.add(sunlight);
```

Die Farbe der Sonne ist Gold aus *http://en.wikipedia.org/wiki/List_of_colors* (denk dran, dass wir das # auf dieser Seite durch 0x ersetzen, wenn wir JavaScript-Farben herstellen). Wir machen es zur Grundfarbe, weil es keine anderen Lichter geben wird, die auf der Sonne leuchten. Dies ist die Farbe, die sie bekommt, einfach weil sie da ist.

Damit die Grundfarbe funktioniert, brauchen wir ein Grundlicht, das wir hinzufügen. Und weil die Sonne Licht auf die Planeten in unserem Sonnensystem abgeben soll, ist ein *Punktlicht* in der Mitte der Sonne erforderlich. Eine punktförmige Lichtquelle leuchtet von einem einzigen Punkt aus in alle Richtungen – genau wie die Sonne.

Stellen wir nun unsere Planeten her und platzieren wir sie in einem gewissen Abstand von der Sonne.

```
var surface = new THREE.MeshPhongMaterial({ambient: 0x1a1a1a,
                                          color: 0x0000cd});
var planet = new THREE.SphereGeometry(20, 20, 15);
var earth = new THREE.Mesh(planet, surface);
earth.position.set(250, 0, 0);
scene.add(earth);

var surface = new THREE.MeshPhongMaterial({ambient: 0x1a1a1a,
                                          color: 0xb22222});
var planet = new THREE.SphereGeometry(20, 20, 15);
var mars = new THREE.Mesh(planet, surface);
mars.position.set(500, 0, 0);
scene.add(mars);
```

Dieser Code stellt Sonne, Erde und Mars her. Im Moment machen diese noch gar nichts. Deshalb ändern wir die letzte Zeile, sodass nicht nur einfach gerendert wird, um die Planeten und die Sonne zu zeichnen, sondern eine animate()-Funktion aufgerufen wird.

```
clock = new THREE.Clock();

function animate() {
  requestAnimationFrame(animate);

  var time = clock.getElapsedTime();
```

```
var e_angle = time * 0.8;
earth.position.set(250* Math.cos(e_angle),
                   250* Math.sin(e_angle), 0);


var m_angle = time * 0.3;
mars.position.set(500* Math.cos(m_angle),
                  500* Math.sin(m_angle), 0);


// Now, show what the camera sees on the screen (Zeige nun, was die
Kamera sieht):
renderer.render(scene, camera);
}
```

```
animate();
```

Wir haben den 3D-Uhren-Timer bereits einmal in Kapitel 6, *Projekt: Hände und Füße bewegen*, auf Seite 67 benutzt, als wir die Hände und Füße unseres Avatars vor- und zurückbewegen wollten. Zum Bewegen der Hände und Füße benutzten wir kein JavaScript – wir benutzten Mathematik. Um genau zu sein: Benutzten den Sinus. Für unsere Planeten greifen wir ebenfalls wieder auf den Sinus zurück, zusätzlich aber nutzen wir eine neue Funktion, den Kosinus.

Benutzten wir nur einen Sinus, würden sich unsere Planeten durch unsere Sonne vor- und zurückbewegen – etwa wie die Hände und Füße unseres Avatars. Wir wollen jedoch, dass sich die Planeten auch nach oben und unten bewegen. Dabei hilft uns der Kosinus. Sobald die Sinus-Funktion den Planeten durch die Sonne bewegt, schiebt der Kosinus ihn in die andere Richtung. Im Laufe der Zeit ergibt dies einen perfekten Kreis.

Damit sollten wir unsere Planeten dazu bringen, sich um die Sonne zu bewegen! Im wirklichen Leben fliegen die Planeten nicht in perfekten Kreisen, aber das ist doch trotzdem ziemlich klasse, oder?

Bei unserer Weltraumsimulation fehlt aber noch etwas: Sterne. Zum Herstellen der Sterne nutzen wir ein *Partikelsystem*. Pass auf, wenn du das Partikelsystem mit dem folgenden Code hinzufügst (die Erklärung folgt im Anschluss).

```
var stars = new THREE.Geometry();
while (stars.vertices.length < 1e4) {
  var lat = Math.PI * Math.random() - Math.PI/2;
  var lon = 2*Math.PI * Math.random();

  stars.vertices.push(new THREE.Vector3(
    1e5 * Math.cos(lon) * Math.cos(lat),
```

```
    1e5 * Math.sin(lon) * Math.cos(lat),
    1e5 * Math.sin(lat)
  ));
}
var star_stuff = new THREE.ParticleBasicMaterial({size: 500});
var star_system = new THREE.ParticleSystem(stars, star_stuff);
scene.add(star_system);
```

Sei vorsichtig, wenn du im ICE while-Anweisungen hinzufügst
Eine while-Anweisung läuft so lange, bis irgendetwas sie stoppt.
Wenn nichts sie aufhält, wird der Browser blockiert. Falls das im
ICE geschieht, bleibt Dir nichts anderes übrig, als in den Edit-
only-Modus zu wechseln (siehe *Was tun, wenn der ICE kaputt
ist?*).

Um Abstürze zu vermeiden, kannst du die while-Anweisung auskommentieren, bis du den gesamten Codeblock eingetippt hast.
Das bedeutet, dass du zwei Schrägstriche für einen Kommentar
vor das while setzt und dann alles andere in den Codeblock
tippst. Anschließend gehst du zurück und entfernst die doppelten Schrägstriche, um die Ergebnisse des while auf dem Bildschirm zu sehen.

Wir werden uns nicht viele Gedanken um die Details eines Partikel-
systems machen. Im Prinzip bilden Partikelsysteme Möglichkeiten,
um viele Dinge auf eine solche Weise zu einer Simulation hinzuzufügen, dass der Computer nicht allzu viel zu tun hat. In diesem Fall
fügen wir eine ganze Menge Sterne der Szene hinzu.

◀ Abbildung 13-2
Ohne Sterne sähe eine Galaxis
ziemlich leer aus, deshalb kommen
hier welche hinzu.

Earth-Cam!

Schaffen wir nun noch die Möglichkeit, den Planeten Mars von der Erde aus zu beobachten. Wenn du über mehrere Monate hinweg den Mars von der Erde aus beobachtest, bemerkst du, dass sich seine Position am Himmel auf sehr seltsame Weise verändert. Sie ist sogar so merkwürdig, dass antike Astronomen sich das nicht erklären konnten. Wir können es jedoch.

Um den Mars von der Erde aus zu beobachten, brauchst du neben der Kamera, die unser Sonnensystem im Blick hat, noch eine weitere Kamera. Zuerst müssen wir also unserer Über-dem-Sonnensystem-Kamera einen besseren Namen geben. Nennen wir sie above_cam. Ändere oben in deinem Code camera in above_cam:

```
// This is what sees the stuff (Das hier sieht den ganzen Kram):
var aspect_ratio = window.innerWidth / window.innerHeight;
var above_cam = new THREE.PerspectiveCamera(75, aspect_ratio, 1, 1e6);
above_cam.position.z = 1000;
scene.add(above_cam);
```

Fügen wir nun eine neue Kamera namens earth_cam hinzu.

```
var earth_cam = new THREE.PerspectiveCamera(75, aspect_ratio, 1, 1e6);
scene.add(earth_cam);
```

Der Rest unseres Codes erwartet eine Kamera namens camera, sodass wir ihm genau das geben wollen. Sorgen wir daher zuerst dafür, dass camera dasselbe bedeutet wie above_cam.

```
var camera = above_cam;
```

Anschließend müssen wir die earth_cam zur Erde hinzufügen und sie so umdrehen, dass sie auf den Mars zeigt. Das erledigen wir in der Funktion animate(). Hänge das Folgende hinter der Zeile an, die die Position des Mars einstellt, jedoch vor der renderer.render-Zeile.

```
var y_diff = mars.position.y - earth.position.y,
    x_diff = mars.position.x - earth.position.x,
    angle = Math.atan2(x_diff, y_diff);

earth_cam.rotation.set(Math.PI/2, -angle, 0);
earth_cam.position.set(earth.position.x, earth.position.y, 22);
```

Wenn du den Unterschied zwischen den x- und y-Koordinaten zweier Objekte kennst, kannst du mithilfe der Mathematik die Drehung zwischen den beiden Dingen ermitteln. Genau das tun wir mit den Variablen x_diff und y_diff – wir berechnen, wie weit die x- und y-Positionen von Mars und Erde voneinander entfernt sind. Die Funktion Math.atan2() verrät uns dies.

Einen Haufen Variablen mit einem var deklarieren

Du hast vielleicht bemerkt, dass wir nur ein Schlüsselwort var verwendet haben, um im gezeigten Code die Liste der Variablen herzustellen. JavaScript-Programmierer finden oft, dass dies eine nette Methode ist, um mehrere miteinander verwandte Variablen zu gruppieren – in diesem Fall zwei Punkte und den Winkel zwischen ihnen. Es ist besonders verbreitet, dies am Anfang von Funktionen zu machen.

Sobald wir die Drehbewegung kennen, können wir die Kamera an dieselbe Position setzen wie die Erde und sie dann so drehen, dass sie zum Mars zeigt.

Zuletzt müssen wir die Möglichkeit hinzufügen, mithilfe der Tastatur zwischen unseren beiden Kameras umzuschalten. Benutzen wir A, um zu above_cam zu wechseln, und E, um zu earth_cam umzuschalten. Der Computercode für A ist 65, und der für E ist 69. Füge deshalb am Ende unseres Code direkt vor dem abschließenden <script>-Tag den folgenden Event-Listener hinzu.

```
document.addEventListener("keydown", function(event) {
  var code = event.keyCode;

  if (code == 65) {    // A

    camera = above_cam;
  }
  if (code == 69) {    // E

    camera = earth_cam;
  }
});
```

Das sollte alles sein! Wenn du nun den Code ausblendest, müsstest du in der Lage sein, zwischen der »Earth-Cam« und der »Über-dem-Sonnensystem-Kamera« umzuschalten. Beim Beobachten von der Erde aus bemerkst du etwas Seltsames (aber leider nur, wenn du den WebGL-Renderer verwendest). Der Mars scheint sich normalerweise nach links zu bewegen. Doch gelegentlich hält er an und scheint für eine Weile rückwärts zu laufen.

Wenn du nach draußen gehst und den Mars über mehrere Monate am Himmel beobachtest, wirst du dasselbe Phänomen bemerken. Antike Astronomen bezeichneten dies als »rückläufige Bewegung«. Da sie glaubten, die Erde wäre das Zentrum des Universums, konnten sie sich nicht erklären, warum es zu dieser Rückläufigkeit kam. Ja klar, einige von ihnen hatten wirklich abenteuerliche Erklärungen, jedoch nichts davon war so einfach wie das, was wir gerade simuliert haben.

Aber wir wissen, was los ist, oder? Wenn du zu above_cam umschaltest, sobald der Mars beginnt, rückwärts zu laufen, siehst du, dass die rückläufige Bewegung auftritt, wenn die Erde den Mars einholt und an ihm vorbeizieht. Das ist ein bisschen wie bei einem schnellen Auto, das an einem langsameren Auto vorbeifährt – das langsamere Auto (Mars) sieht fast so aus, als würde es rückwärts fahren.

Du hast nur ungefähr 100 Zeilen JavaScript gebraucht, um eine Frage zu beantworten, die die größten Denker über Tausende von Jahren ergebnislos beschäftigt hat. Beeindruckend!

Der Code bisher

Falls du den Code in diesem Kapitel noch einmal überprüfen möchtest, schaue in Abschnitt »Code: Bau dein eigenes Sonnensystem« auf Seite 279.

Wie es weitergeht

Wir haben jetzt eine wirklich unglaubliche Ansicht des Sonnensystems, was nicht schlecht ist für ein schnelles Projekt in einem einzigen Kapitel! Du hast nicht nur ein Mysterium entschlüsselt, das große Denker in Atem gehalten hat, sondern dabei auch noch nützliche Dinge über die 3D-Programmierung gelernt. Du weißt jetzt, wie man Objekte im Kreis bewegt. Was noch cooler ist, du kannst mehrere Kameras zu einer 3D-Szene hinzufügen, die Kameras bewegen und zwischen ihnen umschalten.

Wir werden im nächsten Kapitel auf diesem Projekt aufbauen, um etwas zu tun, was jeder 3D-Programmierer irgendwann einmal tun muss: die Phasen des Mondes simulieren, während er um die Erde kreist.

PROJEKT: DIE MONDPHASEN

WENN DU DIESES KAPITEL GELESEN HAST, DANN

⚡ kennst du den wichtigsten Trick in der virtuellen Werkzeugkiste eines 3D-Programmierers

⚡ kennst du Strategien, um große Änderungen an vorhandenem Code vorzunehmen

⚡ verstehst du die Mondphasen besser als die meisten Leute (aber nicht besser als die Toy-Story-Animatoren)

Das Kapitel über den rückläufigen Mars war ziemlich aufregend. In diesem Kapitel jedoch behandeln wir etwas, das jeder 3D-Programmierer irgendwann einmal lernen muss: wie man den Mond und seine Phasen visualisiert. Am Ende soll das so aussehen:

◀ Abbildung 14-1
Sonne, Mond und Sterne – selbstgemacht

Warum ist es so wichtig, die Phasen des Mondes zu simulieren? Erstens ist es ein nicht allzu schwieriges Problem – die Sonne scheint auf den Mond, der um die Erde kreist –, das es uns erlaubt, unser Wissen über Licht und Material einzusetzen. Außerdem können wir die Tricks mit der relativen Positionierung anwenden, die wir schon an den Händen und Füßen des Avatars geübt haben.

Wenn du immer noch glaubst, das sei nicht wichtig, dann schau dir *Toy Story* an. Das war der erste computeranimierte Spielfilm, und die Programmierer hinter dem Projekt haben aufgepasst, alles richtig zu machen: Während sich Woody und Buzz streiten, nachdem Andy sie an der Tankstelle verloren hat, ist hinter ihnen ein zunehmender Halbmond zu sehen. Wenn es für die Filmemacher wichtig genug war, dann ist es auch für uns wichtig!

Leg los

Wir werden in diesem Kapitel ein bisschen anders vorgehen. Anstatt neu zu beginnen, stell bitte jetzt eine Kopie unseres Mars-Projekts her. Wähle aus dem Menü im ICE Code Editor Make a Copy.

Abbildung 14-2 ▶
Hier wird ein Projekt nicht neu
angelegt, sondern kopiert.

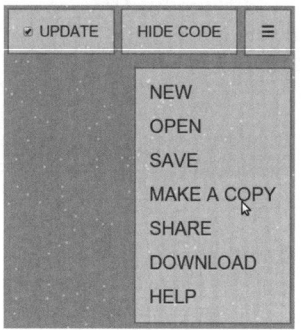

Gib diesem Projekt den Namen Mondphasen.

Den Mars in den Mond verwandeln

Zuallererst müssen wir jedes Vorkommen von mars in moon umbenennen. Tu das, bevor du etwas anderes machst, und überprüfe, ob auch keine Variablen mit dem Namen mars übrig geblieben sind (es müssten sechs Änderungen sein).

Auch nachdem du das gemacht hast, ist natürlich noch ein roter Planet da, der um die Sonne kreist. Der neue Name ändert natürlich nichts daran, wie er aussieht oder sich verhält – dazu müssen wir unseren Code ändern.

Das ist ein wichtiger erster Schritt. Wir haben nicht versucht, alles zu ändern, sondern nur den Namen einer Sache in unserem Code. Sobald sich alles wieder so verhält wie zuvor, sind wir bereit für den nächsten Schritt. Versuche niemals, alles auf einmal zu ändern – am Ende machst du vermutlich alles kaputt. Im schlimmsten Fall wäre nach unserem ersten Schritt die Animation verschwunden, weil wir irgendwo ein mars übersehen hätten. Das ließe sich aber zumindest einfach finden und korrigieren. Kleine Schritte sind immer besser.

Ändern wir nun das Aussehen des Mondes. Nimm die Eigenschaft color des Mondes und stell für sie Weiß ein: 0xffffff. Der Mond soll außerdem ein bisschen kleiner sein als die Erde und weniger klobig wirken. Die Größe soll 15 betragen, und er soll 30 Teile nach oben und unten und 25 Teile um sich herum haben.

```
var surface = new THREE.MeshPhongMaterial({ambient: 0x1a1a1a,
                                           color: 0xffffff});
var planet = new THREE.SphereGeometry(15, 30, 25);
var moon = new THREE.Mesh(planet, surface);
```

Nun müssen wir den Mond dazu bringen, dass er sich ein bisschen mehr wie ein Mond benimmt. Anstatt die Sonne zu umkreisen, müssen wir ihn jetzt in eine Umlaufbahn um die Erde schicken. Lösche deshalb die Zeilen, die die Position des Mondes bestimmen und ihn der Szene hinzufügen. Da der Mond nun nicht mehr zur Szene gehört, verschwindet er – das ist okay. Wir holen ihn gleich wieder zurück.

Zuerst aber entfernen wir den Code, der den Mond herumbewegt. Lösche innerhalb der geschweiften Klammern der animate()-Funktion die Zeilen, die y_diff, x_diff und angle berechnen. Entferne außerdem die zwei Zeilen, die die Drehung und Position von earth_cam einstellen.

Und schließlich nimm die Zeile raus, die die Position des Mondes mit dem Sinus und dem Kosinus setzt, die Zeile direkt unter var m_angle. Wir brauchen das zwar noch für die Erde, werden jetzt aber etwas Neues ausprobieren, um den Mond herumzubewegen.

Nachdem wir alles entfernt haben, was den Mond veranlasst hat, sich wie der Mars zu verhalten, können wir ihn das machen lassen, wofür er bestimmt ist – hauptsächlich, sich um die Erde drehen. Dazu tun wir etwas ganz Abgefahrenes.

Der coolste Trick: Das Bezugssystem

Nachdem wir den Mond hergestellt haben, schaffen wir den Orbit des Mondes, bei dem es sich einfach um ein leeres 3D-Objekt handelt – vergleichbar mit dem, was wir in Kapitel 3, *Projekt:*

Einen Avatar herstellen, auf Seite 29 gemacht haben. Dann fügen wir den Orbit der Erde hinzu:

```
var moon_orbit = new THREE.Object3D();
earth.add(moon_orbit);
```

Wenn man moon_orbit auf diese Weise zur Erde hinzufügt, bedeutet dies, dass er auf der Erde zentriert ist. Egal wo die Erde hingeht, dieses moon_orbit-Objekt bleibt immer bei ihr.

Es mag vielleicht nicht so aussehen, aber das ist ein wahnsinnig wichtiger Trick in der 3D-Programmierung. Er ist so wichtig, dass er sogar einen eigenen Namen hat: *Bezugssystem*. Unser moon_orbit ist ein neues Bezugssystem. Um die Stärke dieses Bezugssystem-Tricks zu erkennen, fügen wir den Mond zu moon_orbit hinzu und schieben ihn dann 100 Einheiten weg vom Zentrum:

```
moon_orbit.add(moon);
moon.position.set(0, 100, 0);
```

Damit sollten wir den Mond wieder sehen, allerdings ist er jetzt an die Erde gebunden, während diese um die Sonne wandert.

Da das moon_orbit-Bezugssystem immer auf der Erde zentriert ist, ist der Mond nun immer 100 Einheiten von der Erde entfernt. Natürlich müssen wir noch dafür sorgen, dass er sich um die Erde dreht. Wir fügen die Kamera der Erde zum moon_orbit-Bezugssystem hinzu und drehen sie so, dass sie zum Mond schaut:

```
moon_orbit.add(earth_cam);
earth_cam.rotation.set(Math.PI/2, 0, 0);
```

Jetzt kommt der wirklich coole Teil des Bezugssystems. Innerhalb der Funktion animate() animieren wir die Drehung von moon_orbit. Füge die zweite Zeile hinzu und ändere m_angle – den Betrag, um den sich der Orbit des Mondes ändert – folgendermaßen:

```
var m_angle = time * 4;
moon_orbit.rotation.set(0, 0, m_angle);
```

Nun sollte der Mond um die Erde kreisen!

Wenn du genau hinschaust, dann bemerkst du, dass wir den Mond gar nicht bewegen. Stattdessen drehen wir den *Orbit des Mondes* – das heißt, wir drehen das Bezugssystem des Mondes. Wenn du den Code ausblendest und die Taste [E] drückst, um zur Earth-Cam umzuschalten, siehst du, dass die Kamera, die wir zum Bezugssystem des Mondes hinzugefügt haben, sich so dreht, dass sie immer zum Mond zeigt.

Du könntest dir dieses Bezugssystem als einen Teller vorstellen, auf dem wir die Kamera und den Mond festgeklebt haben:

◀ Abbildung 14-3
Die Kamera ist auf den Mond fixiert ...

Wenn wir den Teller drehen, dann drehen sich der Mond und die Kamera ebenfalls:

◀ Abbildung 14-4
... und dreht sich mit ihm zusammen im Bezugssystem.

Das bedeutet, dass wir gar nicht viel machen mussten, um den Mond in Umlauf zu bringen oder die Earth-Cam auf ihn zeigen zu lassen. Beim Mars mussten wir alle möglichen komischen Sinus- und Kosinus-Funktionen ins Spiel bringen und Abstände berechnen. Wir mussten Erde, Mars *und* Kamera mit der `animate()`-Sequenz positionieren. Bei einem Bezugssystem drehen wir nur eine Sache.

Faulheit ist wunderbar.

Oh, wahrscheinlich fragst du dich jetzt: Warum benutzen wir diesen Trick nicht auch für die Erde? Gut, dass du gefragt hast.

Herausforderung: Stell ein Bezugssystem für den Erdorbit her

Du kannst das. Folge einfach den Schritten, die wir für den Mond genommen haben:

- Erzeuge ein 3D-Objekt, das die Erde aufnimmt, und füge es der Sonne hinzu.

- Füge die Erde dem neuen Orbit-Bezugssystem hinzu anstelle der Szene.
- Lösche den `animate()`-Code, der die Position der Erde einstellt.
- Drehe den Orbit der Erde.

Wenn du das geschafft hast, hast du eine sehr komplexe astronomische Simulation, die mit nichts weiter als einem einfachen Bezugssystem gebaut wurde – keine komplizierten Sinusse oder Kosinusse in Sicht!

Die Simulation anhalten

Es ist schon sehr abgefahren, wenn man sieht, wie der Mond um die Erde kreist, während sich die Erde um die Sonne dreht. Um aber die Mondphasen wirklich zu verstehen, müssen wir den Mond von der Erde aus sehen – wie am Nachthimmel. Es wäre außerdem hilfreich, wenn man alles anhalten könnte, um zwischen der Über-dem-Sonnensystem-Kamera und der Earth-Cam umzuschalten.

Um anzuhalten, müssen wir Änderungen an der `animate()`-Funktion vornehmen. Wenn die Simulation stoppt, müssen wir trotzdem eine Animation durchführen und die Szene rendern (darstellen), allerdings dürfen wir die Positionen von Erde oder Mond nicht aktualisieren. Das bedeutet, dass wir den `renderer.render()`-Aufruf in der `animate()`-Funktion nach vorn verschieben müssen – das Rendern muss geschehen, bevor wir prüfen, ob die Simulation angehalten wurde. Außerdem müssen wir uns eine andere Methode ausdenken, um in der Simulation die Zeit zu überwachen. Die Funktion `THREE.Clock()`, die wir bisher genutzt haben, lässt sich nicht anhalten.

Entferne also die Anweisung `clock = THREE.Clock` über der `animate()`-Funktion. Ersetze sie durch die drei gezeigten Variablen (`time`, `speed` und `pause`):

```
var time = 0,
    speed = 1,
    pause = false;
function animate() {
  requestAnimationFrame(animate);
  renderer.render(scene, camera);

  if (pause) return;
  time = time + speed;
  var e_angle = time * 0.001;
  earth.position.set(250* Math.cos(e_angle),
                     250* Math.sin(e_angle), 0);
```

```
  var m_angle = time * 0.02;
  moon_orbit.rotation.set(0, 0, m_angle);
}
animate();
```

Es gibt hier noch weitere Änderungen:

- Die renderer.render()-Zeile ist nicht mehr ganz unten. Sie ist nun die zweite Zeile in animate().

- Wir fügten eine return-Anweisung hinzu, falls pause true ist.

- Wir erhöhten die Zeit (time), indem wir jedes Mal speed addierten.

- Die Zahl, mit der time multipliziert wird, um e_angle und m_angle zu berechnen, ist kleiner geworden.

Sobald du all diese Änderungen vorgenommen hast, sollte die Simulation wieder so laufen wie vorher. Unsere Änderungen lassen es zu, dass wir Tasten drücken könnten, um einige der Einstellungen zu ändern.

Suche dazu den keydown-Listener und ändere ihn folgendermaßen:

```
document.addEventListener("keydown", function(event) {
  var code = event.keyCode;
  if (code == 67) changeCamera(); // C
  if (code == 32) changeCamera(); // Leertaste
  if (code == 80) pause = !pause; // P
  if (code == 49) speed = 1; // 1
  if (code == 50) speed = 2; // 2
  if (code == 51) speed = 10; // 3
});
function changeCamera() {
  if (camera == above_cam) camera = earth_cam;
  else camera = above_cam;
}
```

Wenn du nun den Code ausblendest, kannst du die Kamera ändern, indem du entweder C oder die Leertaste drückst. Du kannst die Simulation stoppen oder weiterlaufen lassen, indem du P drückst. Du kannst sogar die Geschwindigkeit ändern; drücke dazu 1, 2 oder 3.

Probiere es aus!

Die Phasen verstehen

Der Mond hat vier Hauptphasen: Neumond, erstes Viertel, Vollmond und drittes Viertel. Neumond ist, wenn sich der Mond zwischen Erde und Sonne befindet. Da die Sonne auf der Seite des

Mondes scheint, die wir nicht sehen können, sehen wir auch den Mond zu dieser Zeit nicht (außerdem befindet er sich im selben Teil des Himmels wie die Sonne).

Erstes Viertel bedeutet, dass der Mond ein Viertel des Wegs um seine Umlaufbahn herum geschafft hat. Er ist nicht etwa nur zu einem Viertel beleuchtet, er ist jetzt halb voll.

Abbildung 14-5 ▶
Halbmond, der Mond steht im ersten Viertel

Wenn der Mond die Hälfte (zwei Viertel) des Wegs um die Erde herum geschafft hat, ist er voll. Der Teil des Mondes, den wir sehen, ist komplett beleuchtet.

Abbildung 14-6 ▶
Vollmond

Du weißt, was drei Viertel bedeutet. Der Mond hat drei Viertel des Wegs um die Erde zurückgelegt und ist wieder halb voll.

Abbildung 14-7 ▶
Schon wieder Halbmond, dieses Mal im dritten Viertel

Zwischen dem Neumond und den beiden Halbmonden ist der Mond *sichelförmig*.

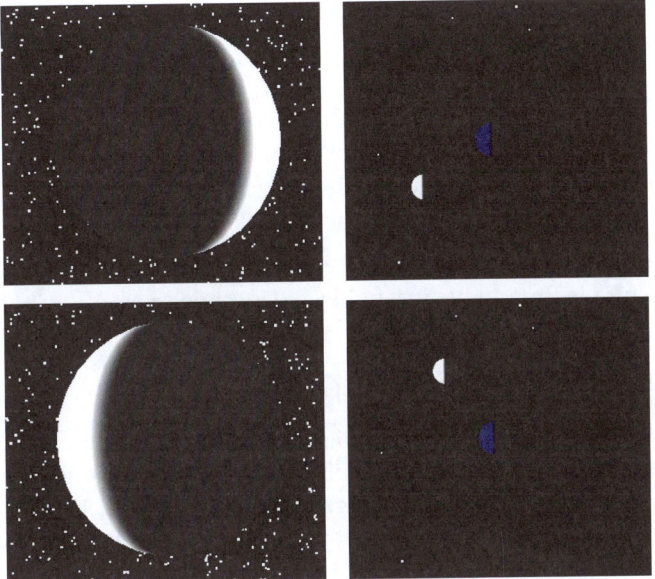

◀ Abbildung 14-8
Der sichelförmige Mond, zunehmend (oben) und abnehmend (unten)

Zwischen den Vierteln und dem Vollmond wird der Mond als *Dreiviertelmond* bezeichnet.

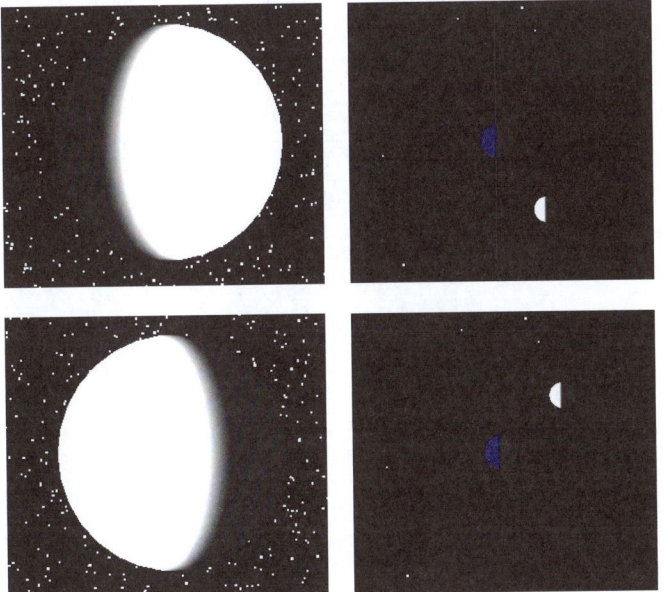

◀ Abbildung 14-9
Der Dreiviertelmond, zunehmend (oben) und abnehmend (unten)

Wenn die beleuchtete Seite wächst, nennt man ihn *zunehmend*. Wird sie kleiner, nennt man ihn *abnehmend*. Und jetzt weißt du praktisch alles, was es über die Mondphasen zu wissen gibt. Noch besser, du hast deine eigene Simulation!

Der Code bisher

Falls du den Code in diesem Kapitel noch einmal überprüfen möchtest, findest du ihn in Abschnitt »Code: Die Mondphasen« auf Seite 281.

Und nein, das umfasst nicht die Herausforderung, ein Bezugssystem für die Erde zu benutzen. Mach das schön selbst!

Wie es weitergeht

Damit enden die Weltraumsimulationen in diesem Buch. Herzlichen Glückwunsch – du hast dir eine großartige Tradition in der 3D-Programmierung zu Eigen gemacht – und hast hoffentlich ein oder zwei Dinge über den Weltraum gelernt. Was noch wichtiger für deine Computerfähigkeiten ist: Du hast das Konzept des Bezugssystems kennengelernt, das wir auf jeden Fall in unseren Spielen benutzen werden.

Apropos Spiele – fangen wir im nächsten Kapitel jetzt mit einigen an!

PROJEKT: DAS LILA OBST- MONSTER-SPIEL

WENN DU DIESES KAPITEL GELESEN HAST, DANN

- weißt du, wie man in Spielen Punkte zählt

- verstehst du, wie man sich die Punkte merken (oder eine andere Aktion ausführen) kann, wenn Objekte zusammenstoßen

- hast du ein Beispiel dafür, wie Physik in einem Spiel benutzt wird

In diesem Kapitel werden wir ein Hüpfspiel bauen. Der Spieler benutzt die Tastatur, um das lila Obstmonster hochspringen zu lassen, damit es so viel des herumrollenden Obsts erwischt wie möglich, ohne den Boden zu berühren. Das Spiel soll schließlich so aussehen:

◀ Abbildung 15-1
Das fertige Obstmonster-Spiel

Es ist ein relativ einfaches Spiel, das uns aber einen Eindruck von einigen wichtigen Spielkonzepten vermittelt.

Leg los

Starte im ICE ein neues Projekt. Wähle das Template 3D starter project und nenne das Projekt Lila Obstmonster.

Machen wir Physik!

Für dieses Spiel brauchen wir zwei neue JavaScript-Bibliotheken und einige Konfigurationseinstellungen. Füge am Anfang der Datei zwei neue <script>-Tags hinzu:

```
<body></body>
<script src="http://gamingJS.com/Three.js"></script>
❶ <script src="http://gamingJS.com/physi.js"></script>
❷ <script src="http://gamingJS.com/Scoreboard.js"></script>
<script src="http://gamingJS.com/ChromeFixes.js"></script>
```

❶ Wir werden in diesem Spiel die Physik ausnutzen. Damit wir den entsprechenden Physik-Code nicht selbst schreiben müssen, verwenden wir die Physijs-Bibliothek.

❷ Diese Bibliothek hilft uns dabei, im Spiel die Punkte zu zählen.

Nimm dann am Anfang des Codes aus dem 3D starter project-Template direkt unter dem <script>-Tag ohne src=-Attribut folgende Änderungen vor:

```
<script>
// Physikeinstellungen
❶ Physijs.scripts.ammo = 'http://gamingJS.com/ammo.js';
❷ Physijs.scripts.worker = 'http://gamingJS.com/physijs_worker.js';
// This is where stuff in our game will happen (Hier findet der
ganze Kram in unserem Spiel statt):
❸ var scene = new Physijs.Scene({ fixedTimeStep: 2 / 60 });
❹ scene.setGravity(new THREE.Vector3( 0, -100, 0 ));
// This is what sees the stuff (Dies hier sieht den ganzen Kram):
var aspect_ratio = window.innerWidth / window.innerHeight;
var camera = new THREE.PerspectiveCamera(75, aspect_ratio, 1,
10000);
❺ camera.position.z = 200;
❻ camera.position.y = 100;
scene.add(camera);
// This will draw what the camera sees onto the screen (Dies
zeichnet das, was die Kamera sieht, auf den Bildschirm):
❼ var renderer = new THREE.WebGLRenderer();
renderer.setSize(window.innerWidth, window.innerHeight);
document.body.appendChild(renderer.domElement);
// ******** START CODING ON THE NEXT LINE ********
```

❶ Eine Physijs-Einstellung lässt Physijs entscheiden, wann Dinge einander anrempeln.

❷ Ein worker sitzt daneben und führt alle Physikberechnungen durch.

❸ Anstelle einer THREE.scene müssen wir eine Physijs.scene verwenden.

❹ Selbst mit Physik haben wir noch keine Schwerkraft, wenn wir sie nicht ausdrücklich der Szene hinzufügen. In diesem Fall fügen wir Schwerkraft in negativer Y-Richtung hinzu, also nach unten.

❺ Das bringt die Kamera ein bisschen näher an die Action heran.

❻ Das bringt die Kamera ein bisschen weiter nach oben, um die Action besser sehen zu können.

❼ Der WebGLRenderer funktioniert besser als der normale Canvas-Renderer. Du musst dir jedoch keine Sorgen machen, falls dein Browser kein WebGL beherrscht – dieses Kapitel sollte dennoch für dich machbar sein (obwohl du vielleicht den Boden nicht siehst).

Damit können wir nun beginnen, den Code für unser Hüpfspiel zu schreiben.

Das Konzept für das Spiel

Bevor wir mit dem Programmieren beginnen, wollen wir einmal darüber nachdenken, wie wir den Code organisieren könnten. Du hast auf deinem Weg durch dieses Buch schon eine Menge Code geschrieben. Manchmal war es vermutlich schwierig, in dem ganzen Code zu erkennen, was du gemacht hast. Du bist nicht der erste Programmierer, der dieses Problem hat, und du wirst auch nicht der letzte sein. Zum Glück kannst du aus den Fehlern der Programmierer vor dir lernen.

Eine der einfachsten Methoden, um Code zu organisieren, besteht darin, dass man ihn ein bisschen so ansieht, als würde man schreiben. Wenn du einen Aufsatz schreibst, dann beginnst du wahrscheinlich mit einem Konzept oder einer Skizze (Skizze im übertragenen Sinne, keine gemalte Skizze). Dieses Konzept kannst du dann mit Details füllen.

Wenn man Code organisiert, hilft es, zuerst das Konzept zu schreiben und den Code dann darunter hinzuzufügen. Da wir programmieren, werden unsere Konzepte ebenfalls in Code geschrieben. Tippe die folgenden Zeilen, einschließlich der doppelten Schrägstriche, unter START CODING ON THE NEXT LINE ein.

```
//var ground = addGround();
//var avatar = addAvatar();
//var scoreboard = addScoreboard();
//animate();
//gameStep();
```

Erinnere dich aus dem Abschnitt »Kommentare« auf Seite 80 daran, dass die doppelten Schrägstriche am Anfang dieser Zeilen einen JavaScript-Kommentar einleiten. JavaScript ignoriert diese Zeilen also. Das ist auch gut so, da wir diese Funktionen noch nicht definiert haben.

Programmierer bezeichnen dieses Vorgehen als *Auskommentieren* von Code, sodass er nicht ausgeführt wird. Es gibt viele Gründe, weshalb ein Programmierer das tun wird. Hier machen wir es, damit JavaScript sich nicht aufregt, wenn wir versuchen, Funktionen aufzurufen, die wir noch gar nicht definiert haben.

Wenn wir dann die einzelnen Funktionen definieren, kommen wir zurück zu diesem Codekonzept, um die doppelten Schrägstriche vor den Funktionsaufrufen zu entfernen. Dieses Entfernen der Kommentarsymbole kann man als *Entkommentieren* oder auch *Einkommentieren* von Code bezeichnen. (Anmerkung der Übersetzerin: Die Meinungen gehen darüber auseinander, ob es für das englische Wort *uncomment* überhaupt eine gängige deutsche Bezeichnung gibt. Du kannst sicher auch sagen: »Mach die Schrägstriche weg«, »Nimm den Kommentar raus« oder so ähnlich. Sorg einfach dafür, dass alle Beteiligten wissen, was gemeint ist.)

Dieses Vorgehen erleichtert es dir, Code wiederzufinden. Durch einfaches Anschauen des Codes erkennen wir, dass die Funktion addGround() vor addAvatar() definiert wird. Je schneller wir Code finden können, umso schneller können wir ihn instand setzen oder Dinge zu ihm hinzufügen. Wenn du viel Code schreibst, dann helfen dir solche Tricks wirklich, den Überblick zu behalten.

In diesem Spiel brauchen wir Boden, einen Avatar und eine Punktetafel. Wir werden die Action in zwei Teile zerlegen: Animation und Spielelogik. Das ist alles in unserem Codekonzept aufgeführt. Beginnen wir damit, Code zu schreiben, der diesem Konzept folgt.

Boden für das Spiel hinzufügen

Der erste Funktionsaufruf in unserem Codekonzept ist der für die Funktion addGround(). Definiere direkt unter dem Konzept (nach der auskommentierten //gameStep()-Zeile) die Funktion:

```
function addGround() {
  document.body.style.backgroundColor = '#87CEEB';
  ground = new Physijs.PlaneMesh(
    new THREE.PlaneGeometry(1e6, 1e6),
    new THREE.MeshBasicMaterial({color: 0x7CFC00})
  );
  ground.rotation.x = -Math.PI/2;
  scene.add(ground);
  return ground;
}
```

Die Physijs-Bibliothek »wickelt« unsere 3D-Objekte in Code, der eine Kollisionserkennung erleichtert. Deshalb ist der Boden (ground) ein Physijs.PlaneMesh anstelle unseres üblichen THREE. Mesh.

Die Kollisionserkennung, die wir in Kapitel 10, *Projekt: Kollisionen*, auf Seite 107 hatten, eignet sich nur für einfache Zusammenstöße. In diesem Spiel jedoch müssen wir Kollisionen mit dem Boden *und* mit dem Obst erkennen. Mehrfache Kollisionen sind viel schwieriger zu verarbeiten. Um uns diese Aufgabe zu erleichtern, benutzen wir die Physijs-Bibliothek.

Abgesehen von Physijs.PlaneMesh ist alles in dieser Funktion vertraut. Wir stellen eine große, grüne Ebene her, drehen sie so, dass sie flach liegt, und fügen sie der Szene hinzu.

Nachdem wir diese Funktion definiert haben, entkommentieren wir den Aufruf für addGround() in unserem Codekonzept. Wenn alles funktioniert, sollten wir grünen Boden mit blauem Himmel im Hintergrund sehen.

Einen einfachen Avatar bauen

Das Herstellen des Avatars geschieht ähnlich. Wir benutzen eine Physijs Box, um einen lila Würfel einzuwickeln. Außerdem machen wir noch zwei weitere Dinge mit unserem Avatar: Wir beginnen, ihn zu bewegen, und fügen Event-Listener für Kollisionen hinzu.

```
function addAvatar() {
  avatar = new Physijs.BoxMesh(
    new THREE.CubeGeometry(40, 50, 1),
    new THREE.MeshBasicMaterial({color: 0x800080})
  );
  avatar.position.set(-50, 50, 0);
  scene.add(avatar);

  avatar.setAngularFactor(new THREE.Vector3( 0, 0, 0 )); // keine
Drehung
  avatar.setLinearFactor(new THREE.Vector3( 1, 1, 0 )); // nur bewegen
auf den x-/y-Achsen
  avatar.setLinearVelocity(new THREE.Vector3(0, 150, 0));
  avatar.addEventListener('collision', function(object) {
    if (object.is_fruit) {
      scoreboard.addPoints(10);
      avatar.setLinearVelocity(new THREE.Vector3(0, 50, 0));
      scene.remove(object);
    }
    if (object == ground) {
      game_over = true;
      scoreboard.message("Das Spiel ist aus!");
    }
  });
  return avatar;
}
```

Wir kennen JavaScript-Event-Listener schon aus Kapitel 4, *Projekt: Avatare bewegen*, auf Seite 39, wo wir sie benutzt haben, um aufzupassen, ob Tasten auf der Tastatur gedrückt wurden. Hier passen wir auf etwas anderes auf: auf das lila Obstmonster, das mit etwas zusammenstößt.

Sobald der Avatar mit Obst zusammenstößt, bekommen wir 10 Punkte, geben dem Avatar einen kleinen Schubs und entfernen die Frucht vom Bildschirm (weil das lila Obstmonster die Frucht gegessen hat). Stößt der Avatar mit dem Boden zusammen, ist das Spiel vorbei, und das lila Obstmonster kann nichts mehr essen.

In dieser Funktion geschieht eine ganze Menge. Am wichtigsten ist der Kollisions-Event-Listener. In ihm passiert die ganze Action.

Es gibt noch verschiedene andere neue Dinge in dieser Funktion, die du wissen solltest. Das erste ist ein THREE.Vector3(). Falls du den Film *Ich – Einfach Unverbesserlich* gesehen hast, weißt du, dass ein Vektor ein Pfeil mit einer Richtung und einer Größe ist (oh, yeah!). Das bedeutet, dass ein Vektor zwei Informationen enthält: die Richtung, in die er zeigt, und wie stark er in diese Richtung zeigt. Du würdest einen Vektor benutzen, um zu beschreiben, wie stark du abspringen müsstest, um einen Felsvorsprung zu erreichen, der links über dir ist.

Vektoren sind in der Physik sehr wichtig, deshalb kommen sie hier auch zusammen mit diesen Physijs-Dingen zum Einsatz. Wie der Kommentar nahelegt, hinderst du unseren Avatar am Drehen, wenn »angular Factor« (die Winkelgröße) auf einen Vektor gesetzt wird, dessen Einzelwerte alle null sind. Die Einstellung von »linear Factor« (die lineare Größe) bietet eine Möglichkeit, die Bewegung nach oben, unten, links, rechts, vorn oder hinten zu verhindern. Da wir wollen, dass unser Avatar sich nur nach oben, unten, links und rechts (jedoch nicht in den Bildschirm hinein oder aus ihm heraus) bewegt, setzen wir die x- und y-Komponenten des Vektors auf 1 (Bewegung erlauben) und die z-Komponente auf 0 (keine Bewegung erlauben).

Die lineare Schnelligkeit (Velocity) eines Objekts schließlich gibt an, wie schnell und in welche Richtung sich eine Sache bewegt. Wir starten den Avatar mit einer Geschwindigkeit von 150 direkt nach oben. Stößt der Avatar mit einer Frucht zusammen, geben wir ihm außerdem einen kleinen Stoß von 50 direkt nach oben.

Entferne die Kommentarzeichen beim Aufruf von addAvatar() im Codekonzept. Wir haben die Funktion animate() noch nicht geschrieben, sodass sich auch noch nichts bewegt. Der »Avatar« sollte auf dem Boden ruhen. Im Moment ist er nur ein lila Rechteck – wir werden ihn später ein bisschen aufhübschen.

Die Punktezählung hinzufügen

Kommen wir jetzt zur Punktetafel:

```
function addScoreboard() {
  var scoreboard = new Scoreboard();
  scoreboard.score(0);
  scoreboard.help('Benutze die Pfeiltasten zum Bewegen und die
Leertaste zum Springen');
  return scoreboard;
}
```

Das ist vergleichbar der Punktetafel, die wir in Kapitel 11, *Projekt: Obstjagd*, auf Seite 113 benutzt haben. Der Code müsste dir also vertraut vorkommen. Entkommentiere die Funktion addScoreboard() im Codekonzept. Es sollte nun eine Punktetafel zu sehen sein, die null Punkte anzeigt.

Die Szene animieren

Wir haben jetzt eine Punktetafel mit null Punkten und eine hübsche lila Kiste, die auf dem Boden steht. Damit sie etwas macht, verschieben wir den `renderer.renderer(scene, camera)` an das Ende unseres Codes in unsere übliche `animate()`-Funktion – dieses Mal allerdings mit einem Dreh.

```
var game_over = false;
function animate() {
  if (game_over) return;

  requestAnimationFrame(animate);
  scene.simulate(); // hier kommt die Physik ins Spiel
  renderer.render(scene, camera);
}
```

Neu ist hier ein Test, um festzustellen, ob das Spiel vorbei ist. Ist es das, kehren wir aus der Funktion zurück, was die Animation stoppt. Neu ist außerdem die `scene.simulate()`-Zeile. Wie der Kommentar verrät, ist diese Zeile erforderlich, damit die Physik-Bibliothek Dinge bewegen (springen, fallen, rollen lassen) und auf Kollisionen testen kann. Vergiss diese Zeile nicht!

Sobald die `animate()`-Funktion fertig ist, gehe wieder zurück in das Codekonzept und entkommentiere den Aufruf für `animate()`. Wenn alles funktioniert, sollte der Avatar in die Luft springen und zurück auf den Boden fallen, und das Spiel sollte enden.

Spielelemente herstellen

Bisher haben wir noch kein Obst, das das lila Obstmonster fressen könnte. Wir fügen dies in der Funktion `gameStep()` hinzu. Wir haben das bisher noch nicht gehabt, aber das ist in der 3D-Spieleprogrammierung ausgesprochen nützlich. Die Animation und die Physik arbeiten sehr schwer. Wir wollen sie nicht jedes Mal unterbrechen, wenn sie etwas tun, um zu entscheiden, ob es Zeit ist, ein weiteres Stück Obst loszurollen.

Deshalb benutzen wir eine getrennte `gameStep()`-Funktion, die alle drei Sekunden ausgeführt wird. Tippe folgende Zeilen unter der `animate()`-Funktion ein:

```
function gameStep() {
  if (game_over) return;

  launchFruit();
  setTimeout(gameStep, 3*1000);
}
```

Beim ersten Aufruf von gameStep() schießen wir mit der Funktion launchFruit() einige Früchte auf den Avatar. Nach einer Auszeit (Timeout) von 3 Sekunden ruft diese Funktion sich erneut auf, was eine weitere Frucht startet. Es ist die Aufgabe von setTimeout(), eine Funktion anzuweisen, eine Auszeit zu nehmen, bis sie etwas anderes tut. Die Funktion setTimeout() ist in JavaScript eingebaut. Ihre Aufgabe besteht darin, eine gewisse Zeit, die in Millisekunden gemessen wird, zu warten, bevor sie die Funktion aufruft, die ihr übergeben wurde. In diesem Fall ruft gameStep() nach 3*1000 Millisekunden oder 3 Sekunden sich selbst auf.

Genau wie bei der animate()-Funktion kehren wir sofort aus game-Step() zurück, wenn das Spiel vorbei ist.

Natürlich funktioniert das Ganze nur, wenn wir auch die Funktion definieren, die das Obst abschießt:

```
function launchFruit() {
  var fruit = new Physijs.ConvexMesh(
    new THREE.CylinderGeometry(20, 20, 1, 24),
    new THREE.MeshBasicMaterial({color: 0xff0000})
  );

  fruit.is_fruit = true;
  fruit.setAngularFactor(new THREE.Vector3( 0, 0, 1 ));
  fruit.setLinearFactor(new THREE.Vector3( 1, 1, 0 ));
  fruit.position.set(300, 20, 0);
  fruit.rotation.x = Math.PI/2;
  scene.add(fruit);
  fruit.setLinearVelocity(
    new THREE.Vector3(-150, 0, 0)
  );
}
```

In der Funktion launchFruit() ist nichts neu. Ihre Aufgabe besteht darin, einen für die Physik bereiten Kreis herzustellen, diesen zur Szene hinzuzufügen und ihn ins Rollen zu bringen. Viel interessanter ist die gameStep()-Funktion, die wir in kommenden Kapiteln noch einmal benutzen werden.

Nach dem Fertigstellen der Funktionen gameStep() und launch-Fruit() kannst du im Codekonzept den Aufruf für gameStep() entkommentieren. Wenn alles richtig funktioniert, solltest du rote Früchte sehen, die zum Avatar rollen. Sobald der Avatar den Boden berührt, sollte das Spiel vorbei sein, und das Obst muss aufhören, sich zu bewegen.

Jetzt müssen wir im Spiel nur noch eine Sache erledigen – wir müssen Steuerelemente für unseren Avatar hinzufügen.

Steuerelemente für den Avatar herstellen

Um den Avatar zu steuern, benutzen wir den keydown-Event-Listener, den wir schon aus früheren Kapiteln kennen. Füge unter den Funktionen gameStep() und launchFruit() den folgenden Code hinzu:

```
document.addEventListener("keydown", function(event) {
  var code = event.keyCode;

  if (code == 37) left();  // Linkspfeil
  if (code == 39) right(); // Rechtspfeil
  if (code == 38) up();    // Hochpfeil
  if (code == 32) up();    // Leertaste
});

function left()  { move(-50, 0); }
function right() { move(50, 0); }
function up()    { move(avatar.getLinearVelocity().x, 50); }

function move(x, y) {
  avatar.setLinearVelocity(
    new THREE.Vector3(x, y, 0)
  );
}
```

Damit sollten wir in der Lage sein, den Avatar nach oben, nach links und nach rechts zu bewegen, damit er leckeres Obst zu essen bekommt!

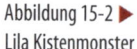
Abbildung 15-2 ▶
Lila Kistenmonster

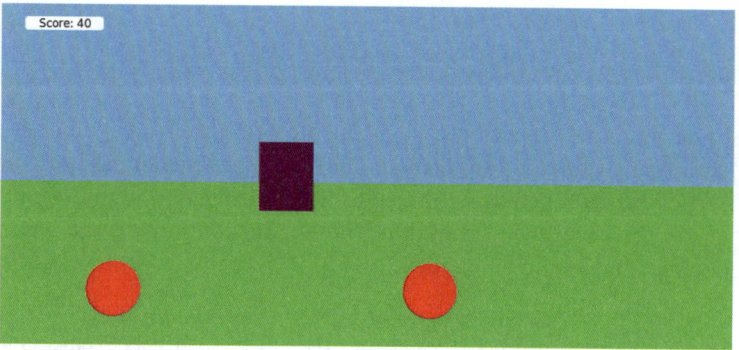

Herzlichen Glückwunsch! Du hast ein weiteres Spiel geschrieben. Sicher, es gibt noch eine Menge, die du mit dem Spiel machen könntest:

- Bewege das Obst schneller, um höhere Punktzahlen zu erreichen.

- Füge Dinge hinzu, die das lila Obstmonster nicht mag, um Punkte abzuziehen, falls es diese frisst.
- Stoppe das Spiel, wenn das lila Obstmonster zu viele Früchte nicht erwischt.
- Setze das Spiel zurück, wenn es beendet wurde.
- Nimm Grafiken auf.

Wir könnten also noch viel tun, um das Spiel weiter zu verbessern, aber der Kern des Spiels ist fertig. Wir können den Avatar steuern. Wir können feststellen, wann der Spieler Punkte bekommt. Wir können feststellen, wann das Spiel vorüber ist. Wir können den Punktestand anzeigen. Das ist wirklich *eine ganze Menge*.

Einfache Grafiken hinzufügen

Natürlich haben wir Grafiken für das lila Obstmonster. Lasst sie uns hinzufügen. Mache zuerst in der addAvatar()-Funktion das MeshBasicMaterial unsichtbar und füge das Bild des lila Obstmonsters hinzu:

```
function addAvatar() {
  avatar = new Physijs.BoxMesh(
    new THREE.CubeGeometry(40, 50, 1),
❶  new THREE.MeshBasicMaterial({visible: false})
  );
❷  var avatar_material = new THREE.MeshBasicMaterial({
      map: THREE.ImageUtils.loadTexture('/images/purple_fruit_
monster.png'),
      transparent: true
    });
❸  var avatar_picture = new THREE.Mesh(
    new THREE.PlaneGeometry(40, 50), avatar_material
  );
❹  avatar.add(avatar_picture);

  // Beginnend an dieser Stelle, bleibt alles andere in dieser
  Funktion gleich:
  avatar.position.set(-50, 50, 0);
  scene.add(avatar);
```

❶ Entfernt die Farbe Lila und macht diese Box unsichtbar.

❷ Erzeugt eine neue Art von Material: ein Bildmaterial.

❸ Erzeugt mit diesem Material ein einfaches Gewebe (Mesh).

❹ Fügt das Bildgewebe dem Avatar hinzu.

Wiederhole das Ganze für die Funktion `launchFruit()`.

```
    function launchFruit() {
      var fruit = new Physijs.ConvexMesh(
        new THREE.CylinderGeometry(20, 20, 1, 24),
❶       new THREE.MeshBasicMaterial({visible: false})
      );
❷     var material = new THREE.MeshBasicMaterial({
        map: THREE.ImageUtils.loadTexture('/images/fruit.png'),
        transparent: true
      });
❸     var picture = new THREE.Mesh(
        new THREE.PlaneGeometry(40, 40), material
      );
❹     picture.rotation.x = -Math.PI/2;
❺     fruit.add(picture);
```

❶ Entfernt die Farbe Rot und macht diesen Zylinder unsichtbar.

❷ Erzeugt eine neue Art von Material: ein Bildmaterial.

❸ Erzeugt mit diesem Material ein einfaches Gewebe (Mesh).

❹ Dreht das Bildgewebe, um es an dem Zylinder auszurichten.

❺ Fügt das Bildgewebe dem Obst hinzu.

Jetzt sollten wir ein richtiges lila Obstmonster haben, das hier auf der Lauer liegt!

Abbildung 15-3 ▶
Ein Obstmonster lauert auf Äpfel.

Herausforderung: Das Spiel zurücksetzen

Die einzige Möglichkeit, ein Spiel neu zu starten, besteht im Moment darin, den Code einzublenden, auf den Update-Button zu drücken und dann den Code wieder auszublenden. Versuche, eine Tastatur-Steuerung hinzuzufügen, um das Spiel zurückzusetzen und neu zu starten, wenn die Taste R (Computercode 82) gedrückt wird.

Beachte dabei folgende Dinge:

- Der Avatar sollte zurück an die Startposition gehen.
- Die Punktetafel muss auf null zurückgesetzt werden.
- Das Spiel ist nicht länger vorbei.
- Sowohl animate() als auch gameStep() müssen neu starten.

Viel Glück! Das dürfte eine ziemliche Herausforderung werden – vielleicht probierst du es jetzt einmal aus und kommst dann nach einigen Kapiteln wieder hierher zurück, wenn du mehr Erfahrungen mit der Physik gesammelt hast.

Der Code bisher

Falls du den Code aus diesem Kapitel noch einmal überprüfen möchtest, schau in Abschnitt »Code: Das Lila-Obstmonster-Spiel« auf Seite 284.

Wie es weitergeht

Das war schon ein ganz beeindruckendes Spiel. In den kommenden Kapiteln werden wir die Physikkenntnisse vertiefen, die wir hier entwickelt haben. Wir werden außerdem das Konzept einer gameStep()-Funktion erweitern, die in diesem Spiel noch recht einfach gewesen ist.

PROJEKT: BALANCIERBRETT

16

WENN DU DIESES KAPITEL GELESEN HAST, DANN

⚡ weißt du, wie man ein vollständiges 3D-Spiel baut

⚡ weißt du, wie man komplexe 3D-Formen baut

⚡ beginnst du zu verstehen, wie interessante Formen, Materialien, Licht und die Physik in einem Spiel zusammenwirken

In diesem Kapitel bauen wir ein 3D-Spiel, bei dem ein Ball auf einem Spielbrett im Weltraum landet. Das Ziel des Spiels besteht darin, das Brett mithilfe der Pfeiltasten so zu balancieren, dass der Ball durch ein kleines Loch in der Mitte des Bretts fällt – *ohne* über den Rand des Bretts zu fallen. Am Ende soll das Ganze so aussehen:

◀ Abbildung 16-1
Ein Balancierbrett im Weltall

Wir wollen das Spiel jetzt wirklich hübsch gestalten und greifen deshalb auf unsere Kenntnisse aus Kapitel 12, *Mit Licht und Material arbeiten*, auf Seite 125 zurück. Wir brauchen die Physik, um den Ball fallen zu lassen, um ihn auf dem Spielbrett vor- und

167

zurückzubewegen und um festzustellen, wann er das Ziel trifft. Dabei hilft uns, was wir in Kapitel 15, *Projekt: Das Lila Obstmonster-Spiel*, auf Seite 153 gelernt haben. Außerdem fügen wir eine Menge Formen hinzu und bewegen diese herum, sodass wir auch die Fertigkeiten aus der ersten Hälfte dieses Buchs benötigen.

Ein Ratschlag: In diesem Spiel passiert eine ganze Menge, sodass wir viel Code eintippen müssen. Wir werden nicht viel über den Code reden, weil ein Großteil davon Konzepte aus früheren Kapiteln nutzt. Falls du diese Kapitel noch nicht durchgearbeitet hast, könnte es sehr frustrierend werden, dieses Spiel zu programmieren!

Leg los

Starte im ICE ein neues Projekt. Wähle das Template 3D starter project und nenne dieses Projekt Balancierbrett.

Das ist ein WebGL-Spiel

Sollte dein Browser WebGL nicht beherrschen, musst du dieses Kapitel überspringen. Am einfachsten stellst du fest, ob dein Computer und dein Webbrowser WebGL können, indem du *http://get.webgl.org/* besuchst. Wenn du auf dieser Seite einen sich drehenden Würfel siehst, dann hast du WebGL. Siehst du ihn nicht, musst du an anderen Projekten arbeiten.

Schwerkraft und andere Vorbereitungen

Genau wie beim Lila-Obstmonster-Spiel müssen wir *vor* der Zeile START CODING ON THE NEXT LINE einige Dinge erledigen. Nimm die Änderungen vor, die in dem folgenden Code vermerkt sind.

```
<body></body>
<script src="http://gamingJS.com/Three.js"></script>
❶ <script src="http://gamingJS.com/physi.js"></script>
<script src="http://gamingJS.com/ChromeFixes.js"></script>
<script>

   // Physikeinstellungen
❷ Physijs.scripts.ammo = 'http://gamingJS.com/ammo.js';

❸   Physijs.scripts.worker = 'http://gamingJS.com/physijs_worker.js';

   // This is where stuff in our game will happen (An dieser Stelle
   passiert der Kram in unserem Spiel):
```

```
❹    var scene = new Physijs.Scene({ fixedTimeStep: 2 / 60 });
❺    scene.setGravity(new THREE.Vector3( 0, -50, 0 ));

     // This is what sees the stuff (Dies hier sieht den ganzen Kram):
     var aspect_ratio = window.innerWidth / window.innerHeight;
     var camera = new THREE.PerspectiveCamera(75, aspect_ratio, 1,
   10000);
❻    camera.position.set(0, 100, 200);
❼    camera.rotation.x = -Math.PI/8;
     scene.add(camera);

     // This will draw what the camera sees onto the screen (Dies hier
     zeichnet das, was die Kamera sieht, auf den Bildschirm):
❽    var renderer = new THREE.WebGLRenderer();

❾    renderer.shadowMapEnabled = true;
     renderer.setSize(window.innerWidth, window.innerHeight);
     document.body.appendChild(renderer.domElement);

     // ******** START CODING ON THE NEXT LINE ********
```

❶ Lädt die Physik-Bibliothek.

❷ Verrät der Physik-Bibliothek, wo sie zusätzliche Hilfe finden kann, um Kollisionen zu erkennen.

❸ Richtet einen worker ein, um alle physikalischen Berechnungen durchzuführen.

❹ Erzeugt eine Physik-fähige Physijs.scene.

❺ Aktiviert die Schwerkraft.

❻ Verschiebt die Kamera ein bisschen weiter nach oben, um die Action besser sehen zu können.

❼ Neigt die Kamera, um die Action besser sehen zu können.

❽ Benutzt den WebGL-Renderer.

❾ Aktiviert im Renderer Schatten, um das Ganze realistischer zu machen.

Die einzigen Unterschiede zwischen diesem Anfang und dem aus Kapitel 15, *Projekt: Das Lila Obstmonster-Spiel*, auf Seite 153 sind die Drehung der Kamera und die Fähigkeit, Schatten zu werfen. Nachdem wir alles für die Physik vorbereitet haben, wollen wir mit dem Code beginnen, der hinter die Zeile START CODING ON THE NEXT LINE kommt.

Das Konzept für das Spiel

Für unser Spiel brauchen wir Folgendes: einen Ball, ein Spielbrett, ein Ziel, Lichter und einen Weltraumhintergrund. Außerdem müssen wir das Spiel natürlich auch animieren, und wir haben eine getrennte Funktion für die Spiellogik, die nicht so oft vorkommen muss wie die Animation. Tippe das folgende Codekonzept einschließlich der doppelten Schrägstriche in den Editor ein.

```
//addLights();
//var ball = addBall();
//var board = addBoard();

//addControls();
//addGoal();
//addBackground();
//animate();
//gameStep();
```

Genau wie in Kapitel 15, *Projekt: Das Lila Obstmonster-Spiel*, auf Seite 153 werden wir diese Funktionsaufrufe entkommentieren, das heißt, die Kommentarzeichen aus ihnen entfernen, wenn wir die Funktionen definiert haben.

Lichter hinzufügen

Zuallererst wollen wir ein bisschen Licht in die Szene bringen. Ohne Licht ist alles andere in unserem Spiel nur schwer zu erkennen.

Füge unter dem auskommentierten Codekonzept die folgende Funktionsdefinition von addLights() hinzu.

```
function addLights() {
  scene.add(new THREE.AmbientLight(0x999999));

  var back_light = new THREE.PointLight(0xffffff);
  back_light.position.set(50, 50, -100);
  scene.add(back_light);

  var spot_light = new THREE.SpotLight(0xffffff);
  spot_light.position.set(-250, 250, 250);
  spot_light.castShadow = true;
  scene.add(spot_light);
}
```

Wir kennen Lichter schon aus unserer Arbeit im Kapitel 12, *Mit Licht und Material arbeiten*, auf Seite 125 und im Kapitel 13, *Projekt: Baue dein eigenes Sonnensystem*, auf Seite 135. Wir setzen hier drei Arten von Licht ein. Ein ambientes Licht ist ein Licht, das überall ist – es wirft keine Schatten oder lässt Dinge leuchten, aber es hebt die Farbe in Dingen hervor. Ein Punktlicht ist wie eine Glühlampe – wir platzieren es über und hinter das Zentrum einer Szene, damit es von oben auf die Spielfläche herableuchten kann. Was ein Scheinwerfer ist, besagt schon sein Name – wir benutzen ihn, um von der Seite hereinzuleuchten und einen Schatten zu werfen.

Nachdem wir die Funktionsdefinition hinzugefügt haben, kannst du den Aufruf der Funktion addLights() im Codekonzept entkommentieren.

Den Spielball hinzufügen

Beginnen wir mit der addBall()-Funktion, indem wir den folgenden Code unter der Funktionsdefinition für addLights() hinzufügen.

```
function addBall() {
  var ball = new Physijs.SphereMesh(
    new THREE.SphereGeometry(10, 25, 21),
    new THREE.MeshPhongMaterial({
      color: 0x333333,
      shininess: 100.0,
      ambient: 0xff0000,
      emissive: 0x111111,
      specular: 0xbbbbbb
    })
  );
  ball.castShadow = true;
  scene.add(ball);
  resetBall(ball);
  return ball;
}
```

Du kennst aus unserer früheren Arbeit bereits, dass wir, 3D-Formen und Materialien in ein Physik-geeignetes Gewebe eingewickelt haben. Wir haben auch schon die verschiedenen Farbeinstellungen gesehen. In diesem Fall färben wir unseren Ball glänzend rot (0xff0000 ist Rot). Wir setzen seine castShadow-Eigenschaft auf true, damit er einen Schatten bekommt. Zum Schluss fügen wir ihn der Szene hinzu. Das alles ist so etwas wie Standard – bis auf die Funktion resetBall(), die wir jetzt hinzufügen.

```
function resetBall(ball) {
ball.__dirtyPosition = true;
ball.position.set(-33, 50, -65);
ball.setLinearVelocity(0,0,0);
ball.setAngularVelocity(0,0,0);
}
```

dirty beginnt mit zwei Unterstrichen

Setze auf jeden Fall zwei Unterstriche vor dirtyPosition. Es heißt nicht _dirtyPosition, die Einstellung lautet __dirtyPosition. Wenn du nur einen Unterstrich setzt, gibt es zwar keine Fehlermeldungen, aber die Bewegungssteuerungen funktionieren nicht.

Diese resetBall()-Funktion startet mit der sehr lustigen ball.__dirtyPosition-Einstellung. Programmierer haben einen eigenwilligen Sinn für Humor, und die *dirty*-Position ist ein Beispiel dafür. Oft benutzen Programmierer das Wort »dirty« (schmutzig), um etwas zu kennzeichnen, das geändert wurde – normalerweise auf falsche Weise.

In diesem Fall machen wir etwas sehr Falsches, wenn wir die Position des Balls ändern. Im wirklichen Leben ändern Dinge nicht einfach so ihre Position. Das gilt auch in der Welt der 3D-Physik. Dinge können nicht ganz plötzlich an einem neuen Ort auftauchen. Wir müssen aber am Anfang des Spiels sowie bei jedem Zurücksetzen des Spiels die Position des Balls ändern.

__dirtyPosition ist also unsere Art, der Spielphysik mitzuteilen: »Schau her, ich weiß, dass das falsch ist, aber ich weiß auch, was ich tue, und die folgende Position muss nun einmal jetzt geändert werden.« Und da wir so lieb gefragt haben, wird die Spielphysik antworten: »Kein Problem! Vergiss nur diese Einstellung nicht, falls du das irgendwann noch einmal machen musst.«

Ist das nicht eine vorzeitige Verallgemeinerung?

Im *Kapitel 5 Funktionen: Immer und immer wieder benutzen* sagte ich, dass Programmierer niemals zuerst hübschen Code schreiben sollten. Wir hätten diesen Positionscode direkt in addBall() hinzufügen können. Das haben wir aus zwei Gründen nicht getan. Erstens wissen wir bereits, dass wir das Spiel zurücksetzen müssen – genau wie wir im Kapitel 15 *Projekt: Das Lila Obstmonster-Spiel* gesagt hatten. Zweitens wollte ich nicht, dass du einen ganzen Haufen Code ändern musst, nachdem du ihn einmal eingetippt hast.

Sei dennoch vorsichtig, wenn du so etwas machst.

Nachdem wir die Funktionsdefinition addBall() dem Spiel hinzugefügt haben, können wir den addBall()-Aufruf im Codekonzept entkommentieren. Unser Codekonzept sollte jetzt so aussehen:

```
addLights();
var ball = addBall();
//var board = addBoard();

//addControls();
//addGoal();
//addBackground();

//animate();
//gameStep();
```

Das Spielbrett hinzufügen

Wir sollten nun einen Ball haben, der in der Luft schwebt. Fügen wir also das Spielbrett hinzu, um dem Ball etwas zu tun zu geben. Die addBoard()-Funktion sieht folgendermaßen aus (Achtung, hier musst du sehr viel eintippen).

```
function addBoard() {
  var material = new THREE.MeshPhongMaterial({
    color: 0x333333,
    shininess: 40,
    ambient: 0xffd700,
    emissive: 0x111111,
    specular: 0xeeeeee
  });

  var beam = new Physijs.BoxMesh(
    new THREE.CubeGeometry(50, 2, 200),
    material,
    0
  );
  beam.position.set(-37, 0, 0);
  beam.receiveShadow = true;

  var beam2 = new Physijs.BoxMesh(
    new THREE.CubeGeometry(50, 2, 200),
    material
  );
  beam2.position.set(75, 0, 0);
  beam2.receiveShadow = true;
  beam.add(beam2);
```

```
var beam3 = new Physijs.BoxMesh(
  new THREE.CubeGeometry(200, 2, 50),
  material
);
beam3.position.set(40, 0, -40);
beam3.receiveShadow = true;
beam.add(beam3);

var beam4 = new Physijs.BoxMesh(
  new THREE.CubeGeometry(200, 2, 50),
  material
);
beam4.position.set(40, 0, 40);
beam4.receiveShadow = true;
beam.add(beam4);

beam.rotation.set(0.1, 0, 0);
scene.add(beam);
return beam;
}
```

Das ist hier eine Menge Code, doch du kennst den größten Teil davon schon. Wir stellen vier Balken her und kombinieren diese miteinander, damit sie das Spielbrett bilden. Zum Schluss neigen wir das Brett ein wenig (um den Ball ins Rollen zu bringen) und fügen es der Szene hinzu. Beachte, dass alle vier Balken Schatten haben können – sie tragen die entsprechende Kennzeichnung.

Neu ist die 0 im ersten Balken:

```
var beam = new Physijs.BoxMesh(
  new THREE.CubeGeometry(50, 2, 200),
  material,
  0
);
```

Die 0 sagt der Physik-Bibliothek, dass die Schwerkraft nicht für dieses Objekt (oder alles, was ihm hinzugefügt wurde) gilt. Ohne die Null würde unser Spielbrett einfach herunterfallen!

Entferne im Codekonzept die Kommentarzeichen vor dem Aufruf zu addBoard(). Der Ball müsste nun über dem Spielbrett schweben.

Animation ermöglichen

Bevor wir die Steuerungen des Spielbretts aktivieren, müssen wir die Szene animieren. Verschiebe ganz am Ende unseres Codes die renderer.render()-Zeile in eine animate()-Funktion:

```
function animate() {
  requestAnimationFrame(animate);
  scene.simulate(); // hier kommt die Physik ins Spiel
  renderer.render(scene, camera);
}
```

Entferne die Kommentarzeichen für die animate()-Funktion (sie
steht vor dem letzten gameStep()-Aufruf) aus dem Codekonzept. Es
ändert sich nichts, aber jetzt können wir die Spielsteuerungen in
Angriff nehmen.

Spielsteuerungen hinzufügen

Wir haben jetzt den Ball und das Brett und wollen nun die Steuerungen für das Spielbrett hinzufügen. Setze folgende Funktionsdefinition für addControls() über die gerade hinzugefügte animate()-
Funktion.

```
function addControls() {
  document.addEventListener("keydown", function(event) {
    var code = event.keyCode;

    if (code == 37) left();
    if (code == 39) right();
    if (code == 38) up();
    if (code == 40) down();
  });
}
```

Inzwischen sind wir schon sehr vertraut damit, JavaScript-Ereignisse zu benutzen, um den Spielablauf zu steuern. Auch die Computerzahlen für die Pfeiltasten kennen wir fast schon auswendig!

Beachte, dass wir noch einige weitere Funktionen definieren müssen, um das Spielbrett nach links, rechts, oben und unten zu neigen. Füge die folgenden fünf Funktionsdefinitionen hinzu.

```
function left() { tilt('z', 0.02); }
function right() { tilt('z', -0.02); }
function up() { tilt('x', -0.02); }
function down() { tilt('x', 0.02); }

function tilt(dir, amount) {
  board.__dirtyRotation = true;
  board.rotation[dir] = board.rotation[dir] + amount;
}
```

Die Funktionen left(), right(), up() und down() sind ziemlich einfach zu verstehen. Sie sind so kurz, dass wir die gesamte Funktionsdefinition auf eine Zeile setzen können! Was wir in der tilt()-Funktion machen, die von den einzelnen Funktionen aufgerufen wird, ist ein bisschen komplizierter.

Was __dirtyRotation ist, wissen wir bereits aus unserer Arbeit an __dirtyPosition in *Den Spielball hinzufügen* (und wir wissen auch, dass es mit zwei Unterstrichen beginnt). Wir ändern die Drehrichtung des Bretts. Obwohl sich die Drehung des Bretts nur ein winzig kleines bisschen ändert, müssen wir der Physik mitteilen, dass wir es wirklich ernst meinen.

Wirklich raffiniert in tilt() ist board.rotation[dir]. Wenn die Funktion left() aufgerufen wird, ruft sie tilt() mit dem String 'z' als Wert für dir auf. In diesem Fall ist dies das Gleiche wie das Aktualisieren von board.rotation['z']. Das ist etwas Neues! Wir haben schon einmal Kram wie board.rotation.z gesehen, aber wir haben noch nie eckige Klammern und einen solchen String gehabt.

board.rotation['z'] ist das Gleiche wie board.rotation.z. JavaScript sieht beides als eine Änderung der z-Eigenschaft der Drehung. Mithilfe dieses Tricks haben wir gerade eine Zeile geschrieben, die alle unterschiedlichen Richtungen in tilt() aktualisieren kann.

```
board.rotation[dir] = board.rotation[dir] + amount;
```

Ohne einen solchen Trick müssten wir vermutlich vier unterschiedliche if-Anweisungen benutzen. Wir faulen Programmierer lieben daher diesen Trick!

Entferne die Kommentarzeichen für den addControls()-Aufruf im Codekonzept und probiere das Spielbrett einmal aus. Du solltest in der Lage sein, es nach links, rechts, oben und unten zu neigen.

Das Ziel hinzufügen

Irgendwo unter dem Spielbrett brauchen wir ein Ziel. Auch wenn wir es nicht sehen können, wissen wir, dass es ein Ziel gibt. Wenn der Ball durch das Loch gefallen ist, dann haben wir das Ziel getroffen und das Spiel gewonnen.

Tippe unter der Definition der addControls()-Funktion Folgendes ein.

```
function addGoal() {
  var light = new THREE.Mesh(
    new THREE.CylinderGeometry(20, 20, 1000),
    new THREE.MeshPhongMaterial({
      transparent:true,
      opacity: 0.15,
      shininess: 0,
      ambient: 0xffffff,
      emissive: 0xffffff
    })
  );
  scene.add(light);

  var score = new Physijs.ConvexMesh(
    new THREE.PlaneGeometry(20, 20),
    new THREE.MeshNormalMaterial({wireframe: true})
  );
  score.position.y = -50;
  score.rotation.x = -Math.PI/2;
  scene.add(score);

  score.addEventListener('collision', function() {
    flashGoalLight(light);
    resetBall(ball);
  });
}
```

Der erste Teil dieser Funktion fügt der Szene ein Licht hinzu, allerdings kein echtes Licht. Das ist kein Licht, das leuchtet, sondern eher ein falsches Licht, das zeigt, wo das Ziel liegt. Du kannst anhand der Geometrie und des Materials erkennen, dass es ein falsches Licht ist – beide sind für regelmäßige Formen. Um es wie einen Scheinwerfer aussehen zu lassen, der auf etwas Wichtiges leuchtet, machen wir das Licht transparent und geben ihm eine geringe Deckkraft (Opacity). Wir sorgen also quasi dafür, dass man leicht durch das Licht hindurchschauen kann.

Nachdem wir das Licht der Szene hinzugefügt haben, setzen wir das eigentliche Ziel. Dabei handelt es sich um eine kleine Ebene, die wir unterhalb des Spielbretts der Szene hinzufügen. Wichtig an diesem Ziel ist der Event-Listener. Wenn der Ball mit dem Ziel zusammenstößt, lassen wir unser Ziellicht aufblitzen und setzen den Ball zurück. Dank der Funktion resetBall() ist das Zurücksetzen des Balls kein Problem.

Ein Drahtgitter

Du hast vielleicht bemerkt, dass wir beim Herstellen des Ziels `wireframe` auf `true` gesetzt haben. Ein Wireframe (Drahtgitter) erlaubt es uns, die Geometrie zu sehen, ohne dass ein Material darum gewickelt ist. Damit kann man ganz hervorragend Formen untersuchen und Ebenen zeichnen, wie wir es hier getan haben.

Normalerweise sollte man die `wireframe`-Eigenschaft aus dem fertigen Code des Spiels entfernen (du kannst auch die umschließenden geschweiften Klammern entfernen). In diesem Spiel ist es wahrscheinlich am besten, `wireframe: true` in `visible: false` zu ändern, damit das Ziel für den Spieler unsichtbar ist.

Um das Licht aufblitzen zu lassen, müssen wir die Funktion `flashGoalLight()` definieren.

```
function flashGoalLight(light, remaining) {
  if (typeof(remaining) == 'undefined') remaining = 9;

  if (light.material.opacity == 0.4) {
    light.material.ambient.setRGB(1,1,1);
    light.material.emissive.setRGB(1,1,1);
    light.material.color.setRGB(1,1,1);
    light.material.opacity = 0.15;
  }
  else {
    light.material.ambient.setRGB(1,0,0);
    light.material.emissive.setRGB(1,0,0);
    light.material.color.setRGB(1,0,0);
    light.material.opacity = 0.4;
  }

  if (remaining > 0) {
    setTimeout(function() {flashGoalLight(light, remaining-1);}, 500);
  }
}
```

Der größte Teil dieser Funktion dient dazu, Farbe und Deckkraft (wie leicht man hindurchsehen kann) des Ziellichts einzustellen. Wenn die Deckkraft vorher 0.4 war, setzen wir sie auf 0.15 (erleichtern also das Hindurchsehen) und ändern die Farbe des Lichts auf Weiß.

Ansonsten setzen wir die Farbe auf Rot und die Deckkraft auf 0.4. Das ist aber nicht der interessanteste Teil der Funktion.

Wenn `flashGoalLight()` aufgerufen wird, dann wird es mit dem Ziellicht aufgerufen, das wir aufblitzen lassen wollen, und der Anzahl der Blitze, die noch übrig bleiben. Als wir `flashGoalLight()`

im Fall einer Kollision aufriefen, haben wir der Funktion nicht verraten, wie viele Blitze noch übrig waren – wir haben sie ohne Parameter aufgerufen. Wird eine JavaScript-Funktion ganz ohne Parameter aufgerufen, sind die Parameter undefined (undefiniert). Du erinnerst dich vielleicht, wir haben das in Abschnitt »Eine Sache in JavaScript beschreiben« auf Seite 78 bereits einmal besprochen.

Falls in diesem Fall remaining undefined ist, ist das der erste Aufruf der Funktion. Wir stellen dann ein, dass noch neun Blitze übrig bleiben.

Wirklich interessant wird es aber dann am Ende dieser Funktion. Falls die Anzahl der verbleibenden Lichtblitze größer als null ist, rufen wir die Funktion noch einmal auf – aus sich selbst heraus.

```
if (remaining > 0) {
    setTimeout(function() {flashGoalLight(light, remaining-1);}, 500);
}
```

Hier siehst du ein echtes Beispiel für eine Rekursion, die wir in *Funktionen: Immer und immer wieder benutzen*, vorgestellt haben.

In diesem Fall rufen wir dieselbe Funktion flashGoalLight() mit demselben Lichtparameter auf, allerdings ziehen wir von der Anzahl der verbleibenden Blitze einen ab. Wir rufen die Funktion also mit acht verbleibenden Blitzen auf, die sich dann wieder mit sieben Blitzen aufruft und so weiter, bis nur noch null Blitze übrig sind, also keiner mehr. Ist kein Blitz mehr übrig, rufen wir flashGoalLight() einfach nicht noch einmal auf, und die Rekursion stoppt.

In diesem letzten Stück Code befindet sich außerdem setTimeout(). Dies ruft die Funktion auf, *nachdem* ein bisschen gewartet wurde. Wir warten hier 500 Millisekunden oder eine halbe Sekunde.

Damit haben wir das Ziel geschafft. Du kannst im Codekonzept den Aufruf für addGoal() entkommentieren.

Einen Hintergrund hinzufügen

Fügen wir unserem Spiel nun den Sternenhintergrund aus Kapitel 13, *Projekt: Baue dein eigenes Sonnensystem*, auf Seite 135 hinzu. Tippe unter die Funktionsdefinition für addGoal() Folgendes ein:

```
function addBackground() {
    document.body.style.backgroundColor = 'black';
    var stars = new THREE.Geometry();
    while (stars.vertices.length < 1000) {
```

```
    var lat = Math.PI * Math.random() - Math.PI/2;
    var lon = 2*Math.PI * Math.random();
    stars.vertices.push(new THREE.Vector3(
      1000 * Math.cos(lon) * Math.cos(lat),
      1000 * Math.sin(lon) * Math.cos(lat),
      1000 * Math.sin(lat)
    ));
  }
  var star_stuff = new THREE.ParticleBasicMaterial({size: 5});
  var star_system = new THREE.ParticleSystem(stars, star_stuff);
  scene.add(star_system);
}
```

Das ähnelt dem Weltraumhintergrund aus dem Planetensimulator. Sobald du damit fertig bist, kannst du die Kommentarzeichen für die addBackground()-Funktion aus dem Codekonzept entfernen.

Die Spiellogik

Wie wir in Kapitel 15, *Projekt: Das Lila Obstmonster-Spiel*, auf Seite 153 gesehen haben, ist es keine gute Idee, die Spiellogik so oft auszuführen wie die Animationsarbeit. Deshalb halten wir die beiden auch in diesem Spiel getrennt voneinander. Füge unter dem Funktionskörper für die Funktion addBackground() die folgende Definition der Spiellogik hinzu.

```
function gameStep() {
  if (ball.position.y < -100) resetBall(ball);
  setTimeout(gameStep, 1000 / 60);
}
```

Zuerst weist die Spiellogik Physijs an, in unserer Szene die Physik zu simulieren. Anschließend prüfen wir, ob der Ball vom Brett gefallen ist.

Wir führen die Spiellogik 60 Mal pro Sekunde durch. Das bedeutet, wir setzen den Timeout dieser Funktion auf 1000 Millisekunden geteilt durch 60 oder 16,67 Millisekunden. gameStep() wird also alle 16,67 Millisekunden durchgeführt, was dir sehr viel vorkommen mag. Für Computer ist das jedoch nicht besonders oft. Die Animation wird in diesen 1000 Millisekunden wenigstens 16 Mal aktualisiert, wahrscheinlich aber sogar noch öfter.

Um ehrlich zu sein, ist es in diesem Fall eigentlich nicht entscheidend, dass wir unsere Spiellogik abgetrennt haben. Für die meisten Computer bedeutet es nicht zu viel Arbeit, die Physik in diesem einfachen Spiel zu verarbeiten und zu entscheiden, ob die y-Position des Balls kleiner als −100 ist. Dennoch ist es eine gute Angewohnheit, die man durchaus pflegen sollte, wenn man Spiele programmiert.

Entferne nun noch die Kommentarzeichen für die Funktion game-Step() aus dem Codekonzept und ...

Das war's!

Du solltest jetzt ein voll funktionsfähiges, im Weltraum schwebendes Balancierspiel haben. Neige das Brett mit den Pfeiltasten und sammle Punkte.

Der Code bisher

Falls du deinen Code noch einmal überprüfen möchtest, schau in Abschnitt »Code: Balancierbrett« auf Seite 287.

Wie es weitergeht

Das war bisher das beste Spiel. Wir haben unsere Kenntnisse über das Schreiben von 3D-Spielen mit neuen Kenntnissen über das Herstellen von Schatten und Materialien kombiniert. Das Balancierbrettspiel sieht wirklich gut aus. Sicher, es hat ganz schön lange gedauert, es zu programmieren, aber es hat sich gelohnt.

Im nächsten Kapitel werden wir uns ein bisschen mehr mit JavaScript beschäftigen. Wir behandeln insbesondere *Objekte*, die wir zwar bisher schon benutzt haben, über deren Herstellung du aber noch nichts weißt. Sobald du dich damit auskennst, bauen wir noch ein paar coole Spiele.

PROJEKT: JAVA-SCRIPT-OBJEKTE KENNENLERNEN

WENN DU DIESES KAPITEL GELESEN HAST, DANN

⚡ weißt du, was das Schlüsselwort new bedeutet, das wir ständig benutzen

⚡ kannst du deine eigenen Objekte definieren

⚡ weißt du, wie man Objekte kopiert

Wir haben bisher schon unglaubliche Fortschritte gemacht. Wir haben einen Avatar, der auf dem Bildschirm herumlaufen und mit Hinternissen zusammenstoßen kann. Wir haben ein animiertes Modell des Sonnensystems und eine Simulation der Mondbewegungen gebaut. Wir haben unsere neuen Fähigkeiten sogar an einigen coolen Spielen ausprobiert.

Um genau zu sein, haben wir so große Fortschritte gemacht, dass wir die Grenze dessen erreicht haben, was mit JavaScript möglich ist – zumindest ohne etwas Neues einzuführen. Damit du verstehst, warum du dieses neue Konzept kennenlernen musst, schau dir einmal unseren Avatar an. Wir könnten einen Haufen Spiele schreiben, in denen unser Avatar für sich allein spielt. Doch was ist, wenn er mit anderen spielen möchte?

Wie würden wir bei zwei Spielern auf dem Bildschirm die ganzen Hände, Füße und Körper auf den Bildschirm bringen, ohne dass alles durcheinandergerät? Könnten wir es schaffen, dass sie sich unabhängig voneinander bewegen? Könnten wir den einzelnen Avataren unterschiedliche Farben und Formen zuweisen?

Würden wir versuchen, all diese Dinge mit dem Wissen zu erreichen, das wir im Moment haben, würden wir schnell die Kontrolle verlieren. Deshalb ist es an der Zeit, etwas über *Objekte* zu erfahren. Schauen wir uns an, was wir mit ihnen machen können.

Das ist ein anspruchsvolles Kapitel

In diesem Kapitel gibt es viele neue Konzepte. Vielleicht ist es am besten, wenn du dir alles erst einmal in Ruhe durchliest und dich dann später noch einmal ausführlicher damit beschäftigst.

Leg los

Lege im ICE Code Editor ein neues Projekt an. Benutze für diese Übung das Template 3D starter project und nenne das Projekt Objekte.

Wir werden in diesem Kapitel keine Visualisierungen herstellen (also keine Dinge, die sich irgendwie über den Bildschirm bewegen). Stattdessen erzeugen wir Objekte im ICE und schauen uns diese in der JavaScript-Konsole an. Du müsstest die JavaScript-Konsole deshalb ebenfalls öffnen.

Einfache Objekte

Programmierer bezeichnen *Dinge* als *Objekte*. Alles, was wir in der wirklichen Welt anfassen oder worüber wir reden können, lässt sich in der Computerwelt als Objekt beschreiben. Denke zum Beispiel einmal an Filme. Ich glaube, wir sind uns alle darüber einig, dass *Star Wars* der beste Film aller Zeiten ist. Stimmt doch, oder? Nun, hier beschreiben wir *Star Wars* als JavaScript-Objekt:

```
var best_movie = {
  title: 'Star Wars',
  year: 1977
};
```

Auch wenn dies nur ein kurzes Beispiel ist, passiert in ihm doch eine ganze Menge. Erstens sehen wir, dass JavaScript noch eine weitere Anwendung für die geschweiften Klammern hat: Geschweifte Klammern umschließen nicht nur Funktionsdefinitionen und if-Anweisungen, sondern können auch JavaScript-Objekte einschließen.

Außerdem sehen wir, dass JavaScript-Objekte genau wie Zahlen und Strings sind – sie können einer Variablen zugewiesen werden (in diesem Fall best_movie).

Was noch viel wichtiger ist: Objekte erlauben uns, etwas auf verschiedene Arten zu beschreiben. In diesem Fall können wir einen Film mit einem Titel, dem Regisseur des Films und dem Jahr seiner Herstellung beschreiben. Die unterschiedlichen Informationen, die wir benutzen könnten, um Dinge zu beschreiben, werden *Attribute* genannt.

Die Attribute eines Objekts können alles Mögliche sein. In unserem *Star Wars*-Beispiele sind die Attribute Strings und Zahlen. Wir hätten aber auch Boolesche Werte, Listen und sogar Funktionen nehmen können.

```
var best_movie = {
  title: 'Star Wars',
  year: 1977,
  stars: ['Mark Hamill', 'Harrison Ford', 'Carrie Fisher'],
  aboutMe: function() {
    console.log(this.title + ', starring: ' + this.stars);
  }
};
best_movie.aboutMe();
// => Star Wars, starring: Mark Hamill,Harrison Ford,Carrie Fisher
```

Der Aufruf der Funktion aboutMe() auf unseren best_movie-Objekten erzeugt die »Star Wars, starring...«-Meldung in der JavaScript-Konsole. Das ist die Aufgabe des console.log()-Aufrufs – er vermerkt alles, was wir wollen, in der JavaScript-Konsole.

Wenn wir Funktionen in solchen Objekten benutzen, tragen sie einen anderen Namen: *Methode*. Methoden erlauben es uns, ein Objekt zu ändern oder, wie wir es hier machen, irgendwelche anderen Informationen über das Objekt zurückzuliefern.

Schauen wir uns die aboutMe()-Methode an und wie wir das Schlüsselwort this benutzen. Mit dem Schlüsselwort this beziehen wir uns auf das aktuelle Objekt. Hätten wir title anstelle von this. title benutzt, dann hätten wir eine Fehlermeldung bekommen, die uns mitteilt, dass title undefiniert war. In diesem Beispiel war title undefiniert, weil der Code irgendwo an anderer Stelle im Programm nach einer Variablen namens title sucht. Indem wir this. title benutzen, legen wir fest, dass wir die Eigenschaft title dem aktuellen Objekt zuweisen wollen.

Objekte kopieren

Im wirklichen Leben kopierst du eine coole Idee oder Sache, indem du alles kopierst, was sie tut, und hier und da einige Dinge änderst, um sie noch weiter zu verbessern. Die Sache, die du kopierst, wird der Prototyp für die neue Art, sie zu machen. In JavaScript geschieht das Kopieren von Objekten auf eine ähnliche Weise.

Um einen anderen Film zu beschreiben, können wir das prototypische Objekt best_movie kopieren, indem wir Object.create benutzen:

```
var great_movie = Object.create(best_movie);
great_movie.aboutMe();
// => Star Wars, starring: Mark Hamill,Harrison Ford,Carrie Fisher
```

Object.create erzeugt ein neues Objekt mit den gleichen Eigenschaften und Methoden wie das prototypische Objekt, das wir zuvor angelegt haben. Das neue Objekt, great_movie, besitzt denselben Titel und dieselben Schauspieler wie das ursprüngliche Objekt best_movie. Es enthält natürlich auch die Methode aboutMe().

An der Methode aboutMe() müssen wir nichts ändern. Wir wollen, dass auch sie den Filmtitel und die Liste der Stars auf die JavaScript-Konsole schreibt. Selbst wenn sich der Titel und die Liste der Stars ändern, bleibt die Methode aboutMe() gleich – sie schreibt vielleicht andere Informationen, nutzt dazu aber dieselben Eigenschaften.

Wir wollen jedoch den Titel und andere Informationen in unserem neuen Objekt aktualisieren. Dieses neue Objekt soll sich auf einen Film beziehen, der von allen 3D-Programmierern, zu denen wir jetzt ja auch gehören, geliebt wird: *Toy Story*.

```
great_movie.title = 'Toy Story';
great_movie.year = 1995;
great_movie.stars = ['Tom Hanks', 'Tim Allen'];
great_movie.aboutMe();
// => Toy Story, starring: Tom Hanks,Tim Allen

best_movie.aboutMe();
// => Star Wars, starring: Mark Hamill,Harrison Ford,Carrie Fisher
```

In den ersten drei Zeilen ändern wir die Eigenschaften des aktuellen Objekts. Dann weisen wir die Methode aboutMe() an, ihr Ding zu machen, und zwar mit den neuen Informationen, die wir gerade angegeben haben. Diese kleine Zauberei wird dank des Schlüsselworts this in aboutMe() möglich. this.title bezieht sich immer auf die title-Eigenschaft des aktuellen Objekts.

Beachte, dass das Aktualisieren der Eigenschaften am neuen Objekt great_movie das Objekt best_movie nicht beeinflusst. An best_movie bleiben alle Eigenschaften unverändert, und seine Methode aboutMe() zeigt immer noch die Originalergebnisse an.

Dieses ganze Gerede über Prototypen und prototypische Objekte ist nicht nur eine Ausrede, um hochgestochenes Geschwurbel von sich zu geben. Das Konzept eines Prototyps ist in JavaScript sogar sehr wichtig und beantwortet eine Frage, die du vielleicht schon seit dem ersten Kapitel dieses Buchs mit dir herumgeschleppt hast: Was bedeutet dieses Schlüsselwort new, das wir ständig eintippen?

Neue Objekte konstruieren

Wir haben nun eine gute Vorstellung davon, was ein Objekt in JavaScript ist. Außerdem haben wir gesehen, dass ein Objekt prototypisch sein und als Vorlage für die Herstellung ähnlicher Objekte dienen kann. Allerdings ist es manchmal ganz schön nervig, wenn man auf diese Weise neue Objekte anlegt, und fehleranfällig ist es obendrein. Überlege einmal: Sollten wir vergessen, die Eigenschaft year zu great_movie zuzuweisen, glaubt das Objekt, *Toy Story* sei im Jahr 1977 entstanden. Das Objekt kopiert alle Eigenschaften aus dem Originalobjekt (star_wars), also auch das Jahr 1977 – es sei denn, wir sagen ihm etwas anderes!

Wir können auch eine einfache Funktion benutzen, um Objekte in JavaScript zu bauen – ja, genau, die einfache Funktion, die wir schon in Kapitel 5, *Funktionen: Immer und immer wieder benutzen*, auf

Seite 55 gesehen haben. Überraschenderweise müssen wir mit einer Funktion nichts Besonderes machen, um neue Objekte herzustellen. Normalerweise schreiben Programmierer aus Gründen des Stils den Namen einer Funktion groß, wenn diese neue Objekte erzeugt. So könnte zum Beispiel eine Funktion, die Filmobjekte herstellt, Movie genannt werden.

```
function Movie(title, stars) {
  this.title = title;
  this.stars = stars;
  this.year = (new Date()).getFullYear();
}
```

Das ist eine ganz normale Funktion, die das Schlüsselwort function, den Namen Movie und eine Liste mit Parametern benutzt (wie etwa den Filmtitel und die Liste der Stars in dem Film). Allerdings machen wir im Inneren der Funktionsdefinition des Objektbauers etwas anderes, als wir normalerweise in Funktionen machen würden. Anstatt Berechnungen durchzuführen oder Werte zu ändern, weisen wir die Eigenschaften des aktuellen Objekts zu. In diesem Fall weisen wir den Titel des aktuellen Objekts in this.title, die Namen der Schauspieler und Schauspielerinnen, die in dem Film mitgewirkt haben, und sogar das Jahr in der Liste der Eigenschaften zu.

Abgesehen vom Zuweisen der this-Werte ist an dieser Funktion nichts Bemerkenswertes festzustellen. Wie erzeugt sie nun Objekte? Was sorgt dafür, dass sie ein sogenannter Objektkonstruktor ist und keine normale Funktion?

Die Antwort ist etwas, das wir schon im ersten Kapitel dieses Buchs gesehen haben: das Schlüsselwort new. Wir rufen Movie() nicht so auf, wie wir eine normale Funktion aufrufen würden. Es ist ein Objektkonstruktor. Wir konstruieren also neue Objekte damit, indem wir new vor den Namen des Konstruktors setzen.

```
var kung_fu_movie = new Movie('Kung Fu Panda', ['Jack Black',
'Angelina Jolie']);
```

Movie() in new Movie ist die Konstruktorfunktion, die wir definiert haben. Sie braucht zwei Parameter: den Titel (*Kung Fu Panda*) und eine Liste der Stars (Jack Black und Angelina Jolie).

Dank der Eigenschaftszuweisungen, die wir in der Konstruktorfunktion vorgenommen haben, können wir dann auf diese Eigenschaften genauso zugreifen wie bei unseren früheren Objekten.

```
console.log(kung_fu_movie.title);
// => Kung Fu Panda
console.log(kung_fu_movie.stars);
// => ['Jack Black', 'Angelina Jolie']
console.log(kung_fu_movie.year);
// => 2014
```

Du siehst sicher, dass das Erscheinungsjahr des Films Kung Fu Panda falsch ist (der Film kam 2008 heraus). Das liegt daran, dass unser Konstruktor es nicht besser weiß und die Eigenschaft year auf das aktuelle Jahr setzt. Falls du dich der Herausforderung gewachsen fühlst, dann ändere den Konstruktor so, dass er ein drittes Argument entgegennimmt – das Jahr. Ist das Jahr gesetzt, dann nutze dieses anstelle des aktuellen Jahrs im Konstruktor.

Jetzt wissen wir, wie die Schöpfer unserer 3D-JavaScript-Bibliothek ihren ganzen Code programmiert haben, damit wir Dinge schreiben können wie:

```
var shape = new THREE.SphereGeometry(100);
var cover = new THREE.MeshNormalMaterial();
var ball = new THREE.Mesh(shape, cover);
```

SphereGeometry, MeshNormalMaterial und Mesh sind Konstruktorfunktionen in der Three.js-Bibliothek.

Ein Mysterium ist enthüllt, doch ein zweites bleibt: Wenn wir Funktionskonstruktoren benutzen, um Objekte zu bauen, wie können wir dann Methoden für diese Objekte herstellen? Die Antwort darauf hängt damit zusammen, weshalb wir das Wort »Prototyp« im vorherigen Abschnitt so betont haben. Um eine aboutMe()-Methode für die Objekte herzustellen, die wir mit unserem Movie()-Konstruktor geschaffen haben, definieren wir die Methode in dem Prototyp des Konstruktors. Das heißt, für einen prototypischen Film soll die aboutMe()-Methode folgendermaßen aussehen.

```
Movie.prototype.aboutMe = function() {
  console.log(this.title + ', starring: ' + this.stars);
};
```

Wenn diese Methode vorhanden ist, können wir kung_fu_movie bitten, die Frage nach aboutMe() zu beantworten.

```
kung_fu_movie.aboutMe();
// => Kung Fu Panda, starring: Jack Black,Angelina Jolie
```

JavaScript-Objekte können eine beliebige Anzahl an Methoden haben, wie etwa aboutMe(), allerdings ist es besser, wenn es nicht zu viele sind. Solltest du bemerken, dass du schon zwölf Methoden geschrieben hast und noch nicht fertig bist, solltest du besser ein zweites Objekt mit einem neuen Konstruktor schreiben.

Der Code bisher

Möchtest du den Code in diesem Kapitel noch einmal überprüfen, schau in Abschnitt »Code: JavaScript-Objekte kennenlernen« auf Seite 292.

Wie es weitergeht

Objektorientierte Programmierung ist nicht so leicht zu durchschauen. Hast du alles in diesem Kapitel verstanden, bist du besser als ich, während ich diese Konzepte kennengelernt habe. Mach dir keine Sorgen, wenn dir nicht alles klar geworden ist. Beispiele, mit denen wir in den nächsten Spielen herumspielen werden, werden diese Dinge verdeutlichen.

Nachdem du ein oder zwei Spiele mit Objekten geschrieben hast, solltest du dieses Kapitel vielleicht noch einmal lesen. Wenn deine selbst ausgedachten Spiele anspruchsvoller werden, wirst du sicher auf Objekte zurückgreifen wollen, um deinen Code zu organisieren.

PROJEKT: EIN HÖHLENPUZZLE

WENN DU DIESES KAPITEL GELESEN HAST, DANN

⚡ weißt du, wie man Dinge mit einer Maus bewegt

⚡ hast du ein weiteres ausgewachsenes
Spiel zum Weitergeben

In diesem Kapitel bauen wir ein aktionsreiches Puzzlespiel. In dem Spiel kann sich der Avatar nur nach links oder rechts bewegen, doch um zu gewinnen, muss er den oberen Bildschirmrand erreichen. Der Spieler kann Rampen verschieben und drehen, um dem Avatar zu helfen, auf dem Bildschirm nach oben zu kommen und zu gewinnen. Um das Ganze noch schwieriger zu machen, gibt es auf dem Spielbrett einige Objekte, die nicht bewegt werden können.

Hier ist eine Skizze des Spiels:

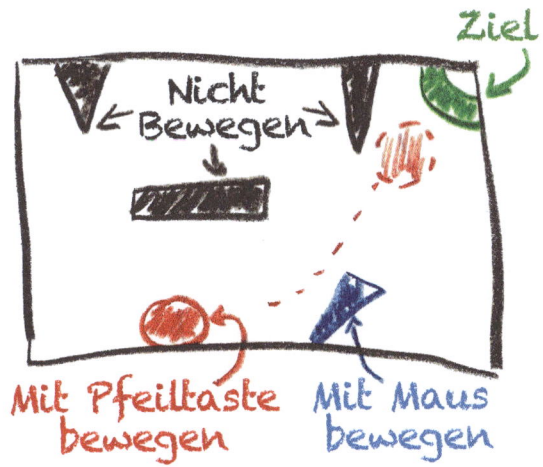

◄ Abbildung 18-1
Das Höhlenpuzzle als Skizze

191

Wir werden in diesem Kapitel unsere ganzen neu erworbenen Kenntnisse über die objektorientierte Programmierung einsetzen. Lies bei Bedarf deshalb noch einmal in Kapitel 17, *Projekt: Java-Script-Objekte kennenlernen*, auf Seite 183 nach.

Leg los

Wir erzeugen zuerst ein neues Projekt im ICE Code Editor. Nimm das Template `3D starter project (with Physics)` (du musst das Template also dieses Mal ändern) und gib dem Projekt den Namen `Höhlenpuzzle`.

Wie du dir vielleicht vorstellen kannst, enthält dieses Template schon einen Großteil der Physikfähigkeiten, die wir in Kapitel 15, *Projekt: Das Lila Obstmonster-Spiel*, auf Seite 153 von Hand hinzugefügt haben.

Wir müssen vor der `START CODING`-Zeile noch einige Änderungen vornehmen. Zunächst müssen wir zwei weitere JavaScript-Bibliotheken einbinden – eine zum Punktesammeln und eine zum Arbeiten mit der Maus. Starte eine neue Zeile nach Zeile 4 direkt vor dem einfachen `<script>`-Tag und füge die folgenden beiden `<script>`-Tags hinzu:

```
<script src="http://gamingJS.com/Scoreboard.js"></script>
<script src="http://gamingJS.com/Mouse.js"></script>
```

Es ist wichtig, dass das Mouse.js-`<script>`-Tag hinter das `physi.js`-`<script>`-Tag kommt, damit die physikfähigen Objekte ebenfalls mit Mausfunktionalität ausgestattet werden.

Außerdem müssen wir noch eine andere Hintergrundfarbe auswählen, um die Stimmung des Spiels besser zu treffen. Wir wollen nicht, dass es komplett dunkel ist, doch ein Farbton, der etwas grauer und dunkler ist, verstärkt das Gefühl, dass man sich in einer Höhle befindet. Stell deshalb direkt über der `START CODING`-Zeile die Hintergrundfarbe folgendermaßen ein:

```
document.body.style.backgroundColor = '#9999aa';
```

Die ersten beiden Zahlen geben die Menge an Rot an, die wir benutzen wollen, die zweiten beiden Zahlen sind die Menge an Grün, und die letzten beiden Zahlen sind die Menge an Blau. Wir benutzen für die Höhle gleiche Mengen an Rot und Grün (`99`), fügen aber ein bisschen mehr Blau hinzu, indem wir es auf `aa` setzen.

Als Letztes wechseln wir oberhalb der START CODING-Zeile auf die orthografische Kamera, die wir auch schon in Abschnitt »Ein schneller Blick auf eine Kamera mit einem seltsamen Namen« auf Seite 105 benutzt haben. Es wird ein eher zweidimensionales Spiel, daher ist eine orthografische Kamera besser geeignet.

Setze Kommentarzeichen vor die Perspektivenkamera und entferne dafür die Kommentarzeichen von den drei Zeilen für die orthografische Kamera:

```
//var camera = new THREE.PerspectiveCamera(75, aspect_ratio, 1,
10000);
var camera = new THREE.OrthographicCamera(
  -width/2, width/2, height/2, -height/2, 1, 10000
);
```

Und da die orthografische Kamera nur in WebGL funktioniert, müssen wir den Renderer wechseln:

```
// Dies zeichnet das, was die Kamera sieht, auf den Bildschirm:
var renderer = new THREE.WebGLRenderer();
```

Jetzt können wir endlich mit dem Programmieren beginnen.

Die Grenzen des Spiels einstellen

Alle Aktionen in diesem Spiel finden auf dem Bildschirm statt. Wir brauchen etwas, um den Avatar *im* Bildschirm zu halten. Wir brauchen Grenzen – vier davon. Da wir viermal dasselbe hinzufügen wollen, erledigen wir das mit einer make-Border()-Funktion. Diese Funktion benutzt x- und y-Positionen, um zu entscheiden, wo die Grenze platziert werden soll. Sie definiert außerdem eine Breite und eine Höhe, um die korrekte Form zu bauen. Fügen wir den folgenden Code unserem Projekt hinzu, und zwar unter der START CODING-Zeile:

```
function makeBorder(x, y, w, h) {
  var border = new Physijs.BoxMesh(
    new THREE.CubeGeometry(w, h, 100),
    Physijs.createMaterial(
      new THREE.MeshBasicMaterial({color: 0x000000}), 0.2, 1.0
    ),
    0
  );
  border.position.set(x, y, 0);
  return border;
}
```

Dies erzeugt die gleiche Art von physikfähigem Gewebe (Mesh), das wir in Kapitel 15, *Projekt: Das Lila Obstmonster-Spiel*, auf Seite 153 benutzt haben. Beachte, dass die Tiefe der rechteckigen Kästen immer 100 beträgt. Das stellt sicher, dass der Avatar nicht versehentlich vor oder hinter die Grenzen fallen kann.

Die Funktion makeBorder() baut Gewebe. Wir müssen diese Gewebe aber noch der Szene hinzufügen. Füge die linke, rechte, obere und untere Grenze mit den folgenden vier Zeilen hinzu (du musst diese ganzen Freiräume nicht mit einfügen, wenn du nicht willst):

```
scene.add(makeBorder(width/-2, 0, 50, height));
scene.add(makeBorder(width/2, 0, 50, height));
scene.add(makeBorder(0, height/2, width, 50));
scene.add(makeBorder(0, height/-2, width, 50));
```

Nun haben wir vier Grenzen, die den Avatar auf dem Bildschirm halten. Setzen wir jetzt den Avatar dazu.

Beginne mit einem einfachen Avatar

Wir werden in diesem Spiel nur einen einfachen Avatar benutzen. Du kannst hinterher gern einige der Techniken aus Kapitel 15, *Projekt: Das Lila Obstmonster-Spiel*, auf Seite 153 oder Kapitel 12, *Mit Licht und Material arbeiten*, auf Seite 125 anwenden. Es ist aber am besten, einfach zu beginnen und Komplexitäten erst später ins Spiel zu bringen. Das meiste von dem hier haben wir schon einmal gemacht. Wir werden den nächsten Code deshalb schnell abhandeln.

Das Gewebe des Avatars ist ein flacher Zylinder mit einer roten Hülle:

```
var avatar = new Physijs.ConvexMesh(

  new THREE.CylinderGeometry(30, 30, 5, 16),
  Physijs.createMaterial(

    new THREE.MeshBasicMaterial({color:0xbb0000}), 0.2, 0.5
  )
);
```

Da dies eine Physik-Simulation ist, machen wir das Material mit der Zahl 0.2 ein bisschen rutschig (1.0 wäre nur schwer zu bewegen) und mit der Zahl 0.5 ein bisschen hüpfend (1.0 wäre sehr hüpfend).

Dann fügen wir den Avatar der Szene hinzu:

```
avatar.rotation.set(Math.PI/2, 0, 0);
avatar.position.set(0.5 * width/-2, -height/2 + 25 + 30, 0);
scene.add(avatar);
```

```
avatar.setAngularFactor(new THREE.Vector3( 0, 0, 0 )); // nicht drehen
avatar.setLinearFactor(new THREE.Vector3( 1, 1, 0 )); // nur auf der
x- und y-Achse bewegen
```

Wir drehen den Avatar um 90° (Math.PI/2), damit er sich hinstellt und nicht nur so herumliegt. Dann positionieren wir ihn ein wenig links und etwas oberhalb der unteren Grenze (25 ist die halbe Breite der Grenze, und 30 ist die Größe des Avatars). Wie in *Projekt: Das Lila-Obstmonster-Spiel* setzen wir den Winkelfaktor so, dass der Avatar nicht hinfällt, und den linearen Faktor so, dass er sich nur nach oben und unten bewegt (nicht in den Bildschirm hinein oder aus ihm heraus).

Dann wollen wir entscheiden, was wir machen, wenn der Avatar mit etwas zusammenstößt. In den meisten Fällen ist uns das egal. Es spielt keine Rolle, ob der Avatar in eine Wand oder Rampe rennt. Das ist nur wichtig, wenn das Objekt ein Ziel ist:

```
avatar.addEventListener('collision', function(object) {
  if (object.isGoal) gameOver();
});
```

Wir kümmern uns um die Eigenschaft isGoal, wenn wir nachher das Ziel hinzufügen.

Als Nächstes müssen wir die Interaktion mit der Tastatur bearbeiten:

```
document.addEventListener("keydown", function(event) {
  var code = event.keyCode;
  if (code == 37) move(-50); // Linkspfeil
  if (code == 39) move(50); // Rechtspfeil
});
```

Das ist hier nichts Neues. Wir müssen dem Avatar noch sagen, dass er seine Geschwindigkeit um 50 erhöhen soll, wenn die Linkspfeiltaste gedrückt ist:

```
function move(x) {
  var v_y = avatar.getLinearVelocity().y,
      v_x = avatar.getLinearVelocity().x;
  if (Math.abs(v_x + x) > 200) return;
  avatar.setLinearVelocity(
    new THREE.Vector3(v_x + x, v_y, 0)
  );
}
```

Diese move()-Funktion ist ziemlich intelligent. Zuerst stellt sie fest, wie schnell sich der Avatar schon bewegt. Wir müssen wissen, wie schnell sich der Avatar nach links oder rechts bewegt, damit wir die Geschwindigkeit erhöhen oder verringern können (je nachdem, welche Pfeiltaste gedrückt wird). Wir müssen außerdem wissen, wie schnell sich der Avatar nach oben oder unten bewegt, damit wir *das nicht ändern*. Es wäre ziemlich sinnlos, wenn ein fallender Avatar auf einmal aufhört zu fallen.

Außerdem machen wir hier etwas Raffiniertes. Wir richten es so ein, dass der Avatar niemals schneller als 200 werden kann. Die Funktion Math.abs() entfernt das Minusvorzeichen von Zahlen (vielleicht kennst du absolute Zahlen schon aus dem Matheunterricht – das bedeutet abs hier). Mit anderen Worten, Math.abs(-200) ist gleich 200 – genau wie Math.abs(200). Damit können wir sagen: »Falls sich der Avatar mit der Geschwindigkeit -200 (Bewegung nach links) oder 200 (Bewegung nach rechts) bewegt, ändere die Geschwindigkeit nicht.« Der Spieler muss das Spiel mit einer Geschwindigkeit gewinnen, die nicht schneller als 200 ist.

Das war's für den Avatar. Fügen wir jetzt das Ziel hinzu.

Ein zufälliges, unerreichbares Ziel bauen

Stellen wir als Ziel einen grünen Donut her. Vergiss nicht, das normale 3D-Gewebe in das Physik-Gewebe zu wickeln, um Zusammenstöße zu erleichtern.

```
var goal = new Physijs.ConvexMesh(
  new THREE.TorusGeometry(100, 25, 20, 30),
  Physijs.createMaterial(
    new THREE.MeshBasicMaterial({color:0x00bb00})
  ),
  0
);
goal.isGoal = true;
```

Auf der letzten Zeile teilen wir dem Avatar im Prinzip mit, dass dies das Ziel ist. Wir haben die Kollisionserkennung des Avatars so eingerichtet, dass sie diese isGoal-Eigenschaft prüft. Bei keiner anderen Sache in unserem Spiel ist diese Eigenschaft gesetzt, sodass wir sicher sein können, dass der Avatar wirklich das Ziel erreicht hat.

Jetzt machen wir etwas ein bisschen anders: Wir platzieren das Ziel an einen von drei zufälligen Orten. In JavaScript kommt eine Zufallszahl von Math.random(). Es ist eine Zahl zwischen 0 und 1. Falls also die Zufallszahl kleiner ist als 0.33, platzieren wir das Ziel in die linke obere Ecke (width/-2, height/2). Ist die Zufallszahl größer als 0.66, setzen wir das Ziel in die obere rechte Ecke (width/2, height/2). Ansonsten platzieren wir das Ziel in die Mitte der Höhlendecke (0, height/2).

```
function placeGoal() {
  var x = 0,
    rand = Math.random();
  if (rand < 0.33) x = width / -2;
  if (rand > 0.66) x = width / 2;
  goal.position.set(x, height/2, 0);
  scene.add(goal);
}
placeGoal();
```

Wir machen daraus eine Funktion, damit wir es immer wieder aufrufen können. Wenn wir im nächsten Kapitel das Spiel mit weiteren Levels ausstatten, müssen wir placeGoal() immer dann aufrufen, wenn der Spieler ein Level abgeschlossen hat. Das gilt auch, wenn wir eine Möglichkeit zum Zurücksetzen des Spiels hinzufügen.

Wenn du den Code mehrmals aktualisierst, solltest du sehen, dass das Ziel an unterschiedlichen Stellen oben am Bildschirm auftaucht. Natürlich spielt das im Moment noch keine Rolle – der Avatar hat noch keine Möglichkeit, auf dem Bildschirm nach oben zu gelangen!

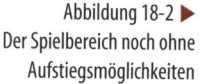
Abbildung 18-2 ▶
Der Spielbereich noch ohne
Aufstiegsmöglichkeiten

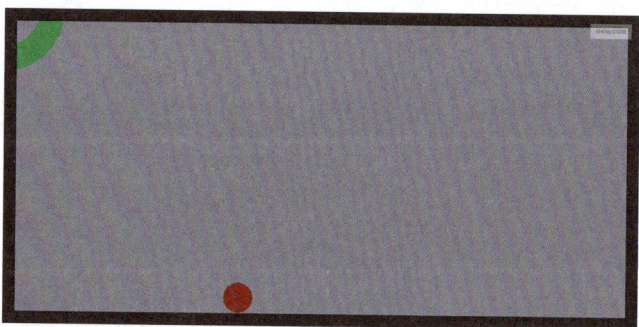

Bieten wir ihm eine solche Möglichkeit.

Verschiebbare Rampen bauen

Es ist ein langer Weg bis zum oberen Teil des Bildschirms. Spieler brauchen wenigstens zwei Rampen, um oben anzukommen. Um zwei Rampen zu bauen, die sich gleich verhalten, aber getrennt sind, müssen wir einige JavaScript-Objekte herstellen. Wir haben das ja schon einmal in Kapitel 17, *Projekt: JavaScript-Objekte kennenlernen*, auf Seite 183 getan.

Zuerst definieren wir unseren Rampenkonstruktor. Da die Konstruktorfunktion Objekte konstruiert, schreiben wir ihren Namen am Anfang groß, also Ramp. Im Konstruktor definieren wir eine Eigenschaft, das Rampengewebe, und rufen drei Methoden auf:

```
function Ramp(x, y) {
  this.mesh = new Physijs.ConvexMesh(
    new THREE.CylinderGeometry(5, height * 0.05, height * 0.25),
    Physijs.createMaterial(
      new THREE.MeshBasicMaterial({color:0x0000cc}), 0.2, 1.0
    ),
    0
  );

  this.move(x, y);
  this.rotate(2*Math.PI*Math.random());
  this.listenForEvents();
}
```

Wir kennen Gewebe (Mesh) inzwischen, sodass wir hier nicht viel sagen müssen. Wie in *Projekt: Das Lila-Obstmonster-Spiel* stellen wir hier ein Physijs-Gewebe her, damit der Avatar die Rampe hinaufeilen kann.

Die drei Methoden, die wir am Ende des Konstruktors aufrufen, helfen uns dabei, eine neue Rampe zu initialisieren. Die Methode this.move() verschiebt die Rampe um den Betrag, der in dem Konstruktor angegeben ist. Wenn wir mit new Ramp(100, 100) eine neue Rampe herstellen, würde this.move(x, y) die Rampe auf die Position X=100, Y=100 bewegen. Als Nächstes drehen wir die Rampe um einen zufälligen Betrag. Zum Schluss teilen wir unserem Rampenobjekt mit, dass es auf Ereignisse lauschen muss. Schauen wir uns diese Methoden nacheinander an.

Die Methode move() erwartet zwei Zahlen als Parameter, die ihr mitteilen, um wie viel die Rampe bewegt werden muss:

```
Ramp.prototype.move = function(x, y) {
  this.mesh.position.x = this.mesh.position.x + x;
  this.mesh.position.y = this.mesh.position.y + y;
  this.mesh._dirtyRotation = true;
  this.mesh._dirtyPosition = true;
};
```

Wenn wir eine Rampe verschieben, setzen wir uns über die Physik hinweg – in einem Augenblick ist die Rampe in der Mitte des Bildschirms, ohne gedreht zu sein, im nächsten kann sie sich an der Position X=100, Y=100 befinden und ist irgendwie gedreht. Immer wenn wir das machen, müssen wir der Physik-Maschinerie sagen, dass wir etwas machen, das nicht mit der Physik konform geht. Deshalb setzen wir __dirtyPosition und __dirtyRotation. Vergiss nicht, dass es wie in Abschnitt »Den Spielball hinzufügen« auf Seite 171 zwei Unterstriche vor den beiden »schmutzigen« Variablen gibt.

Die Methode rotate() ist sehr ähnlich:

```
Ramp.prototype.rotate = function(angle) {
  this.mesh.rotation.z = this.mesh.rotation.z + angle;
  this.mesh.__dirtyRotation = true;
  this.mesh.__dirtyPosition = true;
};
```

Nun kommt die Methode listenForEvents(), in der dann die wirkliche Action stattfindet:

```
Ramp.prototype.listenForEvents = function() {
  var me = this,
      mesh = this.mesh;
  mesh.addEventListener('drag', function(event) {
      me.move(event.x_diff, event.y_diff);
  });

  document.addEventListener('keydown', function(event) {
    if (!mesh.isActive) return;
    if (event.keyCode != 83) return; // S

    me.rotate(0.1);
  });
};
```

Wir starten diese Methode, indem wir this eine neue me-Variable und this.mesh eine neue mesh-Variable zuweisen. Das machen wir vor allem deshalb, weil JavaScript eigenartige Sachen mit this machen kann – vor allem wenn es um Ereignisse geht. JavaScript hat sehr gute Gründe, damit herumzubasteln, aber darum wollen wir uns in diesem Buch nicht kümmern.

Zuerst achten wir auf drag-Ereignisse, die auftreten, wenn der Spieler etwas anklickt und dann zieht. In diesem Fall wird die Rampe um die Beträge event.x_diff und event.y_diff gezogen, und wir sagen der Rampe, dass sie sich selbst mit der move()-Methode verschieben soll, die wir schon hergestellt haben.

Wenn der Spieler nun auf eine Rampe klickt (und sie damit aktiviert) *und* die Taste ⑤ drückt, drehen wir die Rampe ein wenig.

Sowohl das drag-Ereignis als auch die Eigenschaft isActive stammen aus der Mouse.js-Bibliothek, die wir in Abschnitt »Leg los« auf Seite 135 hinzugefügt haben. Ohne diese Bibliothek funktionieren beide nicht.

Das war's! Wir haben jetzt eine Möglichkeit, so viele Rampen herzustellen, wie wir wollen. Jede Rampe, die wir bauen, hat ihr eigenes Gewebe und bewegt sich unabhängig von den anderen Rampen. Um das in Aktion zu sehen, wollen wir zwei Rampen herstellen und ihre Gewebe der Szene hinzufügen:

```
var ramp1 = new Ramp(-width/4, height/4);
scene.add(ramp1.mesh);
var ramp2 = new Ramp(width/4, -height/4);
scene.add(ramp2.mesh);
```

Wenn du die Rampen mit deiner Maus anklickst und ziehst, merkst du, dass du sie über den gesamten Spielbereich bewegen kannst. Klickst du und drückst dann die Taste ⑤, kannst du sie drehen. Es ist sogar möglich, das Spiel zu gewinnen:

◀ Abbildung 18-3
Die Rampen helfen beim
Erreichen des Ziels.

Wir haben jetzt ein Spiel mit ziemlich aufwendigen Elementen. Was uns jetzt noch fehlt, ist das Ende. Beenden wir also dieses Kapitel mit der gameOver()-Funktion.

Das Spiel gewinnen

Am Anfang dieses Kapitels hatten wir zwei <script>-Tags hinzugefügt. Wir nutzten die Mouse.js-Bibliothek, damit unsere Rampen sich bewegen und drehen können. Mit der Scoreboard.js-Bibliothek haben wir noch nichts gemacht. Wir verwenden sie hier, um eine Zeitbegrenzung für das Spiel einzurichten und die Game Over-Nachricht zu senden.

Fügen wir eine Punktetafel hinzu, die einen Timer, einen Countdown von 40, einen Hilfetext sowie eine Anweisung dazu, was gemacht werden soll, wenn das Spiel vorbei ist, enthält:

```
var scoreboard = new Scoreboard();
scoreboard.timer();
scoreboard.countdown(40);
scoreboard.help(
  "Hol dir den grünen Ring. " +
  "Klicke die blauen Rampen an und ziehe sie. " +
  "Klicke die blauen Rampen an und drücke S, um sie zu drehen. " +
  "Die Pfeil-links- und Pfeil-rechts-Tasten bewegen den Spieler. " +
  "Beeil dich!"
);
scoreboard.onTimeExpired(function() {
  scoreboard.setMessage("Das Spiel ist aus!");
  gameOver();
});
```

Wir erledigen hier praktisch alles, was mit Scoreboard.js zu tun hat. Das meiste sind einfache Anweisungen dazu, wie die Punktetafel aussehen soll: Sie sollte den Timer, den Countdown-Zähler und einen Hilfetext zeigen.

Als Letztes kommt für unsere Punktetafel eine Funktion, die beschreibt, was passiert, wenn die Zeit abgelaufen ist – sie gibt auf der Punktetafel die Nachricht Das Spiel ist aus! aus und ruft die Funktion gameOver() auf.

Wir haben diese gameOver()-Funktion schon einmal aufgerufen – und zwar als der Avatar mit dem Ziel zusammengestoßen war. Wir wissen deshalb, dass gameOver() den Fall berücksichtigen muss, dass noch Zeit übrig ist. Das heißt, wenn der Avatar das Ziel erreicht, bevor die Zeit abgelaufen ist, hat der Spieler das Spiel gewonnen. In diesem Fall erscheint auf der Punktetafel die Nachricht Gewonnen!:

```
var pause = false;
function gameOver() {
  if (scoreboard.getTimeRemaining() > 0) scoreboard.
setMessage('Gewonnen!');
  scoreboard.stopCountdown();
```

```
    scoreboard.stopTimer();
    pause = true;
}
```

Wir weisen die Punktetafel außerdem an, ihre Timer zu stoppen.
Und schließlich setzen wir die Variable pause. Wir benutzen pause,
um der Animation und den Physik-Funktionen zu sagen, dass sie
anhalten sollen. Ist in beiden Funktionen jeweils pause == true,
dann kehren wir zurück, bevor sie die Möglichkeit haben, sich
erneut aufzurufen. Ergänze die animate()-Funktion um die Zeile,
die pause überprüft:

```
function animate() {
  if (pause) return;
  requestAnimationFrame(animate);
  renderer.render(scene, camera);
}
animate();
```

Mach dasselbe für die Funktion gameStep():

```
function gameStep() {
  if (pause) return;
  scene.simulate();
  // Die Physik 60 Mal in der Sekunde aktualisieren, damit die
Bewegung gleichmäßig bleibt
  setTimeout(gameStep, 1000/60);
}
gameStep();
```

Falls alles richtig funktioniert und du sehr, sehr gut bist, solltest du
das Spiel nun gewinnen können. Du kannst dann vielleicht sogar
meinen Highscore schlagen!

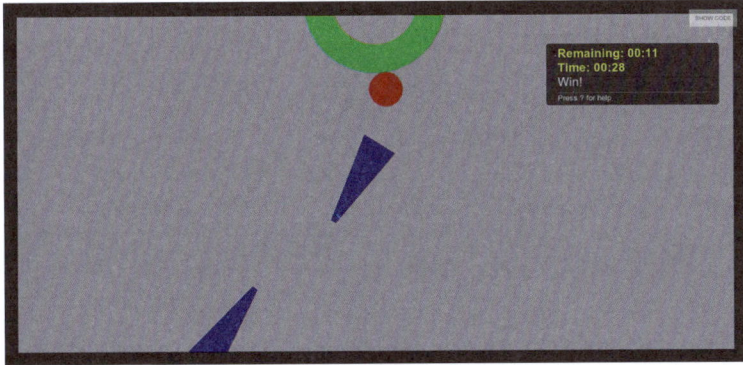

◄ Abbildung 18-4
Der Aufstieg ist geschafft!

Der Code bisher

Möchtest du den Code in diesem Kapitel noch einmal überprüfen, findest du ihn in Abschnitt »Code: Ein Höhlenpuzzle« auf Seite 294.

Wie es weitergeht

Das war schon ziemlich viel Code, aber es hat sich doch gelohnt, oder? Wir haben einen ersten Vorgeschmack von der objektorientierten Programmierung erhalten. Und für unsere Anstrengungen wurden wir mit einem ganz schön coolen Spiel belohnt.

Mit diesem Spiel ist aber noch mehr möglich. Im nächsten Kapitel machen wir daraus etwas mit mehreren Levels. Und mit jedem Level wird das Spiel schwieriger!

PROJEKT: EIN SPIEL MIT MEHREREN LEVELS

19

WENN DU DIESES KAPITEL GELESEN HAST, DANN

⚡ hast du eine Strategie für das Herstellen von Spielen mit mehreren Levels

⚡ verstehst du, wie man Countdown-Zähler zurücksetzt

⚡ kennst du ein Beispiel für das Programmieren zunehmend schwierigerer Spiele

Wenn du dich erst einmal mit dem Höhlenpuzzlespiel angefreundet hast, das wir in Kapitel 18, *Projekt: Ein Höhlenpuzzle*, auf Seite 191 programmiert haben, ist es nicht schwer, dieses Spiel zu gewinnen. Vermutlich wird es dann schnell langweilig, und du möchtest etwas Aufregenderes machen. Als Spieledesigner ist es unsere Aufgabe, Spiele herzustellen, die die Spieler immer weiter zum Spielen animieren. Spiele sollten einfach beginnen und dann immer schwieriger werden (aber nicht unmöglich – es macht keinen Spaß, unmögliche Spiele zu spielen). Mit diesem Wissen wollen wir uns noch einmal die Skizze unseres Spiels aus dem letzten Kapitel anschauen.

◀ Abbildung 19-1
Noch einmal das Höhlenpuzzle als Skizze

Wir sind gar nicht mehr dazu gekommen, die unbeweglichen Hindernisse hinzuzufügen, nicht wahr? Lasst es uns jetzt nachholen – aber erst nachdem der Spieler zum ersten Mal das Ziel erreicht hat.

Leg los

Bevor du mit diesem Spiel beginnst, musst du das Spiel aus dem vorherigen Kapitel durcharbeiten. Hast du das gesamte Spiel bereits abgeschlossen, leg eine Kopie davon an, indem du auf den Menü-Button (die drei Linien) klickst und aus dem Menü den Befehl Make a Copy wählst:

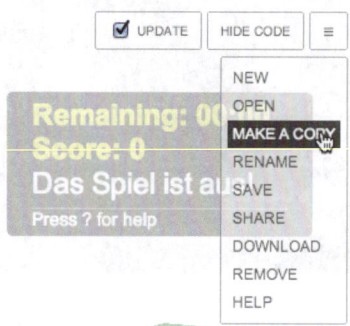

Abbildung 19-2 ▶
Das Projekt startet als Kopie des vorherigen Projekts ...

Wir machen eine Kopie, weil wir ein gutes, funktionierendes Spiel haben, dessen Herstellung eine Weile gedauert hat. Wir können es später immer noch löschen, wenn dieses Spiel hier wirklich großartig geworden ist, aber es schadet nie, eine Kopie zu haben.

Wirf niemals funktionierenden Code weg
Wenn du funktionierenden Code hast, solltest du immer irgendwo eine Kopie davon aufbewahren. Du glaubst vielleicht, dass Deine nächsten Änderungen klein sind und auf keinen Fall etwas kaputt machen können. Es ist jedoch beim Programmieren supereinfach, alles ganz schnell zu zerstören. In diesem Fall ist eine Sicherungskopie, ein sogenanntes Backup, Gold wert. Du kannst dann entweder auf dein Backup zurückgreifen oder deinen neuen Code löschen und von vorn beginnen.

Nachdem du auf Make a Copy geklickt hast, wird der übliche Sichern-Dialog angezeigt. Nenne dieses Spiel Höhlenpuzzle mit mehreren Levels und klicke auf Save.

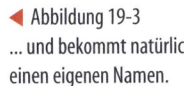
◀ Abbildung 19-3
… und bekommt natürlich
einen eigenen Namen.

Jetzt können wir den Code schreiben – die gesamte Physik sowie die Kameraarbeit haben wir schon im letzten Kapitel erledigt.

Level herstellen

Programmierer haben viele Möglichkeiten, Spieler zwischen den Levels zu bewegen. Man könnte zum Beispiel alles vom Bildschirm entfernen – sogar die Szene selbst –, bevor man auf dem nächsten Level eine völlig neue Szene aufbaut. Damit das funktioniert, muss das Spiel bestimmte Informationen speichern, wie die Anzahl der Punkte, die der Spieler bereits hat, Objekte, die der Spieler vielleicht eingesammelt hat, und bereits abgeschlossene Level. Dieser Ansatz funktioniert auf Konsolen wie der Wii oder der Xbox ganz gut.

Eine andere Methode, den Übergang von einem Level zum nächsten zu organisieren, besteht darin, bestimmte Spielelemente – wie Plattformen und Hindernisse – zu entfernen und herzustellen, während der Rest der Szene unverändert bleibt. Wenn Spiele immer komplizierter werden, lässt sich das nur schwer umsetzen. In diesem Spiel haben wir jedoch nur ein paar Hindernisse, sodass dieser Ansatz prima funktioniert.

Bauen wir ein Levels-Objekt, das diese Informationen aufnimmt. Das geschieht aus einem etwas anderen Grund als dem, weshalb wir im vorherigen Kapitel Objekte eingesetzt haben. Dort verwendeten wir ein Ramp-Objekt, um eine Möglichkeit zu haben, ganz leicht mehrere Rampen herzustellen. Dieses Mal bauen wir ein Levels-Objekt, weil es einfacher ist, es sich als ein einzelnes *Ding* vorzustellen.

Füge den Levels-Code unter dem Code für die Punktetafel, aber vor der animate()-Funktion ein. Erzeuge den Levels-Funktionskonstruktor folgendermaßen, sodass er vier Eigenschaften festlegt:

```
function Levels(scoreboard, scene) {
  this.scoreboard = scoreboard;
  this.scene = scene;
  this.levels = [];
  this.current_level = 0;
}
```

Das `Levels`-Objekt muss über diese Dinge Bescheid wissen, damit es tun kann, was notwendig ist. Es braucht Zugriff auf die Punktetafel, um den Zähler zwischen den Levels zurückzusetzen. Es muss auf die Szene zugreifen können, um Hindernisse zu zeichnen und zu entfernen. Es braucht eine Liste der Dinge auf den unterschiedlichen Levels. Und schließlich muss es das aktuelle Level kennen.

Objekte sollten nur an ihren eigenen Eigenschaften arbeiten

Wir müssen *eigentlich* die `scoreboard`- und `scene`-Objekte nicht in unseren Konstruktor übergeben. Da unser gesamter Code an derselben Stelle steht, ist unser `Levels`-Objekt in der Lage, direkt etwas mit der `scoreboard`-Variablen anzustellen.

Das solltest du jedoch *niemals* tun.

Dafür gibt es zwei Gründe. Erstens sind, falls wir diesen ganzen Code in zwei getrennte JavaScript-Bibliotheken aufteilen, `scoreboard` und `scene` nicht immer in der Bibliothek definiert. Und zweitens wird dein Code dann *sauberer*. Objektorientierte Programmierung ist nicht einfach. Nutze alle Regeln, die dir helfen, Unordnung zu vermeiden. Das ist eine gute Regel.

Nachdem der Konstruktor erledigt ist, wollen wir die Methoden für das `Levels`-Objekt definieren. Zuerst brauchen wir eine Möglichkeit, ein neues Level hinzuzufügen:

```
Levels.prototype.addLevel = function(things_on_this_level) {
  this.levels.push(things_on_this_level);
};
```

Diese Methode nimmt eine Liste der Dinge entgegen, die auf ein neues Level gehören. Auf dieser Liste steht alles, was zu sehen sein muss, wenn der Spieler das Level erreicht. Außerdem ist dort auch alles, was entfernt werden muss, wenn der Spieler das Level abschließt. Wir schieben dies mit push auf die Liste aller Levels.

Nun brauchen wir eine schnelle Methode, mit der wir die Objekte für das aktuelle Level definieren können:

```
Levels.prototype.thingsOnCurrentLevel = function() {
  return this.levels[this.current_level];
};
```

Merk dir, dass Computer beim Zählen gern bei null beginnen. Wenn das aktuelle Level null ist, gibt diese Methode `this.levels[0]` zurück. Das stellt eine andere Möglichkeit dar, den ersten Eintrag in einer Liste zu ermitteln.

Als Nächstes müssen wir das aktuelle Level auf die Szene zeichnen:

```
Levels.prototype.draw = function() {
  var scene = this.scene;
  this.thingsOnCurrentLevel().forEach(function(thing) {
    scene.add(thing);
  });
};
```

Wir benutzen die Methode thingsOnCurrentLevel(), die wir gerade hergestellt haben, um eine Liste der Dinge zu erhalten, die wir zeichnen müssen. Dann sagen wir, dass wir für jedes dieser Dinge eine Funktion ausführen wollen, die das Ding der Szene hinzufügt.

Funktionen können unerwartete Sachen mit this machen

JavaScript-Funktionen können seltsame Dinge mit this anstellen, daher erzeugen wir eine Kopie der scene-Variablen. In Kapitel 17, *Projekt: JavaScript-Objekte kennenlernen*, sahen wir, dass this sich normalerweise auf das aktuelle Objekt bezieht. Das ist wahr außer in Funktionen. Innerhalb einer Funktion wie derjenigen, die wir benutzen, um Dinge zur Szene hinzuzufügen, bezieht sich this auf die Funktion selbst. Um diese Eigenart von JavaScript zu umschiffen, stellen Programmierer üblicherweise eine Kopie von this (oder einer seiner Eigenschaften) her, bevor sie eine Funktion aufrufen.

Wenn wir eine Möglichkeit haben, Objekte zu zeichnen, brauchen wir auch eine Möglichkeit, sie zu löschen:

```
Levels.prototype.erase = function() {
  var scene = this.scene;
  this.thingsOnCurrentLevel().forEach(function(obstacle) {
    scene.remove(obstacle);
  });
};
```

Jetzt kommt das, was Levels interessant macht. Es muss in der Lage sein, *ein Level aufzusteigen*, wenn der Spieler mit einem Level fertig ist. Vorausgesetzt, es gibt noch weitere Levels, wird in diesem Fall das aktuelle Level gelöscht, die aktuelle Level-Nummer erhöht und dann das nächste Level gezeichnet. Zum Schluss müssen wir den Countdown-Zähler zurücksetzen, allerdings mit etwas weniger Zeit.

```
Levels.prototype.levelUp = function() {
  if (!this.hasMoreLevels()) return;
  this.erase();
  this.current_level++;
  this.draw();
  this.scoreboard.resetCountdown(50 - this.current_level * 5);
};
```

Das ist eine hübsche kleine Methode, die genau das macht, was wir wollen. Es ist nicht ganz einfach, Code zu schreiben, der sich wie einfache Anweisungen liest (und manchmal ist es sogar unmöglich). Dennoch sollte man immer danach streben.

Wir sind noch nicht ganz fertig mit dem Levels-Objekt. Zuerst fragt die levelUp()-Methode, ob es noch mehr Levels gibt. Wir müssen diese Methode folgendermaßen hinzufügen:

```
Levels.prototype.hasMoreLevels = function() {
  var last_level = this.levels.length-1;
  return this.current_level < last_level;
};
```

Falls es zwei Level im Spiel gibt, sollte hasMoreLevels() true sein, wenn wir auf dem ersten Level sind, und false, wenn wir auf dem zweiten Level sind. Da JavaScript gern bei null zu zählen beginnt, ist this.current_level auf dem ersten Level null und auf dem zweiten Level eins. Das bedeutet, dass das letzte Level in einem Spiel mit zwei Levels erreicht ist, wenn this.current_level eins ist.

Es kann schwierig sein, von null zu zählen
Manchmal ist es verwirrend, wenn man bei null statt bei eins beginnt. Normalerweise hilft es, wenn man echte Werte einsetzt – vor allem Werte direkt vor und nach dem Ende einer Liste.

Damit haben wir unser Levels-Objekt definiert. Bevor wir versuchen es zu benutzen, füge noch folgende buildObstacle()-Methode hinzu:

```
function buildObstacle(shape_name, x, y) {
  var shape;
  if (shape_name == 'platform') {
    shape = new THREE.CubeGeometry(height/2, height/10, 10);
  } else {
    shape = new THREE.CylinderGeometry(50, 2, height);
  }
  var material = Physijs.createMaterial(
    new THREE.MeshBasicMaterial({color:0x333333}), 0.2, 1.0
  );

  var obstacle = new Physijs.ConvexMesh(shape, material, 0);
  obstacle.position.set(x, y, 0);
  return obstacle;
}
```

Diese Methode stellt zwei unterschiedliche Arten von Hindernissen her – Plattformen und Stalaktiten[1].

Jetzt sind wir bereit, die Levels herzustellen. Lege ein neues Levels-Objekt an und füge die ersten beiden Levels hinzu:

```
var levels = new Levels(scoreboard, scene);
levels.addLevel([]);
levels.addLevel([
    buildObstacle('platform', 0, 0.5 * height/2 * Math.random())
]);
```

Das erste Level ist leer, und im zweiten Level gibt es eine Plattform aus der buildObstacle()-Funktion.

Als Letztes müssen wir diese levelUp()-Methode aufrufen, wenn der Spieler im aktuellen Level ein Ziel erreicht. Suche dazu den Code, der den Kollisions-Event-Listener dem Avatar hinzufügt. Er sollte etwa so aussehen:

```
avatar.addEventListener('collision', function(object) {
    if (object.isGoal) gameOver();
});
```

Lösche diesen Code.

Füge dann unter unserem Levels-Code Folgendes hinzu:

```
avatar.addEventListener('collision', function(object) {
    if (!object.isGoal) return;
    if (!levels.hasMoreLevels()) return gameOver();
    moveGoal();
    levels.levelUp();
});
```

Das ändert den Kollisionscode ein wenig. Wir machen weiterhin nichts, wenn der Avatar mit etwas zusammenstößt, das nicht das Ziel ist (wie etwa Wände, Rampen und Hindernisse).

Wir prüfen außerdem, ob es noch weitere Levels gibt. Gibt es keine weiteren Levels, geben wir die Ergebnisse der gameOver()-Funktion zurück. Sind noch Levels übrig, verschieben wir das Ziel und erhöhen das Level.

---

1 Stalaktiten hängen von der Decke herunter. Stalagmiten sind die Dinger, die von unten nach oben wachsen. Treffen sich die beiden und wachsen zusammen, nennt man sie Stalagnaten.

Hiermit wird das Ziel verschoben (nach einer Pause von zwei Sekunden):

```
function moveGoal() {
  scene.remove(goal);
  setTimeout(placeGoal, 2*1000);
}
```

Das sollte es sein. Wenn du nun das Ziel im ersten Level erreichst, solltest du nicht von einer Gewonnen!-Meldung auf der Punktetafel begrüßt werden, sondern von einem neuen Level mit einem Hindernis im Weg. Wenn du sehr geübt bist, kannst du nach dem zweiten Level gewinnen:

Abbildung 19-4 ▶
Ein Spiel mit Hindernissen

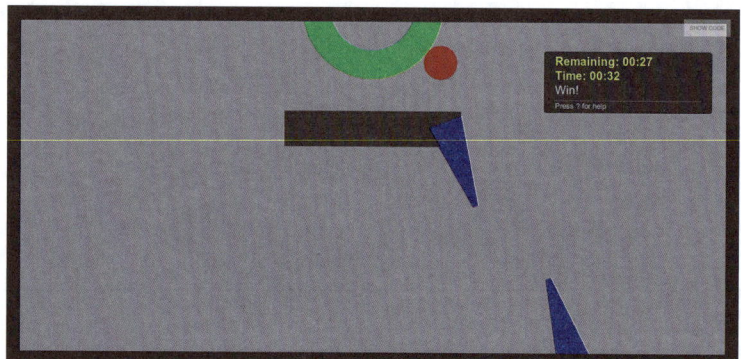

Letzte Hand an das Spiel anlegen

Das Spiel ist schon ganz schön cool. Wir können es aber noch besser machen. Die Erweiterung, die auf der Hand liegt und die wir uns noch offengehalten haben, sind weitere Level. Du kannst nach dem ersten Level und vor dem avatar.addEventListener() Folgendes ausprobieren (und möglicherweise auch noch eigene Levels hinzufügen):

```
levels.addLevel([
  buildObstacle('platform', 0, 0.5 * height/2 * Math.random()),
  buildObstacle('platform', 0, -0.5 * height/2 * Math.random())
]);
levels.addLevel([
  buildObstacle('platform', 0, 0.5 * height/2 * Math.random()),
  buildObstacle('platform', 0, -0.5 * height/2 * Math.random()),
  buildObstacle('stalactite', -0.33 * width, height/2),
  buildObstacle('stalactite', 0.33 * width, height/2)
]);
```

Wir könnten auch einige der Töne aus Kapitel 11, *Projekt: Obstjagd*, auf Seite 113 hinzufügen. Lassen wir zum Beispiel unseren Avatar klicken, wenn er auf etwas trifft, das nicht das Ziel ist, und Gitarre spielen, wenn wir das Ziel erreichen. Füge Folgendes unter avatar.addEventListener() und vor moveGoal() ein:

```
avatar.addEventListener('collision', function(object) {
    if (object.isGoal) Sounds.guitar.play();
    else Sounds.click.play();
});
```

Vergiss nicht, am Anfang die Sounds.js-Bibliothek hinzuzufügen, wenn du Töne einsetzen möchtest:

```
<script src="http://gamingJS.com/Sounds.js"></script>
```

Es gibt alle möglichen Sachen, mit denen du aus diesem Spiel etwas ganz Besonderes machen kannst. Sei kreativ!

Der Code bisher

Falls du den Code aus diesem Kapitel noch einmal überprüfen möchtest, dann vergleiche ihn mit dem Code aus Abschnitt »Code: Ein Spiel mit mehreren Levels« auf Seite 298.

Wie es weitergeht

Der größte Teil der Action in diesem Spiel fand in zwei Dimensionen statt. Sicher, wir nutzten beeindruckende Programmierkenntnisse (und sogar ein bisschen 3D-Programmierung), um dieses Spiel herzustellen. Wir wollen in unserem nächsten Spiel jedoch wieder richtig zur 3D-Programmierung zurückkommen. Im nächsten Kapitel geben wir alles. Also los!

PROJEKT: RAFTING AUF DEM FLUSS

WENN DU DIESES KAPITEL GELESEN HAST, DANN

⚡ hast du ein komplettes 3D-Spiel hergestellt

⚡ kannst du zu Spielen eine Punktewertung hinzufügen

⚡ verstehst du, wie man Formen zu etwas Neuem verbiegt

In unserem letzten Projekt wollen wir ein Fluss-Rafting-Spiel herstellen, in dem der Spieler ein Floß über einen Fluss steuern muss, wobei er Hindernissen ausweicht und nach Möglichkeit Bonuspunkte sammelt. Das Spiel soll in etwa so aussehen wie in dieser Skizze:

◄ Abbildung 20-1
Das Rafting-Spiel als Skizze

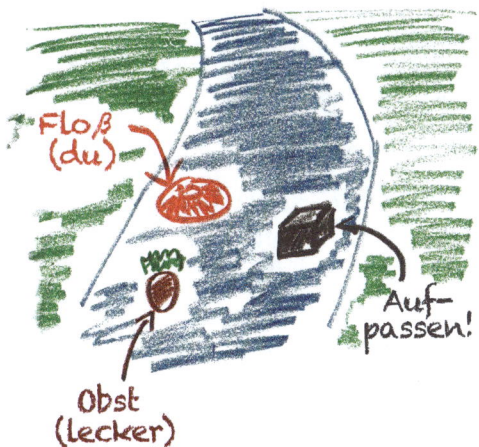

Wir werden außerdem einige eigene Goodies einbauen.

Leg los

Wir beginnen, indem wir ein neues Projekt im ICE Code Editor anlegen. Wir benutzen das Template 3D starter project (with Physics) und nennen das Projekt Fluss-Rafting.

Da wir eine Punktetafel für das neue Spiel haben wollen, fügen wir nach Zeile 4 direkt vor dem einfachen <script>-Tag eine neue Zeile ein:

```
<script src="http://gamingJS.com/Scoreboard.js"></script>
```

Ändern wir nach dem <script>-Tag die Schwerkraft von –100 auf –20:

```
scene.setGravity(new THREE.Vector3( 0, -20, 0 ));
```

Du kannst mit diesem Wert herumexperimentieren, nachdem du das Projekt abgeschlossen hast. Die hier eingestellte Zahl vermittelt allerdings ein realistischeres Gefühl als die ursprünglichen -100.

Ändern wir außerdem die Kameraposition. Es hilft, wenn wir beim Bauen des Spiels aus der Vogelperspektive arbeiten. Wir müssen die Zeile entfernen, die die position der Kamera einstellt – entferne jedoch nicht die nächste Zeile, die die Kamera zur Szene hinzufügt! Ersetze sie durch die folgenden zwei Zeilen:

```
camera.position.set(250, 250, 250);
camera.lookAt(new THREE.Vector3(0, 0, 0));
```

Dies verschiebt die Kamera um 250 nach rechts, oben und vorn. Nach dem Verschieben der Kamera müssen wir sie anweisen, in die Mitte des Bildschirms zu schauen. Das erledigt die zweite Zeile.

Und schließlich müssen wir, da dies ein WebGL-Spiel ist, den CanvasRenderer durch einen WebGLRenderer ersetzen:

```
var renderer = new THREE.WebGLRenderer();
```

Mehr ist oberhalb der START CODING-Zeile im Moment nicht nötig. Kommen wir nun zum restlichen Code und fangen wir an, etwas herzustellen!

Code organisieren

Ein Codekonzept für unser Rafting-Spiel könnte so aussehen:

```
// TIPPE DAS NICHT EIN !!!!
addSunlight();
addScoreboard();
addRiver();
addRaft();
```

Tippe das noch nicht ein – unser Spiel wird ein bisschen anders aussehen. Aber du kannst dir schon einmal eine Vorstellung machen.

Wir benutzen wie im Kapitel 15, *Projekt: Das Lila Obstmonster-Spiel*, auf Seite 153 und im Kapitel 16, *Projekt: Balancierbrett*, auf Seite 167 ein Codekonzept, gehen aber etwas anders vor. Anstatt das Konzept zuerst aufzuschreiben, stellen wir das Codekonzept zur selben Zeit her, zu der wir auch die Funktionen selbst bauen.

Es gibt keine richtige oder falsche Methode, ein Projekt zu beginnen – nimm einfach den Weg, der dir am besten geeignet scheint. Wenn du mit diesem Projekt fertig bist, hast du in diesem Buch verschiedene Ansätze ausprobiert und kannst entscheiden, welchen du in deinem nächsten Projekt nutzen möchtest.

Sonnenlicht hinzufügen

Unser Floß wird herumhüpfen und mit Dingen zusammenstoßen. Das ist lustiger, wenn es Schatten gibt. Für Schatten brauchen wir Licht. Beginnen wir unser Codekonzept direkt unter der START CODING-Zeile mit einem addSunlight()-Aufruf:

```
addSunlight(scene);
```

Das Hinzufügen von Sonnenlicht zu einer Szene ist eine Kunst. Du bist jetzt Programmierer, und deshalb will ich dir hier ein Geheimnis verraten: Wenn Programmierer sagen, dass etwas eher eine Kunst als eine Wissenschaft ist, dann meinen sie in Wirklichkeit, dass sie einfach nur raten. Mit anderen Worten, wir probieren einige Werte aus und spielen mit ihnen herum, bis es unserer Meinung nach gut aussieht. Das Folgende sollte einigermaßen gut aussehen (aber du darfst gern selbst ein bisschen experimentieren!):

```
function addSunlight(scene) {
  var sunlight = new THREE.DirectionalLight();
  sunlight.intensity = 0.5;
  sunlight.castShadow = true;
  sunlight.position.set(250, 250, 250);
  sunlight.shadowCameraNear = 250;
```

```
sunlight.shadowCameraFar = 600;
sunlight.shadowCameraLeft = -200;
sunlight.shadowCameraRight = 200;
sunlight.shadowCameraTop = 200;
sunlight.shadowCameraBottom = -200;
sunlight.shadowMapWidth = 4096;
sunlight.shadowMapHeight = 4096;

    scene.add(sunlight);
}
```

Das scheint eine ganze Menge Code für so ein einfaches Licht zu sein. Das meiste davon hat mit der Kunst der 3D-Programmierung zu tun. Im ehrlich zu sein, sind nur die ersten beiden Zeilen *wirklich* notwendig. Sie sagen dem Licht, nicht zu hell zu leuchten (intensity = 0.5) und Schatten zu werfen (castShadows = true).

Was machen also die restlichen Zeilen? Nun, die verbleibenden Zahlen helfen dabei, hübsch aussehende Schatten herzustellen, ohne dass der Computer zu schwer dafür arbeiten muss. Du kannst zum nächsten Abschnitt springen, falls dich die Details nicht interessieren.

Das Hinzufügen eines gerichteten Lichts zu einer Szene ist, als würde man die Sonne an den Himmel setzen. Die Position, die wir einem gerichteten Licht in einer Szene geben, beschreibt die Lage der Sonne am Himmel. Hier ist es 250 nach rechts, 250 nach vorn und 250 über der Mitte der Szene. Wenn also dieses gerichtete Licht nach unten scheint, fallen Schatten nach links, nach hinten und nach unten auf den Boden.

Wir hätten für jede dieser Zahlen 1 benutzen können, und die Wirkung wäre die gleiche gewesen. Die Sonne würde aus derselben Richtung am Himmel herunterstrahlen (rechts vorn oben). Wir verwendeten 250 nicht, damit die »Sonne« weit weg ist, sondern weil sich bei Verschieben der Position des Lichts an eine entfernte Stelle die *Schattenbox* des Lichts verschiebt.

Die Position eines gerichteten Lichts beschreibt nicht nur die Lage des gerichteten Lichts am Himmel, sondern liefert auch einen Startpunkt für die Schattenbox. Für den Computer würde es zu viel Arbeit bedeuten, wenn er versuchen würde, überall in einer Szene Schatten zu zeichnen. Die Schattenbox ist ein Bereich innerhalb einer Szene, in der Schatten gezeichnet werden. Die Box beginnt an der Position des gerichteten Lichts.

Die verbleibenden Eigenschaften in der Funktion `addSunlight()` beschreiben die Schattenbox für dieses Spiel. Die Eigenschaft `shadowCameraNear` gibt an, in welcher Entfernung vom Licht wir Schatten auftauchen lassen wollen. In diesem Fall brauchen wir Schatten erst bei einer Entfernung des Lichts von der Kamera von 200. Durch das Setzen von `shadowCameraFar` auf 600 sagen wir der Kamera, dass sie mit dem Zeichnen der Schatten aufhören kann, wenn eine Entfernung von 600 erreicht ist. Die Dicke der Box beträgt also 400, was dem Computer hilft, weil er weniger Arbeit beim Herstellen der Schatten hat, sodass ihm mehr Zeit für wichtigere Aufgaben bleibt.

Die Eigenschaften `shadowCameraLeft`, `shadowCameraRight`, `shadowCameraTop` und `shadowCameraBottom` beschreiben, wie breit und lang die Schattenbox sein soll. All diese Werte haben wir durch Ausprobieren ermittelt. Du kannst hier selbst herumspielen, nachdem du das Spiel fertig programmiert hast.

Die letzten beiden Werte, `shadowMapWidth` und `shadowMapHeight`, beschreiben, wie viele Details wir in den Schatten sehen wollen. Größere Zahlen bedeuten mehr Details (und mehr Arbeit für den Computer, mach sie deshalb nicht zu groß). Der normale Wert von 512, den wir benutzt hätten, wenn wir diese Eigenschaften nicht gesetzt hätten, ist für unsere Zwecke zu niedrig. Die Schatten wären nur schwer zu sehen gewesen. Der Wert 4096 wurde durch Kunst ermittelt, sprich: durch wildes Herumexperimentieren.

Nachdem wir nun Licht in unser Rafting-Spiel gebracht haben, wollen wir uns einer anderen wichtigen Sache zuwenden: der Punktetafel zum Festhalten unserer Ergebnisse.

Punkte zählen

Wir benutzen eine ähnliche Punktetafel wie in Kapitel 15, *Projekt: Das Lila Obstmonster-Spiel,* und Kapitel 18, *Projekt: Ein Höhlenpuzzle.* Zuerst fügen wir unserem Codekonzept eine zweite Zeile hinzu:

```
addSunlight(scene);
var scoreboard = addScoreboard();
```

Anschließend kommt folgende Funktionsdefinition unter die Funktion `addSunlight()`:

```
function addScoreboard() {
  var scoreboard = new Scoreboard();
  scoreboard.score(0);
  scoreboard.timer();
  scoreboard.help(
    'Links-/Rechtspfeil zum Drehen. ' +
    'Leertaste zum Vorwärtsbewegen.'
  );
  return scoreboard;
}
```

Diesen Scoreboard-Code haben wir schon einmal gesehen. Wir konstruieren ein neues Scoreboard-Objekt mit einem Timer und einem Hilfetext und starten die Punktezählung bei null.

Während wir das tun, sollten wir immer an unser Codekonzept denken. Wir haben jetzt ein Konzept mit addSunlight(), gefolgt von addScoreboard(). Unter dem Codekonzept haben wir die Funktion addSunlight() hinzugefügt, gefolgt von der Funktion addScoreboard(). Wir werden auch weiterhin Dinge auf diese Weise zum Konzept und zu den Funktionsdefinitionen hinzufügen, damit sie immer leicht zu finden sind.

Nachdem wir diese zwei Funktionen geschafft haben, können wir uns jetzt der wirklich coolen 3D-Programmierung zuwenden.

Formen verzerren, um einmalige Dinge herzustellen

Bisher haben wir es in diesem Buch geschafft, interessante Spiele herzustellen, indem wir Grundformen miteinander kombiniert haben. Oft reicht das für einzigartige und anspruchsvolle Spiele. Manchmal aber müssen wir die 3D-Programmierung noch ein wenig weiter treiben, um wirklich interessante Formen und Landschaften zu erhalten. Wir werden das für den Fluss in unserem Spiel machen.

Wir wollen unseren Fluss aus nur zwei Teilen herstellen: Land und Wasser. Unser Land ist eine flache Ebene. Das Wasser wird ebenfalls eine flache Ebene sein, die ein wenig tiefer als das Land liegt. Um den Fluss zu erzeugen, ziehen wir Teile des Landes unter das Wasser. Das ist eine sehr mächtige Technik in der 3D-Animation, die dank der Gesetze der Physik sogar noch mächtiger wird. Fangen wir an.

Füge die Funktion `addRiver()` am Ende unseres Codekonzepts hinzu, sodass das Konzept jetzt so aussieht:

```
addSunlight(scene);
var scoreboard = addScoreboard();
var river = addRiver(scene);
```

In die `addRiver()`-Funktion (deren Code wir unter die `addScoreboard()`-Funktion setzen) schreiben wir ein weiteres Codekonzept. Dieses Codekonzept beschreibt, wie der Fluss entsteht:

```
function addRiver(scene) {
  var ground = makeGround(500);
  addWater(ground, 500);
  addLid(ground, 500);
  scene.add(ground);

  return ground;
}
```

Der Code ruft nun drei Funktionen auf, die nicht existieren, weil wir sie noch nicht geschrieben haben. Das erzeugt in der Java-Script-Konsole Fehlermeldungen und, was noch wichtiger ist, stört unseren Code so, dass auf dem ICE-Code-Editor-Bildschirm nichts auftaucht. Um das zu vermeiden, füge die folgenden *Skelett*-Funktionen hinzu:

```
function makeGround(size) {
}
function addWater(ground, size) {
}
function addLid(ground, size) {
}
```

Diese Funktionen machen nichts, wenn sie aufgerufen werden. Da sie aber definiert sind, gibt es keine Fehler, und unser Code läuft wieder.

Jede dieser Funktionen fügt flache Ebenen unserer Spielewelt hinzu. Das einzig Komplizierte hier ist der Boden, da wir Teile davon nach unten ziehen müssen, um das Flusswasser hervorzuholen. Der Deckel (*Lid*), der mit der letzten Funktion gezeichnet wird, stellt eine unsichtbare Barriere dar, damit unser Floß nicht aus dem Fluss springt.

Beginnen wir mit der `makeGround()`-Funktion:

```
function makeGround(size) {
  var faces = 100;
  var shape = new THREE.PlaneGeometry(size, size, faces, faces);
  var cover = Physijs.createMaterial(
    new THREE.MeshPhongMaterial({
      emissive: new THREE.Color(0x339933), // ein bisschen Grün
      specular: new THREE.Color(0x333333) // Dunkelgrau/nicht glänzend
    }),
    1, // starke Reibung (schwer zu bewegen)
    0.1 // nicht sehr elastisch
  );
  var ground = new Physijs.HeightfieldMesh(
    shape, cover, 0
  );
  ground.rotation.set(-Math.PI/2, 0.2, Math.PI/2);
  ground.receiveShadow = true;
  ground.castShadow = true;
  return ground;
}
```

Dies erzeugt eine flache, grüne Ebene. (Du musst auch hier die Kommentare nicht eintippen, die im Code stehen, allerdings könnten sie dir später helfen, wenn du herausbekommen willst, was hier eigentlich passiert.)

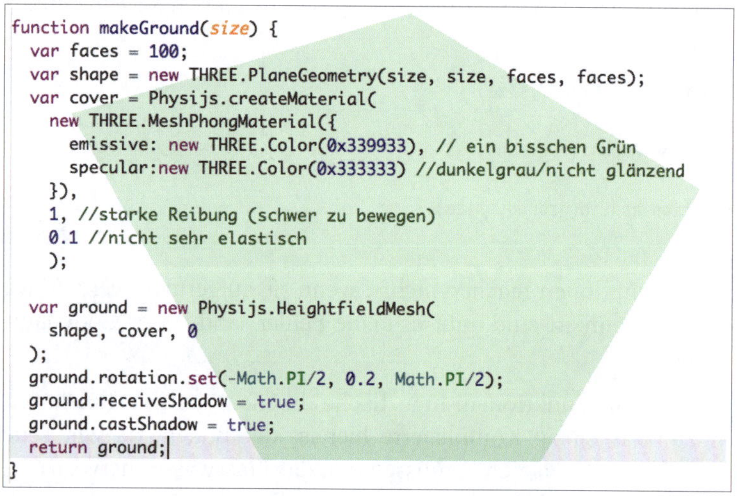

Abbildung 20-2 ▶
Die Ebene, durch die sich der Fluss
schlängeln soll, mit ihrem Code

```
function makeGround(size) {
  var faces = 100;
  var shape = new THREE.PlaneGeometry(size, size, faces, faces);
  var cover = Physijs.createMaterial(
    new THREE.MeshPhongMaterial({
      emissive: new THREE.Color(0x339933), // ein bisschen Grün
      specular:new THREE.Color(0x333333) //dunkelgrau/nicht glänzend
    }),
    1, //starke Reibung (schwer zu bewegen)
    0.1 //nicht sehr elastisch
    );

  var ground = new Physijs.HeightfieldMesh(
    shape, cover, 0
  );
  ground.rotation.set(-Math.PI/2, 0.2, Math.PI/2);
  ground.receiveShadow = true;
  ground.castShadow = true;
  return ground;
}
```

Auf den ersten Blick sieht das fast aus wie die Gewebe (Mesh), die wir seit Kapitel 1, *Projekt: Einfache Formen herstellen*, auf Seite 1 erzeugen. Bei näherem Hinsehen jedoch wirst du einige Unterschiede bemerken.

Erstens haben wir eine flache Ebene mit 100 Oberflächen (Quadraten). Wir wollen viele Oberflächen (sogenannte faces) haben, damit beim Herunterziehen einer der Oberflächen nicht die ganze Ebene mitkommt – nur ein winziger Teil davon. Der meiste andere Code in der Funktion ist Kram, den wir bereits gesehen haben – es wird mit `Physijs.createMaterial()` ein physisches Material hergestellt und dem Gewebe gesagt, dass es Schatten sowohl werfen als auch empfangen kann.

Neu in diesem Codeblock ist etwas, das als *Höhenfeld-Gewebe (Height Field Mesh)* bezeichnet wird. Dieses erlaubt der Physik-Engine, mit Formen zu arbeiten, die verzerrt sind (dazu kommen wir gleich). Anders ist hier außerdem, dass wir dieses Gewebe in drei Richtungen drehen müssen. Die beiden 90°-Drehungen (`Math.PI/2`) sind eigentlich nicht besonders überraschend – sie legen den Boden flach hin, anstatt ihn aufrecht stehen zu lassen. Die leichte Drehung um `0.2` ist ein schlauer Trick, damit es so aussieht, als würde der Fluss das Floß schieben. So wie ein Ball einen Hügel hinunterrollt, rutscht unser Floß den Fluss hinab. Die Spieler müssen nicht wissen, dass ein Hügel unser Floß in Bewegung setzt – sie dürfen gern glauben, es sei der Fluss.

Natürlich haben wir noch keinen Fluss, geschweige denn ein Floß, das wir den Fluss hinunterschicken können. Das wollen wir jetzt ändern. Wir müssen zwei Zeilen zu `makeGround()` hinzufügen, um den Fluss *auszugraben*. Die erste Zeile ruft eine Funktion auf, um das eigentliche Ausgraben zu erledigen, und die andere fügt dem Bodengewebe die Liste der Punkte im Fluss hinzu. Wir fügen nun die folgende Zeile direkt unter der Zeile ein, die die Bodenform herstellt:

```
var river_points = digRiver(shape, faces + 1);
```

Dann fügen wir die folgenden Punkte hinter den Schatteneigenschaften des Bodens hinzu:

```
ground.river_points = river_points;
```

Die gesamte `makeGround()`-Funktion sollte jetzt so aussehen:

```
function makeGround(size) {
  var faces = 100;
  var shape = new THREE.PlaneGeometry(size, size, faces, faces);
  var river_points = digRiver(shape, faces + 1);

  var cover = Physijs.createMaterial(
    new THREE.MeshPhongMaterial({
```

```
        emissive: new THREE.Color(0x339933), // ein bisschen Grün
        specular: new THREE.Color(0x333333) // Dunkelgrau / nicht
glänzend
    }),
    1,  // starke Reibung (schwer zu bewegen)
    0.1 // nicht sehr elastisch
);

var ground = new Physijs.HeightfieldMesh(
  shape, cover, 0
);
ground.rotation.set(-Math.PI/2, 0.2, -Math.PI/2);
ground.receiveShadow = true;
ground.castShadow = true;
ground.river_points = river_points;

return ground;
}
```

Kannst du sehen, wo das Problem liegt? Richtig – es lässt unseren Code abstürzen, weil wir die Funktion `digRiver()` noch nicht definiert haben. Das machen wir gleich.

An den Ecken ziehen

Wir graben unseren Fluss, indem wir hinter der Funktion make-Ground() den folgenden Code eingeben:

```
function digRiver(shape, size) {
  var center_points = [];
  for (var row=0; row<size; row++) {
    var center = Math.sin(4*Math.PI*row/size);
    center = center * 0.1 * size;
    center = Math.floor(center + size/2);
    center = row*size + center;

    for (var distance=0; distance<12; distance++) {
      shape.vertices[center + distance].z = -5 * (12 - distance);
      shape.vertices[center - distance].z = -5 * (12 - distance);
    }

    center_points.push(shape.vertices[center]);
  }
  shape.computeFaceNormals();
  shape.computeVertexNormals();
  return center_points;
}
```

Die Hauptaufgabe dieser Funktion besteht darin, die Mitte des Flusses zu finden, damit diese und die sie umgebenden Punkte *nach unten gezogen* werden können. Wir ziehen die Eckpunkte einer Form nach unten, indem wir für die z-Eigenschaft einen negativen Wert einstellen.

In der vorhergehenden Funktion haben wir die gesamte Ebene Reihe für Reihe abgearbeitet. Die erste for-Schleife setzt die Variable row auf null und stellt dann fest, wo für diese Reihe die Mitte des Flusses sein soll. Aus Kapitel 6, *Projekt: Hände und Füße bewegen*, auf Seite 67 wissen wir bereits, dass Math.sin() einen schönen gewundenen Pfad erzeugt, sodass wir diese mathematische Funktion hier erneut einsetzen.

Die vier Zeilen, die die Mitte (center) berechnen und dann erneut berechnen, stellen fest, wie viele Kurven es geben soll, wie weit die Krümmungen von der Mitte entfernt sind, wo dieser Punkt in der aktuellen Reihe liegt und wo er sich in der gesamten Liste der Ecken befindet. Du solltest mit 4 in der ersten Zeile von center und mit 0.1 in der zweiten Zeile experimentieren. Falls du es in der Schule bereits einmal mit Trigonometrie zu tun hattest, weißt du, dass diese Zahlen die *Frequenz* und die *Amplitude* der *Sinuswelle* repräsentieren. Aber vor allem macht es Spaß, damit herumzuspielen.

Wir graben in jeder Reihe einen Graben und kombinieren diese dann, um den Fluss zu bilden. Wir beginnen jeweils am Mittelpunkt und arbeiten uns dann zu zehn Ecken an jeder Seite vor (plus und minus den Abstand). Zuletzt speichern wir den mittleren Punkt, falls wir ihn später noch einmal benutzen möchten, um irgendwelches Zeug auf den Fluss zu packen.

Nachdem aus allen Reihen ein Teil ausgegraben wurde, müssen wir die *Normalen* neu berechnen. 3D-Renderer bemühen sich sehr, einen Überblick über die Richtung zu behalten, in die Oberflächen und deren Ecken weisen. Diese Richtung wird als Normale bezeichnet und hilft beim Ausleuchten und Schattieren. Wir müssen uns nicht besonders darum kümmern, wie die Normalen funktionieren, sollten aber dem Renderer sagen, dass wir sie geändert haben. Dazu weisen wir die Form an, computeFaceNormals() und computeVertexNormals() auszuführen.

Damit haben wir einen Graben, durch den der Fluss fließen kann (siehe Abbildung 20-3).

Jetzt fügen wir den eigentlichen Fluss hinzu.

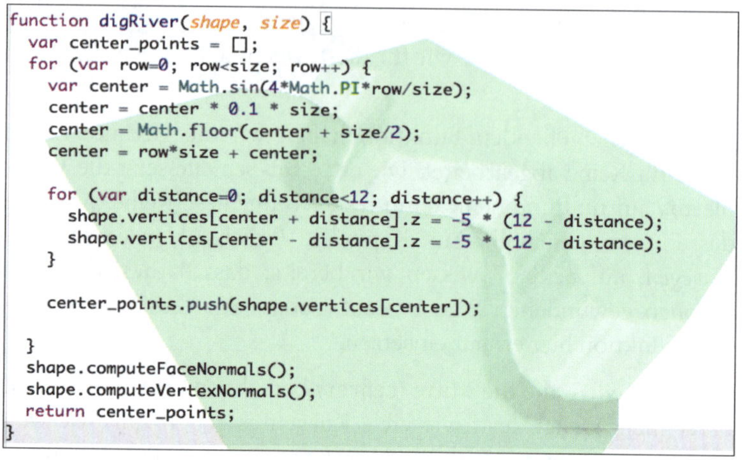

Abbildung 20-3 ▶
Das Flussbett

```javascript
function digRiver(shape, size) {
  var center_points = [];
  for (var row=0; row<size; row++) {
    var center = Math.sin(4*Math.PI*row/size);
    center = center * 0.1 * size;
    center = Math.floor(center + size/2);
    center = row*size + center;

    for (var distance=0; distance<12; distance++) {
      shape.vertices[center + distance].z = -5 * (12 - distance);
      shape.vertices[center - distance].z = -5 * (12 - distance);
    }

    center_points.push(shape.vertices[center]);

  }
  shape.computeFaceNormals();
  shape.computeVertexNormals();
  return center_points;
}
```

Das Auge austricksen

Es ist für uns ziemlich einfach, das Flusswasser sowie den Deckel, um das Floß im Fluss zu halten, hinzuzufügen. Wir brauchen zwei Ebenen – eine für das Wasser, die blau sein wird, und eine für den Deckel, die wir unsichtbar machen. Wir haben bereits leere addWater()- und addLid()-Funktionen, die nur definiert werden müssen. Mit den folgenden Zeilen zeichnen wir das Wasser:

```javascript
function addWater(ground, size) {
  var water = new Physijs.ConvexMesh(
    new THREE.CubeGeometry(1.4*size, 1.4*size, 10),
    Physijs.createMaterial(
      new THREE.MeshBasicMaterial({color: 0x0000bb}),
      0, // Keine Reibung (glatt wie Eis)
      0.01 // Nicht sehr elastisch
    ),
    0 // Niemals bewegen
  );
  water.position.z = -20;
  water.receiveShadow = true;
  ground.add(water);
}
```

Wir sind mit dem Ganzen schon vertraut, obwohl einige Dinge erwähnt werden sollten. Wir benutzen einen Würfel anstelle einer Ebene, damit es nicht so leicht ist, versehentlich durch das Wasser hindurchzufallen. Physik-Engines sind cool, aber nicht perfekt.

Wenn das Wasser eine gewisse Dicke bekommt, treten solche Fehler seltener auf.

Das Wasser ist 1,4-mal größer als der Boden, damit das Floß nicht versehentlich aus der Welt fällt, wenn es die Ziellinie erreicht. Außerdem ändern wir die z-Position anstelle der üblichen y-Position, um uns nach oben und unten zu bewegen. Das machen wir, weil wir den Boden gedreht hatten, als wir ihn der Szene hinzufügten.

Damit haben wir nun einen cool aussehenden Fluss, der sich durch das Land schlängelt:

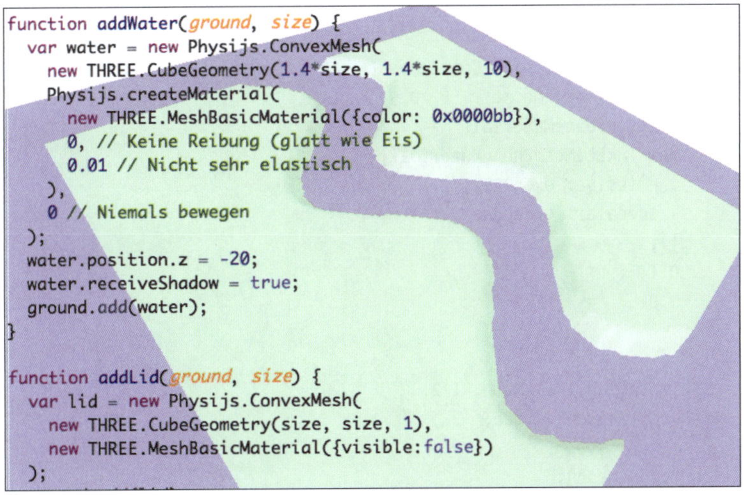

◀ Abbildung 20-4
Jetzt mit Wasser

Schließlich definieren wir die Funktion für den Deckel:

```
function addLid(ground, size) {
  var lid = new Physijs.ConvexMesh(
    new THREE.CubeGeometry(size, size, 1),
    new THREE.MeshBasicMaterial({visible:false})
  );
  ground.add(lid);
}
```

Dieser unsichtbare Deckel ist eine einfache Ergänzung, die verhindert, dass unser Floß aus dem Fluss springt. Apropos Floß – dazu kommen wir jetzt.

Ein Floß für das Rennen bauen

Als Form für unser Floß eignet sich ein Donut ganz hervorragend.
Füge den Aufruf für addRaft() zum Codekonzept am Anfang hinzu:

```
addSunlight(scene);
var scoreboard = addScoreboard();
var river = addRiver(scene);
var raft = addRaft(scene);
```

Dann beginnen wir hinter dem letzten Flusscode, bei dem es sich
um addLid() handeln sollte, mit addRaft():

```
function addRaft(scene) {
  var mesh = new Physijs.ConvexMesh(
    new THREE.TorusGeometry(2, 0.5, 8, 20),
    Physijs.createMaterial(
      new THREE.MeshPhongMaterial({
        emissive: 0xcc2222,
        specular: 0xeeeeee
      }),
      0.1,
      0.01
    )
  );
  mesh.rotation.x = -Math.PI/2;
  mesh.castShadow = true;

  scene.add(mesh);
  mesh.setAngularFactor(new THREE.Vector3(0, 0, 0));

  var rudder = new THREE.Mesh(
    new THREE.SphereGeometry(0.5),
    new THREE.MeshBasicMaterial({color: 0x000099})
  );
  rudder.position.set(3, 0, 0);
  mesh.add(rudder);

  return mesh;
}
```

Inzwischen kennen wir diesen Code. Wir bauen das Floß aus zwei
Formen: einem Ring (Torus) und einer Kugel. Die Kugel ist ein
winziger Punkt, den wir vorn am Floß anbringen, damit wir wissen,
in welche Richtung das Floß weist.

Das Floß wurde an dieser Stelle zur Szene hinzugefügt, befindet
sich aber nicht am Anfang des Flusses. Wir werden das im nächsten
Teil unseres Codes ändern.

Das Spiel zurücksetzen

Bisher haben wir in unserem Codekonzept drei Variablen für score-board, river und raft. Alle drei wurden bereits der Szene hinzugefügt, sodass nicht mehr viel mit ihnen zu machen ist – allerdings müssen sie noch für den Spielbeginn vorbereitet werden.

Das Starten eines Spiels ist nicht immer genau dasselbe wie das Zurücksetzen eines Spiels. In unserem Fall ist es das aber. Fügen wir deshalb eine weitere Funktion namens startGame() zum Codekonzept hinzu:

```
addSunlight(scene);
var scoreboard = addScoreboard();
var river = addRiver(scene);
var raft = addRaft(scene);
startGame(raft, river, scoreboard);
```

Unter addRaft() tippen wir Folgendes ein:

```
function startGame(raft, river, scoreboard) {
  var start = river.river_points[100];
  raft.__dirtyPosition = true;
  raft.position.set(start.y, start.z + 100, 0);
  raft.setLinearVelocity(new THREE.Vector3());
  scoreboard.resetTimer();
  scoreboard.score(0);
  updateCamera();
  camera.lookAt(new THREE.Vector3(start.y, 0, 0));
}
```

Vergiss nicht, dass __dirtyPosition mit zwei Unterstrichen beginnt!

Der Code in dieser Funktion muss sich sowohl zum Starten als auch zum Zurücksetzen des Spiels eignen. Der Aufruf setLinear-Velocity() setzt die Geschwindigkeit des Floßes auf null zurück. Würde dies nicht geschehen, würde ein Spieler, der das Spiel mitten im Rennen zurücksetzt, an der Startlinie bereits mit voller Geschwindigkeit losfahren.

Dieser Code bringt nicht nur das Floß zurück an die Startlinie und setzt die Punktetafel zurück, sondern positioniert auch die Kamera neu. Dazu wird diese dann zuerst verschoben und anschließend angewiesen, auf die Startlinie zu schauen. updateCamera() verschiebt die Kamera. Es ist eine neue Funktion, die wir direkt unter der Funktion startGame() unserem Code hinzufügen müssen:

```
function updateCamera() {
  camera.position.set(
    raft.position.x + 75,
    raft.position.y + 40,
    raft.position.z
  );
}
```

Wir erzeugen updateCamera() als separate Funktion, damit animate() sie jedes Mal aufrufen kann, wenn die Szene aktualisiert wird. Einen Aufruf für updateCamera() setzen wir in animate() direkt über die Zeile mit renderer.render():

```
function animate() {
  requestAnimationFrame(animate);

  updateCamera();
  renderer.render(scene, camera);
}
animate();
```

Das sorgt dafür, dass sich die Kamera immer, wenn die Szene gerendert, also dargestellt wird, vor dem Floß befindet.

Jetzt solltest du ein Floß haben, das sich den Fluss hinunterbewegt. Während des gesamten Wegs wird es von der Kamera beobachtet. Natürlich ist das Ganze ohne Steuerelemente relativ sinnlos.

Der folgende Tastatur-Listener und die beiden Funktionen, die du gleich siehst, geben dem Spiel einige einfache Steuermöglichkeiten. Füge alles ganz am Ende deines Codes hinzu (vor dem letzten </script>-Tag).

```
document.addEventListener("keydown", function(event) {
  var code = event.keyCode;
  if (code == 32) pushRaft(); // Leertaste
  if (code == 37) rotateRaft(-1); // links
  if (code == 39) rotateRaft(1); // rechts
  if (code == 82) startGame(raft, river, scoreboard); // R
});

function pushRaft() {
  var angle = raft.rotation.z;

  raft.applyCentralForce(
    new THREE.Vector3(
      500 * Math.cos(angle),
      0,
```

```
      -500 * Math.sin(angle)
    )
  );
}

function rotateRaft(direction) {
  raft.__dirtyRotation = true;
  raft.rotation.z = raft.rotation.z + direction * Math.PI/10;
}
```

Uns sind inzwischen schon oft Tastatur-Listener begegnet, sodass document.addEventListener() dir vertraut sein sollte. Die Funktion pushRaft() nutzt eine neue Methode für Physik-Objekte: applyCentralForce(). Im Prinzip ist das nur eine andere Möglichkeit zu sagen: »Schiebe ein Ding in der Mitte und nicht am Rand.« Auch die Drehung einschließlich __dirtyRotation sollte dir bekannt vorkommen – wir haben das zuletzt in Kapitel 18, *Projekt: Ein Höhlenpuzzle*, auf Seite 191 gesehen.

Damit haben wir die Grundbausteine eines ziemlich coolen Spiels beisammen! Die Links- und Rechtspfeiltasten drehen das Floß, und die ⃞Leertaste schiebt das Floß in die Richtung, in die es schaut.

Wir können mit diesem Spiel aber noch viel mehr machen. Wir werden eine einfache Punktezählung hinzufügen und ein oder zwei Hindernisse im Fluss platzieren.

Die Ziellinie einrichten

Irgendwann erreicht das Floß die Ziellinie. Und dann fährt es einfach weiter. Und weiter. Lass uns doch lieber das Spiel anhalten, damit die Spieler einen Moment innehalten und ihren Punktestand bewundern können, bevor sie es noch einmal probieren. Wir müssen an vier Stellen Änderungen vornehmen: in unserem Codekonzept und in startGame(), animate() sowie in gameStep().

Beginnen wir mit dem Codekonzept. Vor dem Aufruf für die Funktion startGame() müssen wir eine Zeile für die Variable paused einfügen:

```
var paused;
startGame(raft, river, scoreboard);
```

Andere Funktionen benutzen diese Variable, damit sie entscheiden können, ob sie das Spiel animieren oder aktualisieren müssen. JavaScript ist ziemlich verkrampft im Hinblick darauf, wann Variablen deklariert werden. Die Faustregel besagt, dass Variablen deklariert werden müssen, bevor sie benutzt werden. Die Variable paused wird eingesetzt, wenn startGame(), animate() und gameStep() aufgerufen werden. Deshalb deklarieren wir sie, bevor wir eine dieser Funktionen aufrufen.

Das erste Mal setzen wir paused in der Funktion startGame(). Wenn das Spiel gestartet wird, was genau das ist, was startGame() macht, sollte das Spiel natürlich nicht anhalten. Deshalb setzen wir paused am Ende von startGame() auf false:

```
function startGame(raft, river, scoreboard) {
  var start = river.river_points[100];
  raft._dirtyPosition = true;
  raft.position.set(start.y, start.z + 100, 0);
  raft.setLinearVelocity(new THREE.Vector3());

  scoreboard.resetTimer();
  scoreboard.score(0);
  scoreboard.message('');

  updateCamera();
  camera.lookAt(new THREE.Vector3(start.y, 0, 0));
  paused = false;
}
```

Anschließend sagen wir der animate()-Funktion, dass sie die Szene nicht rendern muss, wenn das Spiel pausiert. Das heißt, falls paused (pausiert) auf true gesetzt ist, verlassen wir die animate()-Funktion, bevor wir die Kamera aktualisieren oder die Szene rendern:

```
function animate() {
  requestAnimationFrame(animate);
  if (paused) return;

  updateCamera();
  renderer.render(scene, camera);
}
```

Wir prüfen paused, *nachdem* wir requestAnimationFrame() aufgerufen haben, damit die Animationsfunktion weiterarbeitet – auch wenn sie gar nichts macht. Wird nun nämlich das Spiel zurückgesetzt und paused auf true gesetzt, läuft die Animation weiter, und der Computer kann die Kamera aktualisieren, ohne dass dies zusätzliche Arbeit verursacht.

Etwas Ähnliches machen wir in der Funktion gameStep(). Wenn das Spiel angehalten wird, verlassen wir die Funktion sofort wieder, ohne einen der üblichen Schritte abzuschließen:

```
function gameStep() {
  // Für eine geschmeidige Bewegung wird die Physik 60 Mal pro Sekunde
aktualisiert
  setTimeout(gameStep, 1000/60);

  if (paused) return;
  checkForGameOver();
  scene.simulate();
}
```

Beachte, dass wir die Reihenfolge der Funktionsaufrufe in game-Step() verändert haben, damit das Pausieren funktioniert. Die Aufrufe scene.simulate() und checkForGameOver() kommen beide nach der if (paused)-Anweisung – es ist nicht sinnvoll, die Physik zu simulieren oder zu prüfen, ob das Spiel vorbei ist, wenn das Spiel gerade pausiert.

Die Funktion checkForGameOver() ist neu. Sie kann direkt hinter der Funktion gameStep() kommen und sollte so aussehen:

```
function checkForGameOver() {
  if (raft.position.x < 250) return;
  paused = true;
  scoreboard.stopTimer();
  scoreboard.message("Geschafft!");
}
```

Wenn die x-Position des Floßes die Ziellinie nicht erreicht hat oder wenn x gleich 250 ist, macht diese Funktion nichts – sie kehrt sofort zurück, und es passiert nichts weiter. Hat das Floß die Ziellinie erreicht, setzen wir paused auf true, damit alle anderen Funktionen anhalten können. Wir stoppen außerdem den Timer der Punktetafel und lassen eine Meldung anzeigen.

Das Spiel sollte am Ende des Flusses anhalten und die Zeit anzeigen, die der Spieler benötigt hat, um das Rennen zu absolvieren. Außerdem sollte die Meldung »Geschafft!« angezeigt werden. Vermutlich kannst du es sogar ziemlich schnell schaffen:

◀ Abbildung 20-5
Das Floß ist am Ziel!

Punkte nach Entfernung sammeln

In manchen Spielen bekommen die Spieler schon dafür Punkte, dass sie es weiter vom Startpunkt geschafft haben. Das Sammeln der Punkte gehört in die Methode gameStep(), weil es zur Spiellogik gehört und nicht zur Animation. Dann würde es nämlich in die animate()-Funktion gehören.

Falls du den Punktestand erhöhen möchtest, während das Floß den Fluss hinunterfährt, setze einen Aufruf für die Funktion update-Score() in gameStep():

```
function gameStep() {
    // Für eine geschmeidige Bewegung wird die Physik 60 Mal pro Sekunde
    aktualisiert
    setTimeout(gameStep, 1000/60);

    if (paused) return;

    updateScore();
    checkForGameOver();
    scene.simulate();
}
```

Aufgrund der Art, wie wir die Flussszene gedreht haben, ändert sich die x-Position des Floßes, während es den Fluss hinunterfährt. Um den Punktestand zu erhöhen, wenn das Floß die nächsten 25 Entfernungseinheiten erreicht, können wir folgenden Code benutzen (der unter die gameStep()-Funktion kommt):

```
var next_x;
function updateScore() {
    if (!next_x) next_x = raft.position.x + 25;
    if (raft.position.x > next_x) {
        scoreboard.addPoints(10);
        next_x = next_x + 25;
    }
}
```

Immer wenn das Floß den nächsten Punkt x erreicht, addiert diese Funktion zehn Punkte zum Punktestand hinzu und berechnet den nächsten x-Bereich, indem sie 25 Einheiten weitergeht.

Eine weitere entfernungsbasierte Punktezählung, die wir hinzufügen können, ist ein Zeitbonus, der gewonnen wird, wenn man die Floßstrecke innerhalb einer bestimmten Zeit beendet. Dazu fügen wir die hier gezeigten letzten drei Zeilen zur checkForGameOver()-Funktion hinzu:

```
function checkForGameOver() {
  if (raft.position.x < 250) return;

  paused = true;
  scoreboard.stopTimer();
  scoreboard.message("Geschafft!");
  if (scoreboard.getTime() < 30) scoreboard.addPoints(100);
  if (scoreboard.getTime() < 25) scoreboard.addPoints(200);
  if (scoreboard.getTime() < 20) scoreboard.addPoints(500);
}
```

Schafft der Spieler die Strecke in weniger als 30 Sekunden, bekommt er 100 Zusatzpunkte. Sind es weniger als 25 Sekunden, bekommt er die 100 Punkte und noch weitere 200 Punkte. Ist der Spieler in weniger als 20 Sekunden fertig, werden die 100 Punkte, die 200 Punkte und noch weitere 500 Punkte vergeben, sodass er insgesamt 800 Punkte zusätzlich gewinnen kann. Kannst du das schaffen?

Extrapunkte

Viele Spiele belohnen einen Spieler für das Einsammeln von Bonusobjekten. Falls auch wir das in unser Floßspiel einbauen wollen, müssen wir zweierlei tun: diese Objekte in den Fluss legen und den Punktestand des Spielers erhöhen, wenn das Floß mit einem dieser Objekte zusammenstößt.

Wir wollen bei jedem Zurücksetzen Objekte zum Spiel hinzufügen. Deshalb muss ein Großteil unserer Arbeit in und nach der start-Game()-Funktion erfolgen. Zuerst aber müssen wir eine Variable deklarieren, die eine Liste aller Objekte im Spiel enthält. Füge sie vor der paused-Variablen und dem ersten Aufruf für startGame() in das Codekonzept ein:

```
var game_items = [];
var paused;
startGame(raft, river, scoreboard);
```

Füge dann in der Definition von startGame() einen Aufruf für reset-Items() hinzu:

```
function startGame(raft, river, scoreboard) {
  var start = river.river_points[100];
  raft.__dirtyPosition = true;
```

```
raft.position.set(start.y, start.z + 100, 0);
raft.setLinearVelocity(new THREE.Vector3());
scoreboard.resetTimer();
scoreboard.score(0);
scoreboard.clearMessage();
updateCamera();
camera.lookAt(new THREE.Vector3(start.y, 0, 0));
resetItems(river, scoreboard);
paused = false;
}
```

Da der Aufruf für resetItems() nach den Kameraänderungen kommt, sollte die Definition der Funktion resetItems() hinter den Kamerafunktionen wie updateCamera() stehen. Die Definition dieser Funktion ist recht einfach. Sie ruft zwei weitere Funktionen auf – eine, um alle vorhandenen Objekte vom Bildschirm zu entfernen, und eine weitere, um neue Objekte zum Bildschirm hinzuzufügen:

```
function resetItems(ground, scoreboard) {
  removeItems();
  addItems(ground, scoreboard);
}
```

Das Entfernen von Objekten aus dem Spiel bedeutet, dass ganz einfach Objekte aus der Szene entfernt werden. Sobald alle Objekte aus der Szene verschwunden sind, können wir für die Liste der Spielobjekte eine leere Liste einstellen:

```
function removeItems() {
  game_items.forEach(function(item) {
    scene.remove(item);
  });
  game_items = [];
}
```

Interessant wird es, wenn es um das Hinzufügen von Objekten zum Fluss geht. Der Boden besitzt immer noch die Eigenschaft river_points. Wir benutzen diese Liste der Punkte, um an einigen Stellen im Fluss zufällig *Bonusobst* abzulegen. Durch die zufällige Platzierung des Obsts wird jedes neue Spiel zu einer frischen Herausforderung für die Spieler.

Allerdings wollen wir die Früchte nicht völlig beliebig ablegen. Würden wir das machen, könnte es passieren, dass zwei Früchte an derselben Stelle landen oder eine Frucht gleich am Start platziert wird.

Erinnere dich daran, dass es am Boden 100 Flächen und 100 Punkte gibt, mit deren Hilfe wir die Mitte des Flusses beschrieben haben. Legen wir doch einfach eine Bonusfrucht wahllos an Flusspunkt 20 und eine weitere ungefähr an Punkt 70. Der folgende Code erledigt das für uns:

```
function addItems(ground, scoreboard) {
  var points = ground.river_points;

  var random20 = Math.floor(20 + 10*Math.random()),
      fruit20 = addFruitPowerUp(points[random20], ground, scoreboard);
  game_items.push(fruit20);

  var random70 = Math.floor(70 + 10*Math.random()),
      fruit70 = addFruitPowerUp(points[random70], ground, scoreboard);
  game_items.push(fruit70);
}
```

Die Hauptaufgabe dieses Codeblocks besteht darin, die Funktion addFruitPowerUp() aufzurufen, die wir gleich bauen werden. Die Elemente fruit20 und fruit70 werden dann auf die Liste aller Spielobjekte geschoben (damit sie später bei Bedarf entfernt werden können).

Die Zahlen random20 und random70 sehen auf den ersten Blick vielleicht ein bisschen kompliziert aus, aber wenn du genau hinschaust, sollten sie sich dir erschließen. Sehen wir uns random20 an, damit du das Ganze besser verstehst. Die Funktion Math.random() generiert eine Zahl zwischen 0 und 1.

- Wenn Math.random() gleich 0 ist, dann ist 10*Math.random() gleich 0, sodass 20 + 10*Math.random() also 20 ergibt.
- Wenn Math.random() gleich 0,5 ist, dann ist 10*Math.random() gleich 5, sodass 20 + 10*Math.random() also 25 ergibt.
- Wenn Math.random() gleich 1 ist, dann ist 10*Math.random() gleich 10, sodass 20 + 10*Math.random() also 30 ergibt.

Da mit anderen Worten Math.random() garantiert zwischen 0 und 1 liegt, erhalten wir garantiert eine Zahl zwischen 20 und 30.

Die Zufallszahlen sind in einen Math.floor()-Funktionsaufruf verpackt. Math.floor() entfernt alles nach dem Dezimalpunkt. Falls Math.random() 0.01 zurückliefert, würde 10*Math.random() die Zahl 0.1 ergeben. Math.floor() entfernt den Dezimalpunkt und alles, was dahinter kommt, sodass wir 0 erhalten.

Die Zufallszahl holt einen Punkt aus der Eigenschaft river_points, um diesen an addFruitPowerUp() zu senden. Diese Funktion macht hauptsächlich Zeug, das wir schon einmal gesehen haben – es baut ein physisches Gewebe, weist einen Event-Listener für Kollisionen hinzu und setzt die gelbe Frucht in die Szene:

```
function addFruitPowerUp(location, ground, scoreboard) {
  var mesh = new Physijs.ConvexMesh(
    new THREE.SphereGeometry(10, 25),
    new THREE.MeshPhongMaterial({emissive: 0xbbcc00}),
    0
  );
  mesh.receiveShadow = true;
  mesh.castShadow = true;

  mesh.addEventListener('collision', function() {
    var list_index = game_items.indexOf(mesh);
    game_items.splice(list_index, 1);
    scene.remove(mesh);
    scoreboard.addPoints(200);
    scoreboard.message('Lecker!');
    setTimeout(function() {scoreboard.clearMessage();}, 2.5* 1000);
  });

  ground.updateMatrixWorld();
  var p = new THREE.Vector3(location.x, location.y, -20);
  ground.localToWorld(p);
  mesh.position.copy(p);
  scene.add(mesh);
  return mesh;
}
```

In der Funktion, die die Kollisionen verarbeitet, entfernen wir zuerst die Frucht aus der Liste der Spielobjekte. JavaScript macht uns das nicht leicht – wir erhalten den *Index* (den Ort in der Liste) des Objekts, das entfernt werden soll, und entfernen es dann, indem wir es aus diesem Index *extrahieren*. Es gibt ein berühmtes JavaScript-Buch namens *Das Beste an JavaScript* – das Entfernen von Dingen aus Listen steht *definitiv* nicht in diesem Buch (das du lesen solltest).

Neu ist für uns auch das Konvertieren von lokalen Koordinaten in Weltkoordinaten. Dazu dient die Methode localToWorld(). In diesem Buch haben wir es zum größten Teil sehr sinnvoll gefunden, in einem Bezugsrahmen zu arbeiten – das ist ein für 3D-Programmierer unschätzbarer Trick. Gelegentlich müssen wir Dinge wieder in die normalen Szenenkoordinaten bringen. Dies ist eine dieser Gelegenheiten. Die Methode `localToWorld()` liefert uns die Szenenkoordinaten für die zufälligen Flusspunkte, sodass es beim Hinzufügen einer Frucht zur Szene aussieht, als wäre diese zum Fluss hinzugefügt worden.

Vor einem `localToWorld()`-Aufruf sollte man für die Sache, für die wir die Weltkoordinaten brauchen, `updateMatrixWorld()` aufrufen. Eine Matrix ist eine mathematische Möglichkeit, Position, Richtung und andere Werte im dreidimensionalen Raum zu beschreiben. Der Aufruf `updateMatrixWorld()` sorgt dafür, dass diese Werte aktuell und exakt sind.

Damit haben wir jetzt zwei Stücke Obst, die dir helfen können, wie verrückt Punkte zu sammeln, wenn du das Spiel spielst. Vielleicht kannst du sogar meinen Highscore schlagen:

◀ Abbildung 20-6
Kannst du mich schlagen?

Der Code bisher

Falls du den Code aus diesem Kapitel noch einmal überprüfen möchtest, findest du ihn in Abschnitt »Code: Rafting auf dem Fluss« auf Seite 305.

Wie es weitergeht

Das war eine Menge Code, aber es hat sich gelohnt. Wir konnten viel unserer Kenntnisse über Physik, Licht und Material anwenden. Außerdem haben wir eine Ahnung davon bekommen, was in der 3D-Programmierung noch möglich ist, indem wir an den Ecken der Formen gezogen und lokale Koordinaten in »Welt«-Koordinaten umgewandelt haben.

Du solltest auch dieses Spiel nicht als fertig betrachten. Du kannst immer noch sehr viel machen. Vielleicht baust du Hindernisse ein, an denen man Punkte verlieren kann? Fügst Sprünge hinzu? Machst aus dem Spiel eines mit mehreren Levels, wie in Kapitel 19, *Projekt: Ein Spiel mit mehreren Levels*, auf Seite 205? Verlängerst die Strecke? Du könntest versuchen, Kamerasteuerungen hinzuzufügen, damit du das Ganze aus dem Blickwinkel des Floßfahrers sehen kannst und nicht nur von oben. Oder vielleicht hast du auch Ideen, wie du das Spiel weiter verbessern könntest, auf die ich noch gar nicht gekommen bin.

In unserem letzten Kapitel schauen wir uns an, wie wir unsere Projekte in das Web bringen.

CODE IN DAS WEB BEKOMMEN

WENN DU DIESES KAPITEL GELESEN HAST, DANN

⚡ hast du eine bessere Vorstellung von den Teilen, aus denen eine Website besteht

⚡ verstehst du, was wir brauchen, um unsere eigenen Websites zu bauen

⚡ weißt du, wie man ein Projekt auf eine Site wie Tumblr bringt

Da wir eine Websprache programmieren, lohnt es sich, einmal zu überlegen, wie das Web funktioniert. Wir werden hier nicht allzu sehr ins Detail gehen – gerade genug, damit wir verstehen, warum wir einige der Dinge in diesem Buch machen.

Eine Abstraktion sagt mehr als tausend Worte

Du kennst sicher den Spruch: »Ein Bild sagt mehr als tausend Worte.« Programmierer wie du und ich erledigen in unseren Gehirnen eine Menge Arbeit. Wenn wir über ein Problem nachdenken oder versuchen, eine coole neue Methode zu entwerfen, um etwas zu tun, nutzen wir Fantasiebilder des Problems. Diese Bilder in unseren Gehirnen werden als *Abstraktionen* bezeichnet.

Abstraktionen sind nicht immer übermäßig detailliert. Normalerweise enthalten sie gerade ausreichend Details, damit wir das Problem verstehen. Eine Abstraktion einer Wolke könnte aus einem Haufen Wattebällchen bestehen. Diese Vorstellung reicht aus, um die Form und das Aussehen einer Wolke zu verstehen. Manchmal ist gar nicht mehr nötig.

Allerdings reichen Abstraktionen nicht immer aus. Wenn wir verstehen wollen, warum eine Wolke Regen produziert, hilft uns die Vorstellung, dass Wolken aus Wattebällchen bestehen, nicht weiter. Merk dir das, wenn wir über das Web reden. Wir nutzen Abstraktionen, und meist sind diese auch ganz nützlich. Manchmal aber sind sie nichts anderes als ein nasses Wattebällchen.

Der mächtige mächtige Browser

Siehe, der mächtige Browser:

Abbildung 21-1 ▶
Ein Browser

Ein Webbrowser ist ein außergewöhnlich komplexes Stück Technik, das wir jeden Tag benutzen. Erstaunlicherweise ist er in manchen Dingen ziemlich dumm.

Wenn wir einem Browser sagen, dass wir eine Website oder eine Seite auf einer Website haben wollen, sendet dieser über das Internet eine Anfrage an einen öffentlich verfügbaren Rechner:

Abbildung 21-2 ▶
Der Browser stellt über das Internet
eine Anfrage an einen Server.

Wie du sehen kannst, stellt dein Browser durch das Internet eine Anfrage, wenn du ihn bittest, eine Site zu zeigen. Diese Anfrage fragt einen bestimmten Webserver nach Informationen, die dieser besitzt. Bei diesen Informationen könnte es sich um eine HTML-Webseite, ein Bild, einen Film oder auch um JavaScript handeln.

Um den richtigen Server zu erreichen, muss unser Browser die öffentliche Internetadresse des Webservers nachschlagen. Googles Internetadresse für *www.google.com* ist 173.194.73.147. Die Zahlen in der Adresse reichen dem Internet, um die Anfrage des Browsers an den Webserver weiterzureichen.

Webserver müssen im Internet öffentlich verfügbar sein

Denk dran, dass der Computer, der eine Website enthält, im Internet öffentlich verfügbar sein muss. Die Rechner, die du zu Hause benutzt, sind fast niemals öffentlich verfügbar. Selbst wenn jemand anderer im Internet die Netzwerkadresse deines Computers kennt, könnte er ihn nicht erreichen, weil er nicht öffentlich freigegeben ist.

Leider bedeutet dies, dass du normalerweise ein bisschen Geld bezahlen musst, damit deine coolen Webspiele im Internet zur Verfügung gestellt werden können. Du musst einen Internetanbieter dafür bezahlen, dass er deine Spiele für Dich aufbewahrt.

Wenn die Anfrage des Browsers den Webserver erreicht, prüft der Server, ob er das angeforderte Element besitzt. Auf einem Webserver kann man alle möglichen Informationen speichern:

◀ Abbildung 21-3
Der Server sucht die
passenden Informationen ...

Normalerweise ist die erste Anfrage, die ein Browser an einen Server sendet, die für eine HTML-Webseite:

Abbildung 21-4 ▶
... z. B. eine HTML-Seite mit
verschiedenen Elementen ...

Enthält der Server die Webseite, die der Benutzer sucht, sendet er
sie zurück an den Browser:

Abbildung 21-5 ▶
... und schickt sie an den
Browser zurück.

Das ist sozusagen der stupide Teil. Die Webseite ist üblicherweise
recht klein und uninteressant. Webseiten sehen oft hübsch aus und
machen ganz erstaunliche Dinge, aber für sich allein sind sie nicht
besonders schön. Eine Webseite für sich allein kann nicht viele
spektakuläre Dinge machen. Damit etwas Witziges passiert, muss
die Webseite den Browser bitten, noch viele, viele weitere Anfragen
zu stellen.

Wir haben inKapitel 9, *Was ist das alles für ein Code?*, auf Seite 99
HTML-Webseiten gesehen. Sie haben komische spitze Klammern.
Das sind die sogenannten Auszeichnungen (Markup), die für Brow-
ser wichtig sind:

```
<body>
<h1>Hallo!</h1>
<p>
Du kannst <b>fett</b>,
<i>kursiv</i>,
sogar <u>unterstrichen</u> schreiben.
</p>
<p>
Du kannst auf
<a href="http://gamingJS.com">andere Seiten</a> verweisen.
Du kannst auch Bilder von Webservern einsetzen:
<img src="/images/purple_fruit_monster.png">
</p>
</body>
```

Einige Auszeichnungen enthalten Dinge wie JavaScript-Dateien
oder Bilder oder Stile, die etwas Cooles geschehen lassen. Das
heißt, sobald der Browser die Webseite erhält, nach der gefragt
war, muss er eine Unmenge weiterer Dinge anfordern:

◀ Abbildung 21-6
Manchmal müssen noch viele Dinge
nachgefordert werden.

Und dies ist der wirklich dumme Teil bei dieser ganzen Sache: Der
Browser muss normalerweise warten, bis die meisten oder alle diese
Dinge zurückkommen, bevor er irgendetwas Wichtiges macht.

Es gibt zwei Möglichkeiten, darauf zu warten, dass Dinge fertig werden, bevor etwas Wichtiges geschieht. Die erste besteht darin, das zu tun, was wir gemacht haben – den wichtigsten Kram ganz ans Ende der HTML-Datei zu legen:

```
<body></body>
<script>
  // An dieser Stelle haben wir programmiert - hinter den <body>-Tags
</script>
```

In diesem Fall haben wir das <script>-Tag ganz am Ende des Dokuments, was bedeutet, dass der Browser den Webseitenkram (Text, Bilder, Stilinformationen usw.) anzeigt, bevor er unseren Code ausführt. Alles andere ist hoffentlich fertig, wenn der Browser dann irgendwann den Code ausführt.

Die andere Möglichkeit, mit dieser Situation umzugehen, bietet ein Browsertrick mit der Bezeichnung *on-dom-ready* (bedeutet so viel wie: »wenn das DOM bereit ist«). DOM bedeutet Document Object Model. Wenn Browser über Webseiten nachdenken, benutzen sie das DOM. Browser erlauben es auch Webprogrammierern, das DOM einzusetzen, um Änderungen an Webseiten vorzunehmen (Farbänderungen, Anzeigen von Pop-up-Boxen). Wenn der Browser eine Webseite gelesen und in das DOM konvertiert hat, sagt man, dass das DOM »bereit« ist. Mit on-dom-ready lauschen wir auf das Dokument:

```
// Warten, bis die Webseite komplett geladen ist
document.addEventListener("DOMContentLoaded", function() {
  document.body.appendChild(renderer.domElement);
});
```

Dieser Trick bezieht sich auf das JavaScript, nicht auf die Webseite, und nutzt einen wichtigen Aspekt von Webseiten aus: Sie posaunen gern Dinge heraus, die passieren. Oft hört niemand zu, wenn der Browser ruft. Doch das Wissen, dass ein Browser es tut, gibt uns Macht.

In diesem Fall haben wir die Macht, auf ein bestimmtes Browserereignis zu lauschen: DOMContentLoaded. Wenn der Browser den ganzen Inhalt lädt, den eine Seite braucht, verkündet er dies lautstark allen, die interessiert sind. Hier teilen wir dem Browser mit, dass wir, ja richtig, interessiert sind und dass wir, wenn ein solches Ereignis eintritt, unseren 3D-Renderer zur Seite hinzufügen sollten.

Kostenlose Websites

Wir haben vorhin schon einmal darauf hingewiesen, dass nur öffentlich verfügbare Webserver Webseiten, Bilder, JavaScript usw. anbieten und bereitstellen können. Normalerweise musst du dafür Geld bezahlen, wenigstens ein bisschen. Es gibt jedoch Möglichkeiten, deine Webseiten und JavaScript-Spiele kostenlos in das Netz zu bringen:

- Tumblr[1]
- Blogger[2]
- WordPress[3]

Wann du eventuell etwas bezahlen musst

Wir haben gerade darüber gesprochen, wie man eine Site veröffentlicht, ohne dafür zu bezahlen. Wieso sollte man überhaupt jemals Geld ausgeben?

Die Antwort lautet, dass du bezahlen musst, wenn deine neue Website neue Informationen speichern muss. Wenn eine Website einen Überblick über die Benutzer behalten muss, dann musst du für den Platz bezahlen, auf dem diese Informationen gespeichert werden. Soll sich eine Website die Punktestände der Spieler merken, musst du für den Ort bezahlen, an dem diese Informationen liegen sollen.

Die meisten kostenlosen Websites haben ihre eigene Methode, um Webseiten, Skriptdateien und Bilder zu erzeugen. Um eine Vorstellung davon zu bekommen, wie wir einige unserer Projekte in eine echte Website kopieren, legen wir eine unserer 3D-Animationen auf Tumblr.

Deinen Code auf eine andere Site legen

In diesem Abschnitt nehmen wir an, dass du bereits einen Tumblr-Zugang besitzt (oder einen Zugang zu einem vergleichbaren Dienst). Die Anweisungen sollten für die meisten Sites funktionieren, allerdings haben alle Dienste ihre Eigenarten, die du selbst her-

---

1 *http://tumblr.com*

2 *http://blogger.com*

3 *http://www.de.wordpress.com*

ausbekommen musst. Auch die Gegebenheiten bei Tumblr könnten sich inzwischen ein wenig geändert haben, sodass nicht alles exakt so aussieht oder funktioniert, wie hier gezeigt.

Es ist relativ einfach, unseren Code zu Tumblr zu schicken. Starte ein ganz normales Posting, aber drücke dabei den `<html>`-Button in der Werkzeugleiste des Postings:

Abbildung 21-7 ▶
Die Tumblr-Werkzeugleiste

Der `<html>`-Button sollte blau sein, wenn er aktiviert ist (er könnte aber auch – je nach deinem gewählten Tumblr-Thema – eine andere Farbe haben).

Füge als Nächstes ein wenig HTML und eine Stelle hinzu, an die deine Simulation kommt. Folgender Code erzeugt einen kurzen Absatz, gefolgt von einem Platz für dein 3D-Spiel, gefolgt von einem weiteren kurzen Absatz:

```
<p>Das habe ich gemacht!</p>
<div id="ice-code-2013-06-06">
<p>Es ist aus dem ersten Kapitel von
<a href="http://gamingjs.com">Kids programmieren 3D-Spiele mit
JavaScript</a>.
</p>
```

Es ist wichtig, dass das Attribut `id=` für `<div>` eindeutig ist – es darf nirgendwo auf der Seite andere Tags mit derselben `id=` geben. Ein gutes Tagging-Schema nutzt eine Kombination aus dem Zweck (ice-editor) und dem heutigen Datum (zum Beispiel 2013-06-06). Du kannst die Wörter innerhalb der `<p>`-Tags beliebig ändern.

Anschließend kopierst du deinen Code aus dem ICE und fügst ihn in das Tumblr-Posting ein. Beim Kopieren des Codes aus dem ICE *musst du darauf achten, dass du die erste Zeile auslässt, die* `<body>` `</body>` enthält. Kopiere nur vom ersten `<script>`-Tag bis zum Ende.

Füge dies in das Tumblr-Posting unter dem HTML ein, das wir vorher hinzugefügt haben (siehe Abbildung 21-8.)

Wir sind noch nicht ganz fertig. Der Code, den wir in diesem Buch geschrieben haben, nimmt das gesamte Browserfenster ein. In diesen Postings wollen wir nur einen kleinen Bereich des Postings einnehmen. Außerdem wollen wir unsere Animationen an das `<div>` anhängen, das wir vorhin schon hinzugefügt haben:

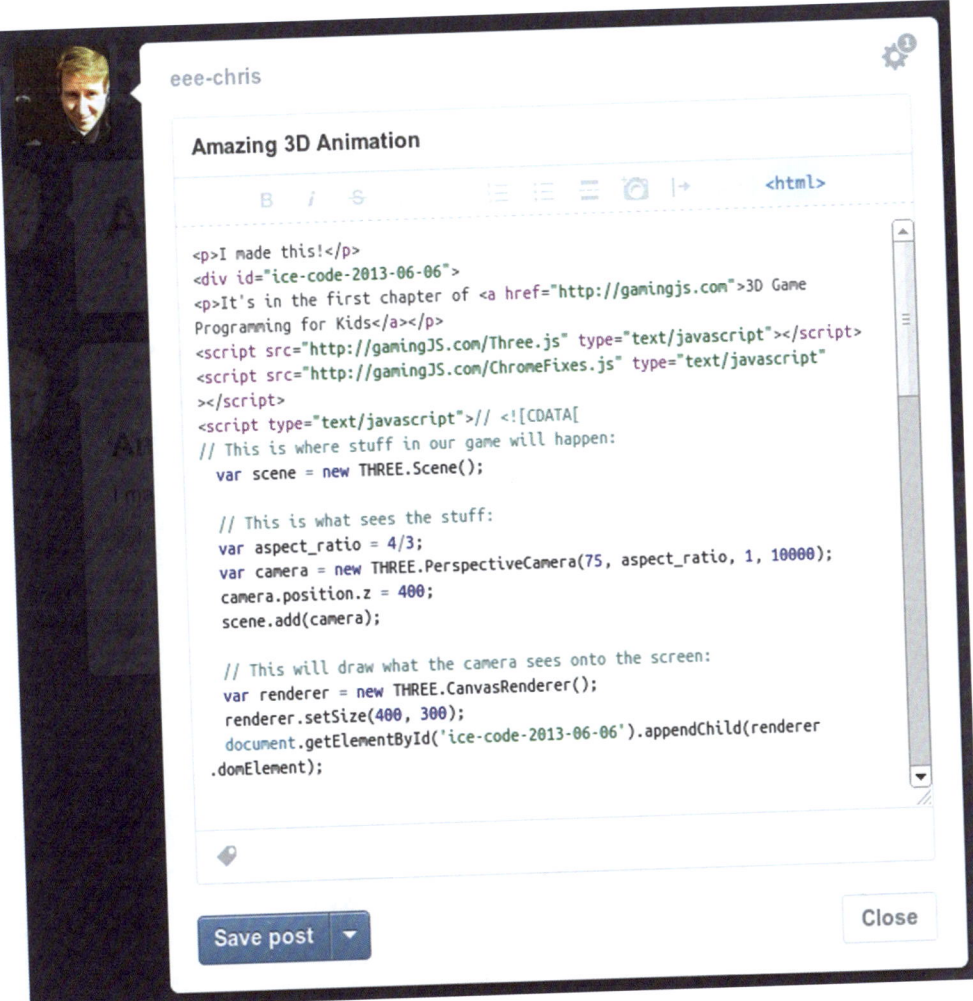

```
eee-chris

Amazing 3D Animation

    B  i  S              ≣ ≣ ≣ ⌾ |→            <html>

<p>I made this!</p>
<div id="ice-code-2013-06-06">
<p>It's in the first chapter of <a href="http://gamingjs.com">3D Game
Programming for Kids</a></p>
<script src="http://gamingJS.com/Three.js" type="text/javascript"></script>
<script src="http://gamingJS.com/ChromeFixes.js" type="text/javascript"
></script>
<script type="text/javascript">// <![CDATA[
// This is where stuff in our game will happen:
  var scene = new THREE.Scene();

  // This is what sees the stuff:
  var aspect_ratio = 4/3;
  var camera = new THREE.PerspectiveCamera(75, aspect_ratio, 1, 10000);
  camera.position.z = 400;
  scene.add(camera);

  // This will draw what the camera sees onto the screen:
  var renderer = new THREE.CanvasRenderer();
  renderer.setSize(400, 300);
  document.getElementById('ice-code-2013-06-06').appendChild(renderer
.domElement);

    ⬤

  Save post  ▾                                          Close
```

Um die Größe korrekt einzustellen, musst du aspect_ratio (das ist das Seitenverhältnis) und die renderer-Größe ändern. Damit der Renderer 400 breit und 300 hoch wird, schreibst du Folgendes:

▲ Abbildung 21-8
Das Tumblr-Posting

```
// Dies zeichnet das, was die Kamera sieht, auf den Bildschirm:
var renderer = new THREE.CanvasRenderer();
renderer.setSize(400, 300);
```

Das Seitenverhältnis wird so eingestellt:

```
// Dies hier sieht den ganzen Kram:
var aspect_ratio = 400/300;
var camera = new THREE.PerspectiveCamera(75, aspect_ratio, 1, 10000);
```

Ihr Mathe-Asse wisst natürlich, dass ihr für das Seitenverhältnis hier auch 4/3 schreiben könntet. Ihr müsst nicht diese Zahlen benutzen – experimentiert und nehmt das, was auf der Seite am besten aussieht.

Zuletzt hängst du die Animation an das <div>-Tag an. Suche die Zeile, die renderer.domElement hinzufügt (sie sollte wie document.body.appendChild(renderer.domElement) aussehen). Ändere sie so, dass das domElement des Renderers zum <div>-Tag hinzugefügt wird:

```
document.getElementById('ice-code-2013-06-06').appendChild(renderer.domElement);
```

Achte darauf, dass du den Wert in der Methode getElementById() auf genau das änderst, was du vorhin für die id= des <div>-Tags benutzt hast.

Damit sollte es nun möglich sein, dein Posting zu veröffentlichen und dein Werk anzuschauen. Bei mir sieht das auf Tumblr so aus:

Abbildung 21-9 ▶
Ein Tumblr-Posting des Autors

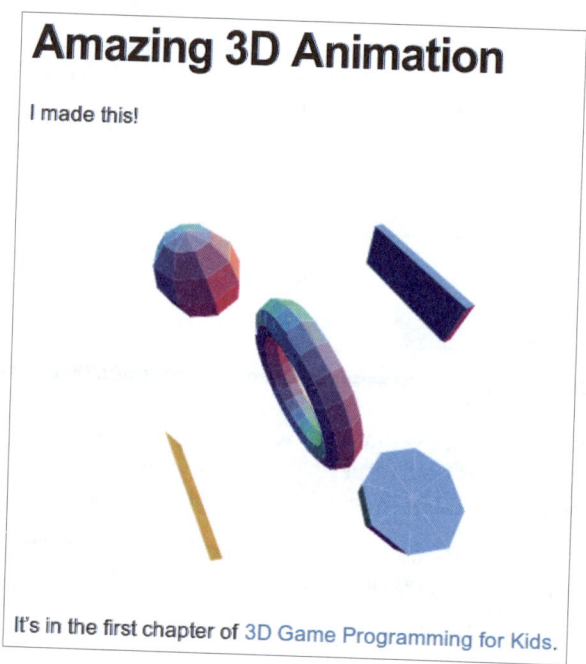

Berichte in einem der Foren für dieses Buch über Deine Arbeit: *http://pragprog.com/book/csjava/3dgameprogramming-for-kids?tab=tab-forums!*

Wie es weitergeht

Jetzt bist du auf dich gestellt! Ich habe dir alles beigebracht, was ich konnte. Das bedeutet, dass du jetzt deiner Kreativität freien Lauf lassen kannst. Keines der Spiele in diesem Buch sollte als fertig betrachtet werden. Jedes Spiel lässt sich noch verbessern, jedoch nur, wenn du Code hinzufügst und die Spielweise erweiterst. Du hast allein beim Durcharbeiten dieses Buchs schon unglaublich viel gelernt. Und jetzt wird es erst richtig interessant – wenn du herausfindest, was du selbst tun kannst. Das ist das aufregendste Abenteuer, das ich mir für dich vorstellen kann.

Viel Glück! Und wenn du Hilfe brauchst, dann wende dich an die Foren für dieses Buch! Ich freue mich darauf, zu hören, woran du arbeitest.

DER PROJEKTCODE

Dieser Anhang enthält die abgeschlossenen Versionen aller Projekte, die wir in diesem Buch erstellt haben. Dein Code muss nicht unbedingt exakt identisch mit dem sein, der hier folgt – das ist in Ordnung. Der Code hier soll dir helfen, wenn du Probleme bekommst und deinen Code mit einer funktionierenden Version vergleichen möchtest.

Code: Einfache Formen herstellen

Dies ist die fertige Version des Formencodes aus Kapitel 1, *Projekt: Einfache Formen herstellen*, auf Seite 1.

```
<body></body>
<script src="http://gamingJS.com/Three.js"></script>
<script src="http://gamingJS.com/ChromeFixes.js"></script>
<script>
  // This is where stuff in our game will happen:
  var scene = new THREE.Scene();

  // This is what sees the stuff:
  var aspect_ratio = window.innerWidth / window.innerHeight;
```

```
    var camera = new THREE.PerspectiveCamera(75, aspect_ratio, 1,
10000);
    camera.position.z = 400;
    scene.add(camera);

    // This will draw what the camera sees onto the screen:
    var renderer = new THREE.CanvasRenderer();
    renderer.setSize(window.innerWidth, window.innerHeight);
    document.body.appendChild(renderer.domElement);

    // ******** START CODING ON THE NEXT LINE ********
    var shape = new THREE.SphereGeometry(100);
    var cover = new THREE.MeshNormalMaterial();
    var ball = new THREE.Mesh(shape, cover);
    scene.add(ball);
    ball.position.set(-250,250,-250);

    var shape = new THREE.CubeGeometry(300, 100, 20);
    var cover = new THREE.MeshNormalMaterial();
    var box = new THREE.Mesh(shape, cover);
    scene.add(box);
    box.position.set(250, 250, -250);

    var shape = new THREE.CylinderGeometry(110, 100, 100);
    var cover = new THREE.MeshNormalMaterial();
    var tube = new THREE.Mesh(shape, cover);
    scene.add(tube);
    tube.position.set(250, -250, -250);

    var shape = new THREE.PlaneGeometry(300, 100);
    var cover = new THREE.MeshNormalMaterial();
    var ground = new THREE.Mesh(shape, cover);
    scene.add(ground);
    ground.position.set(-250, -250, -250);

    var shape = new THREE.TorusGeometry(100, 25, 8, 25);
    var cover = new THREE.MeshNormalMaterial();
    var donut = new THREE.Mesh(shape, cover);
    scene.add(donut);

    var clock = new THREE.Clock();

    function animate() {
      requestAnimationFrame(animate);
      var t = clock.getElapsedTime();

      ball.rotation.set(t, 2*t, 0);
      box.rotation.set(t, 2*t, 0);
      tube.rotation.set(t, 2*t, 0);
```

```
    ground.rotation.set(t, 2*t, 0);
    donut.rotation.set(t, 2*t, 0);

    renderer.render(scene, camera);
  }

  animate();

  // Now, show what the camera sees on the screen:
  renderer.render(scene, camera);
</script>
```

Code: Mit der Konsole herumspielen und feststellen, was kaputt ist

Es gab in Kapitel 2, *Mit der Konsole herumspielen und feststellen, was kaputt ist*, auf Seite 19 keinen funktionierenden Code. Wir haben im ICE ein bisschen kaputten Code geschrieben und die JavaScript-Konsole erkundet.

Code: Einen Avatar herstellen

Dies ist die fertige Version des Avatar-Codes aus Kapitel 3, *Projekt: Einen Avatar herstellen*, auf Seite 29.

```
<body></body>
<script src="http://gamingJS.com/Three.js"></script>
<script src="http://gamingJS.com/ChromeFixes.js"></script>
<script>
  // This is where stuff in our game will happen:
  var scene = new THREE.Scene();

  // This is what sees the stuff:
  var aspect_ratio = window.innerWidth / window.innerHeight;
  var camera = new THREE.PerspectiveCamera(75, aspect_ratio, 1,
10000);
  camera.position.z = 500;
  scene.add(camera);

  // This will draw what the camera sees onto the screen:
  var renderer = new THREE.CanvasRenderer();
  renderer.setSize(window.innerWidth, window.innerHeight);
  document.body.appendChild(renderer.domElement);
```

```
// ******** START CODING ON THE NEXT LINE ********

var cover = new THREE.MeshNormalMaterial();
var body = new THREE.SphereGeometry(100);
var avatar = new THREE.Mesh(body, cover);
scene.add(avatar);

var hand = new THREE.SphereGeometry(50);

var right_hand = new THREE.Mesh(hand, cover);
right_hand.position.set(-150, 0, 0);
avatar.add(right_hand);

var left_hand = new THREE.Mesh(hand, cover);
left_hand.position.set(150, 0, 0);
avatar.add(left_hand);

var foot = new THREE.SphereGeometry(50);

var right_foot = new THREE.Mesh(foot, cover);
right_foot.position.set(-75, -125, 0);
avatar.add(right_foot);

var left_foot = new THREE.Mesh(foot, cover);
left_foot.position.set(75, -125, 0);
avatar.add(left_foot);

// Now, animate what the camera sees on the screen:
var is_cartwheeling = false;
var is_flipping = true;
function animate() {
  requestAnimationFrame(animate);
  if (is_cartwheeling) {
    avatar.rotation.z = avatar.rotation.z + 0.05;
  }
  if (is_flipping) {
    avatar.rotation.x = avatar.rotation.x + 0.05;
  }
  renderer.render(scene, camera);
}
animate();
</script>
```

Code: Avatare bewegen

Dies ist der Code für den sich bewegenden Avatar aus Kapitel 4,
Projekt: Avatare bewegen, auf Seite 39.

```
<body></body>
<script src="http://gamingJS.com/Three.js"></script>
<script src="http://gamingJS.com/ChromeFixes.js"></script>
<script>
  // This is where stuff in our game will happen:
  var scene = new THREE.Scene();

  // This is what sees the stuff:
  var aspect_ratio = window.innerWidth / window.innerHeight;
  var camera = new THREE.PerspectiveCamera(75, aspect_ratio, 1,
10000);
  camera.position.z = 500;
  //scene.add(camera);

  // This will draw what the camera sees onto the screen:
  var renderer = new THREE.CanvasRenderer();
  renderer.setSize(window.innerWidth, window.innerHeight);
  document.body.appendChild(renderer.domElement);

  // ******** START CODING ON THE NEXT LINE ********
  var marker = new THREE.Object3D();
  scene.add(marker);

  var cover = new THREE.MeshNormalMaterial();
  var body = new THREE.SphereGeometry(100);
  var avatar = new THREE.Mesh(body, cover);
  marker.add(avatar);

  var hand = new THREE.SphereGeometry(50);

  var right_hand = new THREE.Mesh(hand, cover);
  right_hand.position.set(-150, 0, 0);
  avatar.add(right_hand);

  var left_hand = new THREE.Mesh(hand, cover);
  left_hand.position.set(150, 0, 0);
  avatar.add(left_hand);

  var foot = new THREE.SphereGeometry(50);

  var right_foot = new THREE.Mesh(foot, cover);
  right_foot.position.set(-75, -125, 0);
  avatar.add(right_foot);

  var left_foot = new THREE.Mesh(foot, cover);
  left_foot.position.set(75, -125, 0);
  avatar.add(left_foot);

  marker.add(camera);
```

```
// Bäume
makeTreeAt( 500, 0);
makeTreeAt(-500, 0);
makeTreeAt( 750, -1000);
makeTreeAt(-750, -1000);

function makeTreeAt(x, z) {
  var trunk = new THREE.Mesh(
    new THREE.CylinderGeometry(50, 50, 200),
    new THREE.MeshBasicMaterial({color: 0xA0522D})
  );

  var top = new THREE.Mesh(
    new THREE.SphereGeometry(150),
    new THREE.MeshBasicMaterial({color: 0x228B22})
  );
  top.position.y = 175;
  trunk.add(top);

  trunk.position.set(x, -75, z);
  scene.add(trunk);
}

// Now, animate what the camera sees on the screen:
var is_cartwheeling = false;
var is_flipping = false;
function animate() {
  requestAnimationFrame(animate);
  if (is_cartwheeling) {
    avatar.rotation.z = avatar.rotation.z + 0.05;
  }
  if (is_flipping) {
    avatar.rotation.x = avatar.rotation.x + 0.05;
  }
  renderer.render(scene, camera);
}
animate();

document.addEventListener('keydown', function(event) {
  var code = event.keyCode;
  if (code == 37) marker.position.x = marker.position.x-5; // links
  if (code == 38) marker.position.z = marker.position.z-5; // hoch
  if (code == 39) marker.position.x = marker.position.x+5; // rechts
  if (code == 40) marker.position.z = marker.position.z+5; // runter

  if (code == 67) is_cartwheeling = !is_cartwheeling; // C
  if (code == 70) is_flipping = !is_flipping; // F
});
</script>
```

Code: Funktionen: Immer und immer wieder benutzen

Wir haben absichtlich eine Menge Dinge kaputt gemacht, als wir in Kapitel 5, *Funktionen: Immer und immer wieder benutzen*, auf Seite 55 Funktionen erkundeten. Hier folgt eine Kopie des funktionierenden Codes (allerdings ist das Beispiel für die Rekursion hier nicht enthalten).

```
<body></body>
<script src="http://gamingJS.com/Three.js"></script>
<script src="http://gamingJS.com/ChromeFixes.js"></script>
<script>
var log = makeLog();
logMessage(hello("Präsident Obama"), log);
logMessage(hello("Mutti"), log);
logMessage(hello("Lila Obstmonster"), log);
logMessage(hello("Chris"), log);

/*
// Fehlende geschweifte Klammer - das funktioniert so nicht!
function hello(name) {
  return 'Hallo, ' + name + '! Du siehst heute wirklich gut aus :)';
*/

function hello(name) {
  return 'Hallo, ' + name + '! Du siehst heute wirklich gut aus :)';
}

function makeLog() {
  var holder = document.createElement('div');
  holder.style.height = '75px';
  holder.style.width = '450px';
  holder.style.overflow = 'auto';
  holder.style.border = '1px solid #666';
  holder.style.backgroundColor = '#ccc';
  holder.style.padding = '8px';
  holder.style.position = 'absolute';
  holder.style.bottom = '10px';
  holder.style.right = '20px';
  document.body.appendChild(holder);

  return holder;
}

function logMessage(message, log) {
  var holder = document.createElement('div');
  holder.textContent = message;
```

```
  log.appendChild(holder);
}
</script>
```

Code: Hände und Füße bewegen

Dies ist der Code aus Kapitel 6, *Projekt: Hände und Füße bewegen*, auf Seite 67.

```
<body></body>
<script src="http://gamingJS.com/Three.js"></script>
<script src="http://gamingJS.com/ChromeFixes.js"></script>
<script>
  // This is where stuff in our game will happen:
  var scene = new THREE.Scene();

  // This is what sees the stuff:
  var aspect_ratio = window.innerWidth / window.innerHeight;
  var camera = new THREE.PerspectiveCamera(75, aspect_ratio, 1,
10000);
  camera.position.z = 500;
  //scene.add(camera);

  // This will draw what the camera sees onto the screen:
  var renderer = new THREE.CanvasRenderer();
  renderer.setSize(window.innerWidth, window.innerHeight);
  document.body.appendChild(renderer.domElement);

  // ******** START CODING ON THE NEXT LINE ********
  var marker = new THREE.Object3D();
  scene.add(marker);

  var cover = new THREE.MeshNormalMaterial();
  var body = new THREE.SphereGeometry(100);
  var avatar = new THREE.Mesh(body, cover);
  marker.add(avatar);

  var hand = new THREE.SphereGeometry(50);
  var right_hand = new THREE.Mesh(hand, cover);
  right_hand.position.set(-150, 0, 0);
  avatar.add(right_hand);

  var left_hand = new THREE.Mesh(hand, cover);
  left_hand.position.set(150, 0, 0);
  avatar.add(left_hand);

  var foot = new THREE.SphereGeometry(50);
```

```
var right_foot = new THREE.Mesh(foot, cover);
right_foot.position.set(-75, -125, 0);
avatar.add(right_foot);

var left_foot = new THREE.Mesh(foot, cover);
left_foot.position.set(75, -125, 0);
avatar.add(left_foot);

marker.add(camera);

// Bäume
makeTreeAt( 500, 0);
makeTreeAt(-500, 0);
makeTreeAt( 750, -1000);
makeTreeAt(-750, -1000);

function makeTreeAt(x, z) {
  var trunk = new THREE.Mesh(
    new THREE.CylinderGeometry(50, 50, 200),
    new THREE.MeshBasicMaterial({color: 0xA0522D})
  );

  var top = new THREE.Mesh(
    new THREE.SphereGeometry(150),
    new THREE.MeshBasicMaterial({color: 0x228B22})
  );
  top.position.y = 175;
  trunk.add(top);

  trunk.position.set(x, -75, z);
  scene.add(trunk);
}

// Now, animate what the camera sees on the screen:
var clock = new THREE.Clock(true);
function animate() {
  requestAnimationFrame(animate);
  walk();
  acrobatics();
  renderer.render(scene, camera);
}
animate();

function walk() {
  if (!isWalking()) return;
  var position = Math.sin(clock.getElapsedTime()*5) * 50;
  right_hand.position.z = position;
  left_hand.position.z = -position;
```

```
    right_foot.position.z = -position;
    left_foot.position.z = position;
  }

  var is_cartwheeling = false;
  var is_flipping = false;
  function acrobatics() {
    if (is_cartwheeling) {
      avatar.rotation.z = avatar.rotation.z + 0.05;
    }
    if (is_flipping) {
      avatar.rotation.x = avatar.rotation.x + 0.05;
    }
  }

  var is_moving_right, is_moving_left, is_moving_forward,
                       is_moving_back;
  function isWalking() {
    if (is_moving_right) return true;
    if (is_moving_left) return true;
    if (is_moving_forward) return true;
    if (is_moving_back) return true;
    return false;
  }

  document.addEventListener('keydown', function(event) {
    var code = event.keyCode;

    if (code == 37) {                                    // nach links
      marker.position.x = marker.position.x-5;
      is_moving_left = true;
    }
    if (code == 38) {                                    // nach oben
      marker.position.z = marker.position.z-5;
      is_moving_forward = true;
    }
    if (code == 39) {                                    // nach rechts
      marker.position.x = marker.position.x+5;
      is_moving_right = true;
    }
    if (code == 40) {                                    // nach unten
      marker.position.z = marker.position.z+5;
      is_moving_back = true;
    }
    if (code == 67) is_cartwheeling = !is_cartwheeling; // C
    if (code == 70) is_flipping = !is_flipping;         // F
  });

  document.addEventListener('keyup', function(event) {
```

```
  var code = event.keyCode;

  if (code == 37) is_moving_left = false;
  if (code == 38) is_moving_forward = false;
  if (code == 39) is_moving_right = false;
  if (code == 40) is_moving_back = false;
});
</script>
```

Code: Die Grundlagen von JavaScript näher untersucht

In Kapitel 7, *Die Grundlagen von JavaScript näher untersucht*, auf Seite 77 gab es keinen Projektcode.

Code: Unseren Avatar umdrehen

Dies ist der Code aus Kapitel 8, *Projekt: Unseren Avatar umdrehen*, auf Seite 91.

```
<body></body>
<script src="http://gamingJS.com/Three.js"></script>
<script src="http://gamingJS.com/Tween.js"></script>
<script src="http://gamingJS.com/ChromeFixes.js"></script>
<body></body><script>
  // This is where stuff in our game will happen:
  var scene = new THREE.Scene();

  // This is what sees the stuff:
  var aspect_ratio = window.innerWidth / window.innerHeight;
  var camera = new THREE.PerspectiveCamera(75, aspect_ratio, 1,
10000);
  camera.position.z = 500;
  //scene.add(camera);

  // This will draw what the camera sees onto the screen:
  var renderer = new THREE.CanvasRenderer();
  renderer.setSize(window.innerWidth, window.innerHeight);
  document.body.appendChild(renderer.domElement);

  // ******** START CODING ON THE NEXT LINE ********
  var marker = new THREE.Object3D();
  scene.add(marker);

  var cover = new THREE.MeshNormalMaterial();
```

```
var body = new THREE.SphereGeometry(100);
var avatar = new THREE.Mesh(body, cover);
marker.add(avatar);

var hand = new THREE.SphereGeometry(50);

var right_hand = new THREE.Mesh(hand, cover);
right_hand.position.set(-150, 0, 0);
avatar.add(right_hand);

var left_hand = new THREE.Mesh(hand, cover);
left_hand.position.set(150, 0, 0);
avatar.add(left_hand);

var foot = new THREE.SphereGeometry(50);

var right_foot = new THREE.Mesh(foot, cover);
right_foot.position.set(-75, -125, 0);
avatar.add(right_foot);

var left_foot = new THREE.Mesh(foot, cover);
left_foot.position.set(75, -125, 0);
avatar.add(left_foot);

marker.add(camera);

// Bäume
makeTreeAt( 500, 0);
makeTreeAt(-500, 0);
makeTreeAt( 750, -1000);
makeTreeAt(-750, -1000);

function makeTreeAt(x, z) {
  var trunk = new THREE.Mesh(
    new THREE.CylinderGeometry(50, 50, 200),
    new THREE.MeshBasicMaterial({color: 0xA0522D})
  );

  var top = new THREE.Mesh(
    new THREE.SphereGeometry(150),
    new THREE.MeshBasicMaterial({color: 0x228B22})
  );
  top.position.y = 175;
  trunk.add(top);

  trunk.position.set(x, -75, z);
  scene.add(trunk);
}
```

```
// Now, animate what the camera sees on the screen:
var clock = new THREE.Clock(true);
function animate() {
  requestAnimationFrame(animate);
  TWEEN.update();
  walk();
  turn();
  acrobatics();
  renderer.render(scene, camera);
}
animate();

function walk() {
  if (!isWalking()) return;
  var position = Math.sin(clock.getElapsedTime()*5) * 50;
  right_hand.position.z = position;
  left_hand.position.z = -position;
  right_foot.position.z = -position;
  left_foot.position.z = position;
}

function turn() {
  var direction = 0;
  if (is_moving_forward) direction = Math.PI;
  if (is_moving_back) direction = 0;
  if (is_moving_right) direction = Math.PI/2;
  if (is_moving_left) direction = -Math.PI/2;

  spinAvatar(direction);
}

function spinAvatar(direction) {
  new TWEEN.
    Tween({y: avatar.rotation.y}).
    to({y: direction}, 100).
    onUpdate(function () {
      avatar.rotation.y = this.y;
    }).
    start();
}

var is_cartwheeling = false;
var is_flipping = false;
function acrobatics() {
  if (is_cartwheeling) {
    avatar.rotation.z = avatar.rotation.z + 0.05;
  }
```

```
    if (is_flipping) {
      avatar.rotation.x = avatar.rotation.x + 0.05;
    }
  }

  var is_moving_left, is_moving_right, is_moving_forward,
                    is_moving_back;
  function isWalking() {
    if (is_moving_right) return true;
    if (is_moving_left) return true;
    if (is_moving_forward) return true;
    if (is_moving_back) return true;
    return false;
  }

  document.addEventListener('keydown', function(event) {
    var code = event.keyCode;

    if (code == 37) {                              // nach links
      marker.position.x = marker.position.x-5;
      is_moving_left = true;
    }
    if (code == 38) {                              // nach oben
      marker.position.z = marker.position.z-5;
      is_moving_forward = true;
    }
    if (code == 39) {                              // nach rechts
      marker.position.x = marker.position.x+5;
      is_moving_right = true;
    }
    if (code == 40) {                              // nach unten
      marker.position.z = marker.position.z+5;
      is_moving_back = true;
    }
    if (code == 67) is_cartwheeling = !is_cartwheeling; // C
    if (code == 70) is_flipping = !is_flipping;         // F
  });

  document.addEventListener('keyup', function(event) {
    var code = event.keyCode;

    if (code == 37) {
      console.log("not left anymore");
      is_moving_left = false;
    }
```

```
    if (code == 38) is_moving_forward = false;
    if (code == 39) is_moving_right = false;
    if (code == 40) is_moving_back = false;
  });
</script>
```

Code: Was ist das alles für ein Code?

Es gab in Kapitel 9, *Was ist das alles für ein Code?*, auf Seite 99 keinen neuen Code. Wir untersuchten nur den Code, der automatisch erzeugt wird, wenn wir neue Projekte starten.

Code: Kollisionen

Dies ist der Code für den Avatar, nachdem wir in Kapitel 10, *Projekt: Kollisionen*, auf Seite 107, Kollisionen hinzugefügt haben.

```
<body></body>
<script src="http://gamingJS.com/Three.js"></script>
<script src="http://gamingJS.com/Tween.js"></script>
<script src="http://gamingJS.com/ChromeFixes.js"></script>
<script>
  // This is where stuff in our game will happen:
  var scene = new THREE.Scene();

  // This is what sees the stuff:
  var aspect_ratio = window.innerWidth / window.innerHeight;
  var camera = new THREE.PerspectiveCamera(75, aspect_ratio, 1,
10000);
  camera.position.z = 500;
  //scene.add(camera);

  // This will draw what the camera sees onto the screen:
  var renderer = new THREE.CanvasRenderer();
  renderer.setSize(window.innerWidth, window.innerHeight);
  document.body.appendChild(renderer.domElement);

  // ******** START CODING ON THE NEXT LINE ********
  var not_allowed = [];

  var marker = new THREE.Object3D();
  scene.add(marker);
```

```
var cover = new THREE.MeshNormalMaterial();
var body = new THREE.SphereGeometry(100);
var avatar = new THREE.Mesh(body, cover);
marker.add(avatar);

var hand = new THREE.SphereGeometry(50);

var right_hand = new THREE.Mesh(hand, cover);
right_hand.position.set(-150, 0, 0);
avatar.add(right_hand);

var left_hand = new THREE.Mesh(hand, cover);
left_hand.position.set(150, 0, 0);
avatar.add(left_hand);

var foot = new THREE.SphereGeometry(50);

var right_foot = new THREE.Mesh(foot, cover);
right_foot.position.set(-75, -125, 0);
avatar.add(right_foot);

var left_foot = new THREE.Mesh(foot, cover);
left_foot.position.set(75, -125, 0);
avatar.add(left_foot);

marker.add(camera);

// Bäume
makeTreeAt( 500, 0);
makeTreeAt(-500, 0);
makeTreeAt( 750, -1000);
makeTreeAt(-750, -1000);

function makeTreeAt(x, z) {
  var trunk = new THREE.Mesh(
    new THREE.CylinderGeometry(50, 50, 200),
    new THREE.MeshBasicMaterial({color: 0xA0522D})
  );

  var top = new THREE.Mesh(
    new THREE.SphereGeometry(150),
    new THREE.MeshBasicMaterial({color: 0x228B22})
  );
  top.position.y = 175;
  trunk.add(top);

  var boundary = new THREE.Mesh(
    new THREE.CircleGeometry(300),
```

```
      new THREE.MeshNormalMaterial()
  );
  boundary.position.y = -100;
  boundary.rotation.x = -Math.PI/2;
  trunk.add(boundary);

  not_allowed.push(boundary);

  trunk.position.set(x, -75, z);
  scene.add(trunk);
}

// Now, animate what the camera sees on the screen:
var clock = new THREE.Clock(true);
function animate() {
  requestAnimationFrame(animate);
  TWEEN.update();
  walk();
  turn();
  acrobatics();
  renderer.render(scene, camera);
}

animate();

function walk() {
  if (!isWalking()) return;
  var position = Math.sin(clock.getElapsedTime()*5) * 50;
  right_hand.position.z = position;
  left_hand.position.z = -position;
  right_foot.position.z = -position;
  left_foot.position.z = position;
}

function turn() {
  var direction = 0;
  if (is_moving_forward) direction = Math.PI;
  if (is_moving_back) direction = 0;
  if (is_moving_right) direction = Math.PI/2;
  if (is_moving_left) direction = -Math.PI/2;

  spinAvatar(direction);
}

function spinAvatar(direction) {
  new TWEEN
    .Tween({y: avatar.rotation.y})
    .to({y: direction}, 100)
```

```
      .onUpdate(function () {
        avatar.rotation.y = this.y;
      })
      .start();
}

var is_cartwheeling = false;
var is_flipping = false;
function acrobatics() {
  if (is_cartwheeling) {
    avatar.rotation.z = avatar.rotation.z + 0.05;
  }
  if (is_flipping) {
    avatar.rotation.x = avatar.rotation.x + 0.05;
  }
}

var is_moving_left, is_moving_right, is_moving_forward,
                    is_moving_back;
function isWalking() {
  if (is_moving_right) return true;
  if (is_moving_left) return true;
  if (is_moving_forward) return true;
  if (is_moving_back) return true;
  return false;
}

document.addEventListener('keydown', function(event) {
  var code = event.keyCode;

  if (code == 37) {                              // nach links
    marker.position.x = marker.position.x-5;
    is_moving_left = true;
  }
  if (code == 38) {                              // nach oben
    marker.position.z = marker.position.z-5;
    is_moving_forward = true;
  }
  if (code == 39) {                              // nach rechts
    marker.position.x = marker.position.x+5;
    is_moving_right = true;
  }
  if (code == 40) {                              // nach unten
    marker.position.z = marker.position.z+5;
    is_moving_back = true;
  }
  if (code == 67) is_cartwheeling = !is_cartwheeling; // C
  if (code == 70) is_flipping = !is_flipping;         // F
```

```
    if (detectCollisions()) {
      if (is_moving_left) marker.position.x = marker.position.x+5;
      if (is_moving_right) marker.position.x = marker.position.x-5;
      if (is_moving_forward) marker.position.z = marker.position.z+5;
      if (is_moving_back) marker.position.z = marker.position.z-5;
    }
  });

  document.addEventListener('keyup', function(event) {
    var code = event.keyCode;

    if (code == 37) is_moving_left = false;
    if (code == 38) is_moving_forward = false;
    if (code == 39) is_moving_right = false;
    if (code == 40) is_moving_back = false;
  });

  function detectCollisions() {
    var vector = new THREE.Vector3(0, -1, 0);
    var ray = new THREE.Ray(marker.position, vector);
    var intersects = ray.intersectObjects(not_allowed);
    if (intersects.length > 0) return true;
    return false;
  }
</script>
```

Code: Obstjagd

Das ist der Code für unseren Avatar, nachdem wir das Obstjagd-Spiel aus Kapitel 11, *Projekt: Obstjagd*, auf Seite 113 hinzugefügt haben. Dieser Code verwendet WebGLRenderer, um die Bäume ein bisschen hübscher zu gestalten, doch der CanvasRenderer sollte fast genauso gut funktionieren.

```
<body></body>
<script src="http://gamingJS.com/Three.js"></script>
<script src="http://gamingJS.com/Tween.js"></script>
<script src="http://gamingJS.com/ChromeFixes.js"></script>
<script src="http://gamingJS.com/Scoreboard.js"></script>
<script src="http://gamingJS.com/Sounds.js"></script>
<script>
  // This is where stuff in our game will happen:
  var scene = new THREE.Scene();

  // This is what sees the stuff:
  var aspect_ratio = window.innerWidth / window.innerHeight;
  var camera = new THREE.PerspectiveCamera(75, aspect_ratio, 1, 10000);
```

```
camera.position.z = 500;
//scene.add(camera);

// This will draw what the camera sees onto the screen:
var renderer = new THREE.WebGLRenderer();
renderer.setSize(window.innerWidth, window.innerHeight);
document.body.appendChild(renderer.domElement);

// ******** START CODING ON THE NEXT LINE ********
var not_allowed = [];

var scoreboard = new Scoreboard();
scoreboard.countdown(45);
scoreboard.score();
scoreboard.help(
  'Pfeiltasten zum Bewegen; ' +
  'Leertaste zum Springen nach dem Obst; ' +
  'Achte auf wackelnde Bäume mit Obst.' +
  'Gehe zu dem Baum und spring, bevor das Obst verschwunden ist!'
);
var game_over = false;
scoreboard.onTimeExpired(function() {
  scoreboard.message("Das Spiel ist aus!");
  game_over = true;
});

var marker = new THREE.Object3D();
scene.add(marker);

var cover = new THREE.MeshNormalMaterial();
var body = new THREE.SphereGeometry(100);
var avatar = new THREE.Mesh(body, cover);
marker.add(avatar);

var hand = new THREE.SphereGeometry(50);

var right_hand = new THREE.Mesh(hand, cover);
right_hand.position.set(-150, 0, 0);
avatar.add(right_hand);

var left_hand = new THREE.Mesh(hand, cover);
left_hand.position.set(150, 0, 0);
avatar.add(left_hand);

var foot = new THREE.SphereGeometry(50);

var right_foot = new THREE.Mesh(foot, cover);
```

```
right_foot.position.set(-75, -125, 0);
avatar.add(right_foot);

var left_foot = new THREE.Mesh(foot, cover);
left_foot.position.set(75, -125, 0);
avatar.add(left_foot);

marker.add(camera);

var tree_with_treasure;
var trees = [];
trees.push(makeTreeAt( 500, 0));
trees.push(makeTreeAt(-500, 0));
trees.push(makeTreeAt( 750, -1000));
trees.push(makeTreeAt(-750, -1000));

function makeTreeAt(x, z) {
  // Ändere keinen Code am Anfang ...
  var trunk = new THREE.Mesh(
    new THREE.CylinderGeometry(50, 50, 200),
    new THREE.MeshBasicMaterial({color: 0xA0522D})
  );

  var top = new THREE.Mesh(
    new THREE.SphereGeometry(150),
    new THREE.MeshBasicMaterial({color: 0x228B22})
  );
  top.position.y = 175;
  trunk.add(top);

  var boundary = new THREE.Mesh(
    new THREE.CircleGeometry(300),
    new THREE.MeshNormalMaterial()
  );
  boundary.position.y = -100;
  boundary.rotation.x = -Math.PI/2;
  trunk.add(boundary);

  not_allowed.push(boundary);

  trunk.position.set(x, -75, z);
  scene.add(trunk);
  // ... aber füge diese Zeile am Ende hinzu:
  return top;
}

function shakeTree() {
  tree_with_treasure = Math.floor(Math.random() * trees.length);
```

```
    new TWEEN
      .Tween({x: 0})
      .to({x: 2*Math.PI}, 200)
      .repeat(20)
      .onUpdate(function () {
        trees[tree_with_treasure].position.x = 75 * Math.sin(this.x);
      })
      .start();

    setTimeout(shakeTree, 12*1000);
}
shakeTree();

// Now, animate what the camera sees on the screen:
var clock = new THREE.Clock(true);
function animate() {
  requestAnimationFrame(animate);
  TWEEN.update();
  walk();
  turn();
  acrobatics();
  renderer.render(scene, camera);
}
animate();

function walk() {
  if (!isWalking()) return;
  var position = Math.sin(clock.getElapsedTime()*5) * 50;
  right_hand.position.z = position;
  left_hand.position.z = -position;
  right_foot.position.z = -position;
  left_foot.position.z = position;
}

function turn() {
  var direction = 0;
  if (is_moving_forward) direction = Math.PI;
  if (is_moving_back) direction = 0;
  if (is_moving_right) direction = Math.PI/2;
  if (is_moving_left) direction = -Math.PI/2;

  spinAvatar(direction);
}

function spinAvatar(direction) {
  new TWEEN
    .Tween({y: avatar.rotation.y})
```

```
    .to({y: direction}, 100)
    .onUpdate(function () {
      avatar.rotation.y = this.y;
    })
    .start();
}


var is_cartwheeling = false;
var is_flipping = false;
function acrobatics() {
  if (is_cartwheeling) {
    avatar.rotation.z = avatar.rotation.z + 0.05;
  }
  if (is_flipping) {
    avatar.rotation.x = avatar.rotation.x + 0.05;
  }
}


var is_moving_left, is_moving_right, is_moving_forward,
                   is_moving_back;
function isWalking() {
  if (is_moving_right) return true;
  if (is_moving_left) return true;
  if (is_moving_forward) return true;
  if (is_moving_back) return true;
  return false;
}

document.addEventListener('keydown', function(event) {
  var code = event.keyCode;
  if (code == 32) jump();                              // Leertaste

  if (code == 37) {                                    // nach links
    marker.position.x = marker.position.x-5;
    is_moving_left = true;
  }
  if (code == 38) {                                    // nach oben
    marker.position.z = marker.position.z-5;
    is_moving_forward = true;
  }
  if (code == 39) {                                    // nach rechts
    marker.position.x = marker.position.x+5;
    is_moving_right = true;
  }
  if (code == 40) {                                    // nach unten
    marker.position.z = marker.position.z+5;
    is_moving_back = true;
  }
```

```
    if (code == 67) is_cartwheeling = !is_cartwheeling; // C
    if (code == 70) is_flipping = !is_flipping;         // F

  if (detectCollisions()) {
    if (is_moving_left) marker.position.x = marker.position.x+5;
    if (is_moving_right) marker.position.x = marker.position.x-5;
    if (is_moving_forward) marker.position.z = marker.position.z+5;
    if (is_moving_back) marker.position.z = marker.position.z-5;
  }
});

document.addEventListener('keyup', function(event) {
  var code = event.keyCode;

  if (code == 37) is_moving_left = false;
  if (code == 38) is_moving_forward = false;
  if (code == 39) is_moving_right = false;
  if (code == 40) is_moving_back = false;
});

function detectCollisions() {
  var vector = new THREE.Vector3(0, -1, 0);
  var ray = new THREE.Ray(marker.position, vector);
  var intersects = ray.intersectObjects(not_allowed);
  if (intersects.length > 0) return true;
  return false;
}

function jump() {
  checkForTreasure();
  animateJump();
}

function checkForTreasure() {
  if (tree_with_treasure == undefined) return;

  var treasure_tree = trees[tree_with_treasure],
      p1 = treasure_tree.parent.position,
      p2 = marker.position;

  var distance = Math.sqrt(
      (p1.x - p2.x)*(p1.x - p2.x) +
      (p1.z - p2.z)*(p1.z - p2.z)
  );

  if (distance < 500) {
    scorePoints();
  }
}
```

```
function scorePoints() {
  if (scoreboard.getTimeRemaining() === 0) return;
  scoreboard.addPoints(10);
  Sounds.bubble.play();
  animateFruit();
}

var fruit;
function animateFruit() {
  if (fruit) return;

  fruit = new THREE.Mesh(
    new THREE.CylinderGeometry(25, 25, 5, 25),
    new THREE.MeshBasicMaterial({color: 0xFFD700})
  );
  fruit.rotation.x = Math.PI/2;

  marker.add(fruit);

  new TWEEN.
    Tween({
      height: 150,
      spin: 0
    }).
    to({
      height: 250,
      spin: 4
    }, 500).
    onUpdate(function () {
      fruit.position.y = this.height;
      fruit.rotation.z = this.spin;
    }).
    onComplete(function() {
      marker.remove(fruit);
      fruit = undefined;
    }).
    start();
}

function animateJump() {
  new TWEEN
    .Tween({jump: 0})
    .to({jump: Math.PI}, 500)
    .onUpdate(function () {
      marker.position.y = 200* Math.sin(this.jump);
    })
```

```
      .start();
  }
</script>
```

Code: Mit Licht und Material arbeiten

Dies ist die fertige Version des Codes, mit dem wir in Kapitel 12, *Mit Licht und Material arbeiten*, auf Seite 125 Licht und Material erkundet haben.

```
<body></body>
<script src="http://gamingJS.com/Three.js"></script>
<script src="http://gamingJS.com/ChromeFixes.js"></script>
<script>
  // This is where stuff in our game will happen:
  var scene = new THREE.Scene();

  // This is what sees the stuff:
  var aspect_ratio = window.innerWidth / window.innerHeight;
  var camera = new THREE.PerspectiveCamera(75, aspect_ratio, 1,
10000);
  camera.position.z = 500;
  scene.add(camera);

  // This will draw what the camera sees onto the screen:
  var renderer = new THREE.WebGLRenderer();
  renderer.shadowMapEnabled = true;
  //var renderer = new THREE.CanvasRenderer();
  renderer.setSize(window.innerWidth, window.innerHeight);
  document.body.appendChild(renderer.domElement);

  // ******** START CODING ON THE NEXT LINE ********

  var shape = new THREE.SphereGeometry(100);
  var cover = new THREE.MeshBasicMaterial();
  cover.color.setRGB(1, 0, 0);
  var ball = new THREE.Mesh(shape, cover);
  scene.add(ball);
  ball.position.set(500, 0, 0);

  var shape = new THREE.TorusGeometry(100, 50, 8, 20);
  var cover = new THREE.MeshPhongMaterial();
  cover.emissive.setRGB(0.8, 0.1, 0.1);
  cover.specular.setRGB(0.9, 0.9, 0.9);
  var donut = new THREE.Mesh(shape, cover);
  scene.add(donut);
  donut.castShadow = true;
```

```
var sunlight = new THREE.DirectionalLight();
sunlight.intensity = 0.5;
sunlight.position.set(100, 100, 100);
scene.add(sunlight);
sunlight.castShadow = true;

var shape = new THREE.PlaneGeometry(1000, 1000);
var cover = new THREE.MeshBasicMaterial();
var ground = new THREE.Mesh(shape, cover);
scene.add(ground);
ground.position.set(0, -200, 0);
ground.rotation.set(-Math.PI/2, 0, 0);
ground.receiveShadow = true;

var clock = new THREE.Clock();
function animate() {
  requestAnimationFrame(animate);

  var time = clock.getElapsedTime();
  donut.rotation.set(time, 2*time, 0);

  renderer.render(scene, camera);
}
animate();
</script>
```

Code: Bau dein eigenes Sonnensystem

Dies ist die fertige Version des Sonnensystems aus Kapitel 13, *Projekt: Baue dein eigenes Sonnensystem*, auf Seite 135.

```
<body></body>
<script src="http://gamingJS.com/Three.js"></script>
<script src="http://gamingJS.com/ChromeFixes.js"></script>
<script>
  // This is where stuff in our game will happen:
  var scene = new THREE.Scene();

  // This is what sees the stuff:
  var aspect_ratio = window.innerWidth / window.innerHeight;
  var above_cam = new THREE.PerspectiveCamera(75, aspect_ratio, 1, 1e6);
  above_cam.position.z = 1000;
  scene.add(above_cam);

  var earth_cam = new THREE.PerspectiveCamera(75, aspect_ratio, 1, 1e6);
  scene.add(earth_cam);
```

```
var camera = above_cam;

// This will draw what the camera sees onto the screen:
var renderer = new THREE.WebGLRenderer();
renderer.setSize(window.innerWidth, window.innerHeight);
document.body.appendChild(renderer.domElement);

// ******** START CODING ON THE NEXT LINE ********
document.body.style.backgroundColor = 'black';

var surface = new THREE.MeshPhongMaterial({ambient: 0xFFD700});
var star = new THREE.SphereGeometry(50, 28, 21);
var sun = new THREE.Mesh(star, surface);
scene.add(sun);

var ambient = new THREE.AmbientLight(0xffffff);
scene.add(ambient);

var sunlight = new THREE.PointLight(0xffffff, 5, 1000);
sun.add(sunlight);

var surface = new THREE.MeshPhongMaterial({ambient: 0x1a1a1a,
                                           color: 0x0000cd});
var planet = new THREE.SphereGeometry(20, 20, 15);
var earth = new THREE.Mesh(planet, surface);
earth.position.set(250, 0, 0);
scene.add(earth);

var surface = new THREE.MeshPhongMaterial({ambient: 0x1a1a1a,
                                           color: 0xb22222});
var planet = new THREE.SphereGeometry(20, 20, 15);
var mars = new THREE.Mesh(planet, surface);
mars.position.set(500, 0, 0);
scene.add(mars);

clock = new THREE.Clock();

function animate() {
  requestAnimationFrame(animate);

  var time = clock.getElapsedTime();

  var e_angle = time * 0.8;
  earth.position.set(250* Math.cos(e_angle),
                     250* Math.sin(e_angle), 0);

  var m_angle = time * 0.3;
```

```
    mars.position.set(500* Math.cos(m_angle),
                      500* Math.sin(m_angle), 0);

  var y_diff = mars.position.y - earth.position.y,
      x_diff = mars.position.x - earth.position.x,
      angle = Math.atan2(x_diff, y_diff);

  earth_cam.rotation.set(Math.PI/2, -angle, 0);
  earth_cam.position.set(earth.position.x, earth.position.y, 22);

  // Now, show what the camera sees on the screen:
  renderer.render(scene, camera);
}

animate();

var stars = new THREE.Geometry();
while (stars.vertices.length < 1e4) {
  var lat = Math.PI * Math.random() - Math.PI/2;
  var lon = 2*Math.PI * Math.random();

  stars.vertices.push(new THREE.Vector3(
    1e5 * Math.cos(lon) * Math.cos(lat),
    1e5 * Math.sin(lon) * Math.cos(lat),
    1e5 * Math.sin(lat)
  ));
}
var star_stuff = new THREE.ParticleBasicMaterial({size: 500});
var star_system = new THREE.ParticleSystem(stars, star_stuff);
scene.add(star_system);

document.addEventListener("keydown", function(event) {
  var code = event.keyCode;

  if (code == 65) { // A
    camera = above_cam;
  }
  if (code == 69) { // E
    camera = earth_cam;
  }
});
</script>
```

Code: Die Mondphasen

Dies ist die fertige Version des Mondphasen-Codes aus Kapitel 14,
Projekt: Die Mondphasen, auf Seite 143.

```
<body></body>
<script src="http://gamingJS.com/Three.js"></script>
<script src="http://gamingJS.com/ChromeFixes.js"></script>
<script>
  // This is where stuff in our game will happen:
  var scene = new THREE.Scene();

  // This is what sees the stuff:
  var aspect_ratio = window.innerWidth / window.innerHeight;
  var above_cam = new THREE.PerspectiveCamera(75, aspect_ratio, 1,
1e6);
  above_cam.position.z = 1000;
  scene.add(above_cam);
  var earth_cam = new THREE.PerspectiveCamera(75, aspect_ratio, 1,
1e6);

  var camera = above_cam;

  // This will draw what the camera sees onto the screen:
  var renderer = new THREE.WebGLRenderer();
  renderer.setSize(window.innerWidth, window.innerHeight);
  document.body.appendChild(renderer.domElement);

  // ******** START CODING ON THE NEXT LINE ********
  document.body.style.backgroundColor = 'black';

  var surface = new THREE.MeshPhongMaterial({ambient: 0xFFD700});
  var star = new THREE.SphereGeometry(50, 28, 21);
  var sun = new THREE.Mesh(star, surface);
  scene.add(sun);

  var ambient = new THREE.AmbientLight(0xffffff);
  scene.add(ambient);

  var sunlight = new THREE.PointLight(0xffffff, 5, 1000);
  sun.add(sunlight);

  var surface = new THREE.MeshPhongMaterial({ambient: 0x1a1a1a,
                                             color: 0x0000cd});
  var planet = new THREE.SphereGeometry(20, 20, 15);
  var earth = new THREE.Mesh(planet, surface);
  earth.position.set(250, 0, 0);
  scene.add(earth);

  var surface = new THREE.MeshPhongMaterial({ambient: 0x1a1a1a,
                                             color: 0xffffff});
  var planet = new THREE.SphereGeometry(15, 30, 25);
  var moon = new THREE.Mesh(planet, surface);
```

```javascript
var moon_orbit = new THREE.Object3D();
earth.add(moon_orbit);
moon_orbit.add(moon);
moon.position.set(0, 100, 0);
moon_orbit.add(earth_cam);
earth_cam.rotation.set(Math.PI/2, 0, 0);

var time = 0,
    speed = 1,
    pause = false;

function animate() {
  requestAnimationFrame(animate);
  renderer.render(scene, camera);

  if (pause) return;
  time = time + speed;
  var e_angle = time * 0.001;
  earth.position.set(250* Math.cos(e_angle),
                     250* Math.sin(e_angle), 0);
  var m_angle = time * 0.02;
  moon_orbit.rotation.set(0, 0, m_angle);
}
animate();

var stars = new THREE.Geometry();
while (stars.vertices.length < 1e4) {
  var lat = Math.PI * Math.random() - Math.PI/2;
  var lon = 2*Math.PI * Math.random();

  stars.vertices.push(new THREE.Vector3(
    1e5 * Math.cos(lon) * Math.cos(lat),
    1e5 * Math.sin(lon) * Math.cos(lat),
    1e5 * Math.sin(lat)
  ));
}
var star_stuff = new THREE.ParticleBasicMaterial({size: 500});
var star_system = new THREE.ParticleSystem(stars, star_stuff);
scene.add(star_system);

document.addEventListener("keydown", function(event) {
  var code = event.keyCode;

  if (code == 67) changeCamera(); // C
  if (code == 32) changeCamera(); // Leertaste
  if (code == 80) pause = !pause; // P
  if (code == 49) speed = 1;  // 1
  if (code == 50) speed = 2;  // 2
```

```
    if (code == 51) speed = 10; // 3
  });

  function changeCamera() {
    if (camera == above_cam) camera = earth_cam;
    else camera = above_cam;
  }
</script>
```

Code: Das Lila-Obstmonster-Spiel

Dies ist die fertige Version des Spielcodes aus Kapitel 15, *Projekt: Das Lila Obstmonster-Spiel*, auf Seite 153.

```
<body></body>
<script src="http://gamingJS.com/Three.js"></script>
<script src="http://gamingJS.com/physi.js"></script>
<script src="http://gamingJS.com/Scoreboard.js"></script>
<script src="http://gamingJS.com/ChromeFixes.js"></script>
<script>
  // This is where stuff in our game will happen:
  Physijs.scripts.ammo = 'http://gamingJS.com/ammo.js';
  Physijs.scripts.worker = 'http://gamingJS.com/physijs_worker.js';

  var scene = new Physijs.Scene({ fixedTimeStep: 2 / 60 });
  scene.setGravity(new THREE.Vector3( 0, -100, 0 ));

  // This is what sees the stuff:
  var aspect_ratio = window.innerWidth / window.innerHeight;
  var camera = new THREE.PerspectiveCamera(75, aspect_ratio, 1,
10000);
  camera.position.z = 200;
  camera.position.y = 100;
  scene.add(camera);

  // This will draw what the camera sees onto the screen:
  var renderer = new THREE.WebGLRenderer();
  renderer.setSize(window.innerWidth, window.innerHeight);
  document.body.appendChild(renderer.domElement);

  // ******** START CODING ON THE NEXT LINE ********
  var ground = addGround();
  var avatar = addAvatar();
  var scoreboard = addScoreboard();
  animate();
  gameStep();

  function addGround() {
```

```
      document.body.style.backgroundColor = '#87CEEB';
      ground = new Physijs.PlaneMesh(
        new THREE.PlaneGeometry(1e6, 1e6),
        new THREE.MeshBasicMaterial({color: 0x7CFC00})
      );
      ground.rotation.x = -Math.PI/2;
      scene.add(ground);
      return ground;
    }

    function addAvatar() {
      avatar = new Physijs.BoxMesh(
        new THREE.CubeGeometry(40, 50, 1),
        new THREE.MeshBasicMaterial({visible: false})
      );
      var avatar_material = new THREE.MeshBasicMaterial({
        map: THREE.ImageUtils.loadTexture('/images/purple_fruit_monster.
png'),
        transparent: true
      });
      var avatar_picture = new THREE.Mesh(
        new THREE.PlaneGeometry(40, 50), avatar_material
      );
      avatar.add(avatar_picture);
      avatar.position.set(-50, 50, 0);
      scene.add(avatar);

      avatar.setAngularFactor(new THREE.Vector3( 0, 0, 0 )); // keine
Drehung
      avatar.setLinearFactor(new THREE.Vector3( 1, 1, 0 )); // nur
bewegen auf den x-/y-Achsen
      avatar.setLinearVelocity(new THREE.Vector3(0, 150, 0));

      avatar.addEventListener('collision', function(object) {
        if (object.is_fruit) {
          scoreboard.addPoints(10);
          avatar.setLinearVelocity(new THREE.Vector3(0, 50, 0));
          scene.remove(object);
        }
        if (object == ground) {
          game_over = true;
          scoreboard.message("Das Spiel ist aus!");
        }
      });
      return avatar;
    }

    function addScoreboard() {
      var scoreboard = new Scoreboard();
```

```
    scoreboard.score(0);
    scoreboard.help('Benutze die Pfeiltasten zum Bewegen und die
Leertaste zum Springen');
    return scoreboard;
  }

  var game_over = false;
  function animate() {
    if (game_over) return;

    requestAnimationFrame(animate);
    scene.simulate(); // hier kommt die Physik ins Spiel
    renderer.render(scene, camera);
  }

  function gameStep() {
    if (game_over) return;

    launchFruit();
    setTimeout(gameStep, 3*1000);
  }

  function launchFruit() {
    var fruit = new Physijs.ConvexMesh(
      new THREE.CylinderGeometry(20, 20, 1, 24),
      new THREE.MeshBasicMaterial({visible: false})
    );
    var material = new THREE.MeshBasicMaterial({
      map: THREE.ImageUtils.loadTexture('/images/fruit.png'),
      transparent: true
    });
    var picture = new THREE.Mesh(new THREE.PlaneGeometry(40, 40),
material);
    picture.rotation.x = -Math.PI/2;
    fruit.add(picture);

    fruit.is_fruit = true;
    fruit.setAngularFactor(new THREE.Vector3( 0, 0, 1 ));
    fruit.setLinearFactor(new THREE.Vector3( 1, 1, 0 ));
    fruit.position.set(300, 20, 0);
    fruit.rotation.x = Math.PI/2;
    scene.add(fruit);
    fruit.setLinearVelocity(
      new THREE.Vector3(-150, 0, 0)
    );
  }

  document.addEventListener("keydown", function(event) {
```

```
    var code = event.keyCode;

    if (code == 37) left(); // Linkspfeil
    if (code == 39) right(); // Rechtspfeil
    if (code == 38) up(); // Pfeil nach oben
    if (code == 32) up(); // Leertaste
    if (code == 82) reset(); // R
  });

  function left() { move(-50, 0); }
  function right() { move(50, 0); }
  function up() { move(avatar.getLinearVelocity().x, 50); }

  function move(x, y) {
    avatar.setLinearVelocity(
      new THREE.Vector3(x, y, 0)
    );
  }

  function reset() {
    avatar.__dirtyPosition = true;
    avatar.position.set(-50, 50, 0);
    avatar.setLinearVelocity(new THREE.Vector3(0, 150, 0));

    for (var i in scene._objects) {
      if (scene._objects[i].is_fruit) {
        scene.remove(scene._objects[i]);
      }
    }

    scoreboard.score(0);
    if (game_over) {
      game_over = false;
      animate();
      gameStep();
    }
  }
</script>
```

Code: Balancierbrett

Dies ist die fertige Version des Spielcodes aus Kapitel 16, *Projekt: Balancierbrett*, auf Seite 167.

```
<body></body>
<script src="http://gamingJS.com/Three.js"></script>
<script src="http://gamingJS.com/physi.js"></script>
<script src="http://gamingJS.com/ChromeFixes.js"></script>
```

```
<script>
  // Physikeinstellungen
  Physijs.scripts.ammo = 'http://gamingJS.com/ammo.js';
  Physijs.scripts.worker = 'http://gamingJS.com/physijs_worker.js';

  // This is where stuff in our game will happen:
  var scene = new Physijs.Scene({ fixedTimeStep: 2 / 60 });
  scene.setGravity(new THREE.Vector3( 0, -50, 0 ));

  // This is what sees the stuff:
  var aspect_ratio = window.innerWidth / window.innerHeight;
  var camera = new THREE.PerspectiveCamera(75, aspect_ratio, 1,
10000);
  camera.position.set(0, 100, 200);
  camera.rotation.x = -Math.PI/8;
  scene.add(camera);

  // This will draw what the camera sees onto the screen:
  var renderer = new THREE.WebGLRenderer();
  renderer.shadowMapEnabled = true;
  renderer.setSize(window.innerWidth, window.innerHeight);
  document.body.appendChild(renderer.domElement);

  // ******** START CODING ON THE NEXT LINE ********
  addLights();

  var ball = addBall();
  var board = addBoard();

  addControls();
  addGoal();
  addBackground();

  animate();
  gameStep();

  function addLights() {
    scene.add(new THREE.AmbientLight(0x999999));

    var back_light = new THREE.PointLight(0xffffff);
    back_light.position.set(50, 50, -100);
    scene.add(back_light);

    var spot_light = new THREE.SpotLight(0xffffff);
    spot_light.position.set(-250, 250, 250);
    spot_light.castShadow = true;
    scene.add(spot_light);
  }
```

```javascript
function addBall() {
  var ball = new Physijs.SphereMesh(
    new THREE.SphereGeometry(10, 25, 21),
    new THREE.MeshPhongMaterial({
      color: 0x333333,
      shininess: 100.0,
      ambient: 0xff0000,
      emissive: 0x111111,
      specular: 0xbbbbbb
    })
  );
  ball.castShadow = true;
  scene.add(ball);
  resetBall(ball);
  return ball;
}

function resetBall(ball) {
  ball.__dirtyPosition = true;
  ball.position.set(-33, 50, -65);
  ball.setLinearVelocity(0,0,0);
  ball.setAngularVelocity(0,0,0);
}

function addBoard() {
  var material = new THREE.MeshPhongMaterial({
    color: 0x333333,
    shininess: 40,
    ambient: 0xffd700,
    emissive: 0x111111,
    specular: 0xeeeeee
  });

  var beam = new Physijs.BoxMesh(
    new THREE.CubeGeometry(50, 2, 200),
    material,
    0
  );
  beam.position.set(-37, 0, 0);
  beam.receiveShadow = true;

  var beam2 = new Physijs.BoxMesh(
    new THREE.CubeGeometry(50, 2, 200),
    material
  );
  beam2.position.set(75, 0, 0);
  beam2.receiveShadow = true;
  beam.add(beam2);
```

```javascript
  var beam3 = new Physijs.BoxMesh(
    new THREE.CubeGeometry(200, 2, 50),
    material
  );
  beam3.position.set(40, 0, -40);
  beam3.receiveShadow = true;
  beam.add(beam3);

  var beam4 = new Physijs.BoxMesh(
    new THREE.CubeGeometry(200, 2, 50),
    material
  );
  beam4.position.set(40, 0, 40);
  beam4.receiveShadow = true;
  beam.add(beam4);

  beam.rotation.set(0.1, 0, 0);
  scene.add(beam);
  return beam;
}

function addControls() {
  document.addEventListener("keydown", function(event) {
    var code = event.keyCode;

    if (code == 37) left();
    if (code == 39) right();
    if (code == 38) up();
    if (code == 40) down();
  });
}

function left() { tilt('z', 0.02); }
function right() { tilt('z', -0.02); }
function up() { tilt('x', -0.02); }
function down() { tilt('x', 0.02); }
function tilt(dir, amount) {
  board.__dirtyRotation = true;
  board.rotation[dir] = board.rotation[dir] + amount;
}

function addGoal() {
  var light = new THREE.Mesh(
    new THREE.CylinderGeometry(20, 20, 1000),
    new THREE.MeshPhongMaterial({
      transparent:true,
      opacity: 0.15,
      shininess: 0,
```

```
      ambient: 0xffffff,
      emissive: 0xffffff
    })
  );
  scene.add(light);

  var score = new Physijs.ConvexMesh(
    new THREE.PlaneGeometry(20, 20),
    new THREE.MeshNormalMaterial({wireframe: true})
  );
  score.position.y = -50;
  score.rotation.x = -Math.PI/2;
  scene.add(score);

  score.addEventListener('collision', function() {
    flashGoalLight(light);
    resetBall(ball);
  });
}

function addBackground() {
  document.body.style.backgroundColor = 'black';
  var stars = new THREE.Geometry();
  while (stars.vertices.length < 1000) {
    var lat = Math.PI * Math.random() - Math.PI/2;
    var lon = 2*Math.PI * Math.random();
    stars.vertices.push(new THREE.Vector3(
      1000 * Math.cos(lon) * Math.cos(lat),
      1000 * Math.sin(lon) * Math.cos(lat),
      1000 * Math.sin(lat)
    ));
  }
  var star_stuff = new THREE.ParticleBasicMaterial({size: 5});
  var star_system = new THREE.ParticleSystem(stars, star_stuff);
  scene.add(star_system);
}

function animate() {
  requestAnimationFrame(animate);
  scene.simulate(); // Hier kommt die Physik ins Spiel
  renderer.render(scene, camera);
}

function gameStep() {
  if (ball.position.y < -100) resetBall(ball);
  setTimeout(gameStep, 1000 / 60);
}
```

```
function flashGoalLight(light, remaining) {
  if (typeof(remaining) == 'undefined') remaining = 9;

  if (light.material.opacity == 0.4) {
    light.material.ambient.setRGB(1,1,1);
    light.material.emissive.setRGB(1,1,1);
    light.material.color.setRGB(1,1,1);
    light.material.opacity = 0.15;
  }
  else {
    light.material.ambient.setRGB(1,0,0);
    light.material.emissive.setRGB(1,0,0);
    light.material.color.setRGB(1,0,0);
    light.material.opacity = 0.4;
  }

  if (remaining > 0) {
    setTimeout(function() {flashGoalLight(light, remaining-1);}, 500);
  }
}
</script>
```

Code: JavaScript-Objekte kennenlernen

Der Code aus Kapitel 17, *Projekt: JavaScript-Objekte kennenlernen*,
auf Seite 183 sollte ungefähr so aussehen.

```
<body></body>
<script src="http://gamingJS.com/Three.js"></script>
<script src="http://gamingJS.com/ChromeFixes.js"></script>
<script>
  // This is where stuff in our game will happen:
  var scene = new THREE.Scene();

  // This is what sees the stuff:
  var aspect_ratio = window.innerWidth / window.innerHeight;
  var camera = new THREE.PerspectiveCamera(75, aspect_ratio, 1,
10000);
  camera.position.z = 500;
  scene.add(camera);

  // This will draw what the camera sees onto the screen:
  var renderer = new THREE.CanvasRenderer();
  renderer.setSize(window.innerWidth, window.innerHeight);
  document.body.appendChild(renderer.domElement);
```

```
// ******** START CODING ON THE NEXT LINE ********
var best_movie = {
  title: 'Star Wars',
  year: 1977
};

var best_movie = {
  title: 'Star Wars',
  year: 1977,
  stars: ['Mark Hamill', 'Harrison Ford', 'Carrie Fisher'],
  aboutMe: function() {
    console.log(this.title + ', starring: ' + this.stars);
  }
};
best_movie.aboutMe();
// => Star Wars, starring: Mark Hamill,Harrison Ford,Carrie Fisher

var great_movie = Object.create(best_movie);
great_movie.aboutMe();
// => Star Wars, starring: Mark Hamill,Harrison Ford,Carrie Fisher

great_movie.title = 'Toy Story';
great_movie.year = 1995;
great_movie.stars = ['Tom Hanks', 'Tim Allen'];
great_movie.aboutMe();
// => Toy Story, starring: Tom Hanks,Tim Allen

best_movie.aboutMe();
// => Star Wars, starring: Mark Hamill,Harrison Ford,Carrie Fisher

function Movie(title, stars) {
  this.title = title;
  this.stars = stars;
  this.year = (new Date()).getFullYear();
}
var kung_fu_movie = new Movie('Kung Fu Panda', ['Jack Black',
                                'Angelina Jolie']);
console.log(kung_fu_movie.title);
// => Kung Fu Panda
console.log(kung_fu_movie.stars);
// => ['Jack Black', 'Angelina Jolie']
console.log(kung_fu_movie.year);
// => 2013

Movie.prototype.aboutMe = function() {
  console.log(this.title + ', starring: ' + this.stars);
};
kung_fu_movie.aboutMe();
```

```
// => Kung Fu Panda, starring: Jack Black,Angelina Jolie

var donut = {
  mesh: new THREE.Mesh(
    new THREE.TorusGeometry(100, 50, 8, 20),
    new THREE.MeshBasicMaterial({color: 0x33cc33})
  ),
  speed: 1,
  spin: function() {
    var mesh = this.mesh;
    scene.add(mesh);
  }
};



// Now, show what the camera sees on the screen:
renderer.render(scene, camera);
</script>
```

Code: Ein Höhlenpuzzle

Dies ist die fertige Version des Spielcodes aus Kapitel 18, *Projekt:
Ein Höhlenpuzzle*, auf Seite 191.

```
<body></body>
<script src="http://gamingJS.com/Three.js"></script>
<script src="http://gamingJS.com/physi.js"></script>
<script src="http://gamingJS.com/ChromeFixes.js"></script>
<script src="http://gamingJS.com/Scoreboard.js"></script>
<script src="http://gamingJS.com/Mouse.js"></script>
<script>
  // Physics settings
  Physijs.scripts.ammo = 'http://gamingJS.com/ammo.js';
  Physijs.scripts.worker = 'http://gamingJS.com/physijs_worker.js';

  // This is where stuff in our game will happen:
  var scene = new Physijs.Scene({ fixedTimeStep: 2 / 60 });
  scene.setGravity(new THREE.Vector3( 0, -100, 0 ));

  // This is what sees the stuff:
  var width = window.innerWidth,
      height = window.innerHeight,
      aspect_ratio = width / height;
  //var camera = new THREE.PerspectiveCamera(75, aspect_ratio, 1,
10000);
  var camera = new THREE.OrthographicCamera(
    -width/2, width/2, height/2, -height/2, 1, 10000
  );
```

```
camera.position.z = 500;
scene.add(camera);

// This will draw what the camera sees onto the screen:
var renderer = new THREE.WebGLRenderer();
renderer.setSize(window.innerWidth, window.innerHeight);
document.body.appendChild(renderer.domElement);
document.body.style.backgroundColor = '#9999aa';

// ******** START CODING ON THE NEXT LINE ********

/*
// Grenzen der Perspektivenkamera
function makeBorder(x, y, w, h) {
  var border = new Physijs.BoxMesh(
    new THREE.CubeGeometry(1.2*w, 1.2*h, 100),
    Physijs.createMaterial(
      new THREE.MeshBasicMaterial({color: 0x000000}), 0.2, 1.0
    ),
    0
  );
  border.position.set(1.2*x, 1.2*y, 0);
  return border;
}
*/
function makeBorder(x, y, w, h) {
  var border = new Physijs.BoxMesh(
    new THREE.CubeGeometry(w, h, 100),
    Physijs.createMaterial(
      new THREE.MeshBasicMaterial({color: 0x000000}), 0.2, 1.0
    ),
    0
  );
  border.position.set(x, y, 0);
  return border;
}
scene.add(makeBorder(width/-2, 0,        50,    height));
scene.add(makeBorder(width/2,  0,        50,    height));
scene.add(makeBorder(0,        height/2,  width, 50));
scene.add(makeBorder(0,        height/-2, width, 50));

var avatar = new Physijs.ConvexMesh(

  new THREE.CylinderGeometry(30, 30, 5, 16),
  Physijs.createMaterial(
```

```
      new THREE.MeshBasicMaterial({color:0xbb0000}), 0.2, 0.5
    )
);
avatar.rotation.set(Math.PI/2, 0, 0);
avatar.position.set(0.5 * width/-2, -height/2 + 25 + 30, 0);
scene.add(avatar);

avatar.setAngularFactor(new THREE.Vector3( 0, 0, 0 )); // nicht drehen
avatar.setLinearFactor(new THREE.Vector3( 1, 1, 0 )); // nur auf den
x- und y-Achsen bewegen

avatar.addEventListener('collision', function(object) {
  if (object.isGoal) gameOver();
});

document.addEventListener("keydown", function(event) {
  var code = event.keyCode;
  if (code == 37) move(-50); // Linkspfeil
  if (code == 39) move(50);  // Rechtspfeil
});

function move(x) {
  var v_y = avatar.getLinearVelocity().y,
      v_x = avatar.getLinearVelocity().x;

  if (Math.abs(v_x + x) > 200) return;
  avatar.setLinearVelocity(
    new THREE.Vector3(v_x + x, v_y, 0)
  );
}

var goal = new Physijs.ConvexMesh(
  new THREE.TorusGeometry(100, 25, 20, 30),
  Physijs.createMaterial(
    new THREE.MeshBasicMaterial({color:0x00bb00})
  ),
  0
);
goal.isGoal = true;

function placeGoal() {
  var x = 0,
    rand = Math.random();
  if (rand < 0.33) x = width / -2;
  if (rand > 0.66) x = width / 2;
  goal.position.set(x, height/2, 0);
  scene.add(goal);
}
placeGoal();
```

```
function Ramp(x, y) {
  this.mesh = new Physijs.ConvexMesh(
    new THREE.CylinderGeometry(5, height * 0.05, height * 0.25),
    Physijs.createMaterial(
      new THREE.MeshBasicMaterial({color:0x0000cc}), 0.2, 1.0
    ),
    0
  );

  this.move(x, y);
  this.rotate(2*Math.PI*Math.random());
  this.listenForEvents();
}

Ramp.prototype.move = function(x, y) {
  this.mesh.position.x = this.mesh.position.x + x;
  this.mesh.position.y = this.mesh.position.y + y;
  this.mesh.__dirtyRotation = true;
  this.mesh.__dirtyPosition = true;
};

Ramp.prototype.rotate = function(angle) {
  this.mesh.rotation.z = this.mesh.rotation.z + angle;
  this.mesh.__dirtyRotation = true;
  this.mesh.__dirtyPosition = true;
};

Ramp.prototype.listenForEvents = function() {
  var me = this,
      mesh = this.mesh;
  mesh.addEventListener('drag', function(event) {
    me.move(event.x_diff, event.y_diff);
  });

  document.addEventListener('keydown', function(event) {
    if (!mesh.isActive) return;
    if (event.keyCode != 83) return; // S
    me.rotate(0.1);
  });
};

var ramp1 = new Ramp(-width/4, height/4);
scene.add(ramp1.mesh);
var ramp2 = new Ramp(width/4, -height/4);
scene.add(ramp2.mesh);


var scoreboard = new Scoreboard();
scoreboard.timer();
scoreboard.countdown(40);
```

```
scoreboard.help(
    "Hol dir den grünen Ring. " +
    "Klicke die blauen Rampen an und ziehe. " +
    "Klicke die blauen Rampen an und drücke S, um sie zu drehen. " +
    "Die Pfeil-links- und Pfeil-rechts-Tasten bewegen den Spieler. " +
    "Beeil dich!"
);
scoreboard.onTimeExpired(function() {
    scoreboard.setMessage("Das Spiel ist aus!");
    gameOver();
});

var pause = false;
function gameOver() {
    if (scoreboard.getTimeRemaining() > 0) scoreboard.
setMessage('Gewonnen!');
    scoreboard.stopCountdown();
    scoreboard.stopTimer();
    pause = true;
}

// Animieren der Bewegung im Spiel
function animate() {
    if (pause) return;
    requestAnimationFrame(animate);
    renderer.render(scene, camera);
}
animate();

// Hier kommt die Physik ins Spiel
function gameStep() {
    if (pause) return;
    scene.simulate();
    // Die Physik 60 Mal in der Sekunde aktualisieren, damit die
Bewegung gleichmäßig bleibt
    setTimeout(gameStep, 1000/60);
}
gameStep();
</script>
```

Code: Ein Spiel mit mehreren Levels

Dies ist die fertige Version des Spielcodes aus Kapitel 19, *Projekt: Ein Spiel mit mehreren Levels*, auf Seite 205.

```
<body></body>
<script src="http://gamingJS.com/Three.js"></script>
<script src="http://gamingJS.com/physi.js"></script>
<script src="http://gamingJS.com/ChromeFixes.js"></script>
<script src="http://gamingJS.com/Scoreboard.js"></script>
<script src="http://gamingJS.com/Mouse.js"></script>
<script src="http://gamingJS.com/Sounds.js"></script>
<script>
  // Physics settings
  Physijs.scripts.ammo = 'http://gamingJS.com/ammo.js';
  Physijs.scripts.worker = 'http://gamingJS.com/physijs_worker.js';
  // This is where stuff in our game will happen:
  var scene = new Physijs.Scene({ fixedTimeStep: 2 / 60 });
  scene.setGravity(new THREE.Vector3( 0, -100, 0 ));

  // This is what sees the stuff:
  var width = window.innerWidth,
    height = window.innerHeight,
    aspect_ratio = width / height;
  //var camera = new THREE.PerspectiveCamera(75, aspect_ratio, 1,
10000);
  var camera = new THREE.OrthographicCamera(
    -width/2, width/2, height/2, -height/2, 1, 10000
  );

  camera.position.z = 500;
  scene.add(camera);

  // This will draw what the camera sees onto the screen:
  var renderer = new THREE.WebGLRenderer();
  renderer.setSize(window.innerWidth, window.innerHeight);
  document.body.appendChild(renderer.domElement);
  document.body.style.backgroundColor = '#9999aa';

  // ******** START CODING ON THE NEXT LINE ********

  /*
  // Grenze der Perspektivenkamera
  function makeBorder(x, y, w, h) {
    var border = new Physijs.BoxMesh(
      new THREE.CubeGeometry(1.2*w, 1.2*h, 100),
      Physijs.createMaterial(
        new THREE.MeshBasicMaterial({color: 0x000000}), 0.2, 1.0
      ),
      0
    );
    border.position.set(1.2*x, 1.2*y, 0);
    return border;
  }
  */
```

```
function makeBorder(x, y, w, h) {
  var border = new Physijs.BoxMesh(
    new THREE.CubeGeometry(w, h, 100),
    Physijs.createMaterial(
      new THREE.MeshBasicMaterial({color: 0x000000}), 0.2, 1.0
    ),
    0
  );
  border.position.set(x, y, 0);
  return border;
}
scene.add(makeBorder(width/-2, 0,        50,     height));
scene.add(makeBorder(width/2,  0,        50,     height));
scene.add(makeBorder(0,        height/2, width,  50));
scene.add(makeBorder(0,        height/-2, width, 50));

var avatar = new Physijs.ConvexMesh(
  new THREE.CylinderGeometry(30, 30, 5, 16),
  Physijs.createMaterial(
    new THREE.MeshBasicMaterial({color:0xbb0000}), 0.2, 0.5
  )
);
avatar.rotation.set(Math.PI/2, 0, 0);
avatar.position.set(0.5 * width/-2, -height/2 + 25 + 30, 0);
scene.add(avatar);

avatar.setAngularFactor(new THREE.Vector3( 0, 0, 0 )); // nicht
drehen
avatar.setLinearFactor(new THREE.Vector3( 1, 1, 0 )); // nur auf der
x- und y-Achse bewegen

document.addEventListener("keydown", function(event) {
  var code = event.keyCode;
  if (code == 37) move(-50); // Linkspfeil
  if (code == 39) move(50);  // Rechtspfeil
});

function move(x) {
  var v_y = avatar.getLinearVelocity().y,
      v_x = avatar.getLinearVelocity().x;

  if (Math.abs(v_x + x) > 200) return;
  avatar.setLinearVelocity(
    new THREE.Vector3(v_x + x, v_y, 0)
  );
}

var goal = new Physijs.ConvexMesh(
  new THREE.TorusGeometry(100, 25, 20, 30),
```

```
    Physijs.createMaterial(
      new THREE.MeshBasicMaterial({color:0x00bb00})
    ),
    0
);
goal.isGoal = true;

function placeGoal() {
  var x = 0,
    rand = Math.random();
  if (rand < 0.33) x = width / -2;
  if (rand > 0.66) x = width / 2;
  goal.position.set(x, height/2, 0);
  scene.add(goal);
}
placeGoal();

function Ramp(x, y) {
  this.mesh = new Physijs.ConvexMesh(
    new THREE.CylinderGeometry(5, height * 0.05, height * 0.25),
    Physijs.createMaterial(
      new THREE.MeshBasicMaterial({color:0x0000cc}), 0.2, 1.0
    ),
    0
  );

  this.move(x, y);
  this.rotate(2*Math.PI*Math.random());
  this.listenForEvents();
}

Ramp.prototype.move = function(x, y) {
  this.mesh.position.x = this.mesh.position.x + x;
  this.mesh.position.y = this.mesh.position.y + y;
  this.mesh.__dirtyRotation = true;
  this.mesh.__dirtyPosition = true;
};

Ramp.prototype.rotate = function(angle) {
  this.mesh.rotation.z = this.mesh.rotation.z + angle;
  this.mesh.__dirtyRotation = true;
  this.mesh.__dirtyPosition = true;
};

Ramp.prototype.listenForEvents = function() {
  var me = this,
      mesh = this.mesh;
  mesh.addEventListener('drag', function(event) {
    me.move(event.x_diff, event.y_diff);
  });
```

```
      document.addEventListener('keydown', function(event) {
        if (!mesh.isActive) return;
        if (event.keyCode != 83) return; // S
        me.rotate(0.1);
      });
    };

    var ramp1 = new Ramp(-width/4, height/4);
    scene.add(ramp1.mesh);

    var ramp2 = new Ramp(width/4, -height/4);
    scene.add(ramp2.mesh);

    var scoreboard = new Scoreboard();
    scoreboard.timer();
    scoreboard.countdown(40);
    scoreboard.help(
      "Hol dir den grünen Ring. " +
      "Klicke die blauen Rampen an und ziehe. " +
      "Klicke die blauen Rampen an und drücke S, um sie zu drehen. " +
      "Die Pfeil-links- und Pfeil-rechts-Tasten bewegen den Spieler. " +
      "Beeil dich!"
    );
    scoreboard.onTimeExpired(function() {
      scoreboard.setMessage("Das Spiel ist aus!");
      gameOver();
    });

    var pause = false;
    function gameOver() {
      if (scoreboard.getTimeRemaining() > 0) scoreboard.
setMessage('Gewonnen!');
      scoreboard.stopCountdown();
      scoreboard.stopTimer();
      pause = true;
    }

    function Levels(scoreboard, scene) {
      this.scoreboard = scoreboard;
      this.scene = scene;
      this.levels = [];
      this.current_level = 0;
    }

    Levels.prototype.addLevel = function(things_on_this_level) {
      this.levels.push(things_on_this_level);
    };
```

```javascript
Levels.prototype.thingsOnCurrentLevel = function() {
  return this.levels[this.current_level];
};

Levels.prototype.draw = function() {
  var scene = this.scene;
  this.thingsOnCurrentLevel().forEach(function(thing) {
    scene.add(thing);
  });
};

Levels.prototype.erase = function() {
  var scene = this.scene;
  this.thingsOnCurrentLevel().forEach(function(obstacle) {
    scene.remove(obstacle);
  });
};

Levels.prototype.levelUp = function() {
  if (!this.hasMoreLevels()) return;
  this.erase();
  this.current_level++;
  this.draw();
  this.scoreboard.resetCountdown(50 - this.current_level * 5);
};

Levels.prototype.hasMoreLevels = function() {
  var last_level = this.levels.length-1;
  return this.current_level < last_level;
};

function buildObstacle(shape_name, x, y) {
  var shape;
  if (shape_name == 'platform') {
    shape = new THREE.CubeGeometry(height/2, height/10, 10);
  } else {
    shape = new THREE.CylinderGeometry(50, 2, height);
  }
  var material = Physijs.createMaterial(
    new THREE.MeshBasicMaterial({color:0x333333}), 0.2, 1.0
  );

  var obstacle = new Physijs.ConvexMesh(shape, material, 0);
  obstacle.position.set(x, y, 0);
  return obstacle;
}

var levels = new Levels(scoreboard, scene);
levels.addLevel([]);
```

```
levels.addLevel([
  buildObstacle('platform', 0, 0.5 * height/2 * Math.random())
]);
levels.addLevel([
  buildObstacle('platform', 0, 0.5 * height/2 * Math.random()),
  buildObstacle('platform', 0, -0.5 * height/2 * Math.random())
]);
levels.addLevel([
  buildObstacle('platform', 0, 0.5 * height/2 * Math.random()),
  buildObstacle('platform', 0, -0.5 * height/2 * Math.random()),
  buildObstacle('stalactite', -0.33 * width, height/2),
  buildObstacle('stalactite', 0.33 * width, height/2)
]);

avatar.addEventListener('collision', function(object) {
  if (!object.isGoal) return;
  if (!levels.hasMoreLevels()) return gameOver();
  moveGoal();
  levels.levelUp();
});

avatar.addEventListener('collision', function(object) {
  if (object.isGoal) Sounds.guitar.play();
  else Sounds.click.play();
});

function moveGoal() {
  scene.remove(goal);
  setTimeout(placeGoal, 2*1000);
}

// Die Bewegung im Spiel animieren
function animate() {
  if (pause) return;
  requestAnimationFrame(animate);
  renderer.render(scene, camera);
}
animate();

// Hier kommt die Physik ins Spiel
function gameStep() {
  if (pause) return;
  scene.simulate();
  // Die Physik 60 Mal in der Sekunde aktualisieren, damit die
Bewegung gleichmäßig bleibt
  setTimeout(gameStep, 1000/60);
}
gameStep();
</script>
```

Code: Rafting auf dem Fluss

Das ist die fertige Version des Spielcodes aus Kapitel 20, *Projekt: Rafting auf dem Fluss*, auf Seite 215. Er ist sehr lang. Es gibt außerdem noch einige Extras zum Herumspielen.

```html
<body></body>
<script src="http://gamingJS.com/Three.js"></script>
<script src="http://gamingJS.com/physi.js"></script>
<script src="http://gamingJS.com/ChromeFixes.js"></script>
<script src="http://gamingJS.com/Scoreboard.js"></script>

<script>
  // Physics settings
  Physijs.scripts.ammo = 'http://gamingJS.com/ammo.js';
  Physijs.scripts.worker = 'http://gamingJS.com/physijs_worker.js';

  // This is where stuff in our game will happen:
  var scene = new Physijs.Scene({ fixedTimeStep: 2 / 60 });
  scene.setGravity(new THREE.Vector3( 0, -20, 0 ));

  // This is what sees the stuff:
  var width = window.innerWidth,
      height = window.innerHeight,
      aspect_ratio = width / height;
  var camera = new THREE.PerspectiveCamera(75, aspect_ratio, 1, 1e6);
  // var camera = new THREE.OrthographicCamera(
  // -width/2, width/2, height/2, -height/2, 1, 10000
  // );

  camera.position.set(250, 250, 250);
  camera.lookAt(new THREE.Vector3(0, 0, 0));
  scene.add(camera);

  // This will draw what the camera sees onto the screen:
  var renderer = new THREE.WebGLRenderer();
  renderer.shadowMapEnabled = true;
  renderer.setSize(window.innerWidth, window.innerHeight);
  document.body.appendChild(renderer.domElement);
  document.body.style.backgroundColor = '#ffffff';

  // ******** START CODING ON THE NEXT LINE ********

  addSunlight(scene);
  var scoreboard = addScoreboard();
  var river = addRiver(scene);
  var raft = addRaft(scene);
  var game_items = [];
```

```
var paused;
startGame(raft, river, scoreboard);

function addSunlight(scene) {
  var sunlight = new THREE.DirectionalLight();
  sunlight.intensity = 0.5;
  sunlight.castShadow = true;
  sunlight.position.set(250, 250, 250);
  sunlight.shadowCameraNear = 250;
  sunlight.shadowCameraFar = 600;
  sunlight.shadowCameraLeft = -200;
  sunlight.shadowCameraRight = 200;
  sunlight.shadowCameraTop = 200;
  sunlight.shadowCameraBottom = -200;
  sunlight.shadowMapWidth = 4096;
  sunlight.shadowMapHeight = 4096;

  scene.add(sunlight);
}

function addScoreboard() {
  var scoreboard = new Scoreboard();
  scoreboard.score(0);
  scoreboard.timer();
  scoreboard.help(
    'Links-/Rechtspfeil zum Drehen. ' +
    'Leertaste zum Vorwärtsbewegen.'
  );

  return scoreboard;
}

function addRiver(scene) {
  var ground = makeGround(500);
  addWater(ground, 500);
  addLid(ground, 500);

  scene.add(ground);

  return ground;
}

function makeGround(size) {
  var faces = 100;
  var shape = new THREE.PlaneGeometry(size, size, faces, faces);
  var river_points = digRiver(shape, faces + 1);

  var cover = Physijs.createMaterial(
```

```
    new THREE.MeshPhongMaterial({
      emissive: new THREE.Color(0x339933), // ein bisschen Grün
      specular: new THREE.Color(0x333333) // Dunkelgrau/nicht glänzend
    }),
    1, // starke Reibung (schwer zu bewegen)
    0.1 // nicht sehr elastisch
  );

  var ground = new Physijs.HeightfieldMesh(
    shape, cover, 0
  );
  ground.rotation.set(-Math.PI/2, 0.2, -Math.PI/2);
  ground.receiveShadow = true;
  ground.castShadow = true;
  ground.river_points = river_points;

  return ground;
}

function digRiver(shape, size) {
  var center_points = [];
  for (var row=0; row<size; row++) {
    var center = Math.sin(4*Math.PI*row/size);
    center = center * 0.1 * size;
    center = Math.floor(center + size/2);
    center = row*size + center;

    for (var distance=0; distance<12; distance++) {
      shape.vertices[center + distance].z = -5 * (12 - distance);
      shape.vertices[center - distance].z = -5 * (12 - distance);
    }

    center_points.push(shape.vertices[center]);
  }
  shape.computeFaceNormals();
  shape.computeVertexNormals();
  return center_points;
}

function addWater(ground, size) {
  var water = new Physijs.ConvexMesh(
    new THREE.CubeGeometry(1.4*size, 1.4*size, 10),
    Physijs.createMaterial(
      new THREE.MeshBasicMaterial({color: 0x0000bb}),
      0, // Keine Reibung (glatt wie Eis)
      0.01 // Nicht sehr elastisch
    ),
    0 // Niemals bewegen
  );
```

```
    water.position.z = -20;
    water.receiveShadow = true;
    ground.add(water);
}

function addLid(ground, size) {
  var lid = new Physijs.ConvexMesh(
    new THREE.CubeGeometry(size, size, 1),
    new THREE.MeshBasicMaterial({visible:false})
  );
  ground.add(lid);
}

function addSharkJump(pos, ground) {
  var ramp = new Physijs.ConvexMesh(
    new THREE.CubeGeometry(10, 8, 3),
    new THREE.MeshPhongMaterial({emissive: 0xbb0000})
  );
  ramp.receiveShadow = true;
  ramp.rotation.x = -Math.PI/10;
  ramp.position.copy(pos);
  ramp.position.z = pos.z + 10;
  ground.add(ramp);

  var shark = new Physijs.ConvexMesh(
    new THREE.CylinderGeometry(0.1, 2, 3),
    new THREE.MeshPhongMaterial({emissive: 0x999999})
  );
  shark.receiveShadow = true;
  shark.position.copy(pos);
  shark.rotation.x = Math.PI/2;
  shark.rotation.z = Math.PI/8;
  shark.position.z = pos.z + 12;
  shark.position.y = pos.y - 15;
  ground.add(shark);
}

function addRaft(scene) {
  var mesh = new Physijs.ConvexMesh(
    new THREE.TorusGeometry(2, 0.5, 8, 20),
    Physijs.createMaterial(
      new THREE.MeshPhongMaterial({
        emissive: 0xcc2222,
        specular: 0xeeeeee
      }),
      0.1,
      0.01
    )
  );
```

```
  mesh.rotation.x = -Math.PI/2;
  mesh.castShadow = true;

  scene.add(mesh);
  mesh.setAngularFactor(new THREE.Vector3(0, 0, 0));

  var rudder = new THREE.Mesh(
    new THREE.SphereGeometry(0.5),
    new THREE.MeshBasicMaterial({color: 0x000099})
  );
  rudder.position.set(3, 0, 0);
  mesh.add(rudder);

  return mesh;
}
//raft.setLinearVelocity(
// new THREE.Vector3(50, 0, -10)
//);

function startGame(raft, river, scoreboard) {
  var start = river.river_points[100];
  raft.__dirtyPosition = true;
  raft.position.set(start.y, start.z + 100, 0);
  raft.setLinearVelocity(new THREE.Vector3());
  scoreboard.resetTimer();
  scoreboard.score(0);
  scoreboard.clearMessage();
  updateCamera();
  camera.lookAt(new THREE.Vector3(start.y, 0, 0));
  resetItems(river, scoreboard);
  paused = false;
}

function updateCamera() {
  camera.position.set(
    raft.position.x + 75,
    raft.position.y + 40,
    raft.position.z
  );
}

function resetItems(ground, scoreboard) {
  removeItems();
  addItems(ground, scoreboard);
}

function removeItems() {
  game_items.forEach(function(item) {
    scene.remove(item);
  });
```

```
      game_items = [];
    }


  function addItems(ground, scoreboard) {
    var points = ground.river_points;

    var random20 = Math.floor(20 + 10*Math.random()),
        fruit20 = addFruitPowerUp(points[random20], ground,
scoreboard);
    game_items.push(fruit20);

    var random70 = Math.floor(70 + 10*Math.random()),
        fruit70 = addFruitPowerUp(points[random70], ground,
scoreboard);
    game_items.push(fruit70);
  }
  function addFruitPowerUp(location, ground, scoreboard) {
    var mesh = new Physijs.ConvexMesh(
      new THREE.SphereGeometry(10, 25),
      new THREE.MeshPhongMaterial({emissive: 0xbbcc00}),
      0
    );
    mesh.receiveShadow = true;
    mesh.castShadow = true;
      mesh.addEventListener('collision', function() {
        var list_index = game_items.indexOf(mesh);
        game_items.splice(list_index, 1);
        scene.remove(mesh);
        scoreboard.addPoints(200);
        scoreboard.message('Lecker!');
        setTimeout(function() {scoreboard.clearMessage();}, 2.5*
1000);
      });

    ground.updateMatrixWorld();
    var p = new THREE.Vector3(location.x, location.y, -20);
    ground.localToWorld(p);
    mesh.position.copy(p);
    scene.add(mesh);
    return mesh;
  }

  // Die Bewegung im Spiel animieren
  function animate() {
    requestAnimationFrame(animate);
    if (paused) return;

    updateCamera();
    renderer.render(scene, camera);
  }
  animate();
```

```
    // Hier kommt die Physik ins Spiel
    function gameStep() {
      // Für eine geschmeidige Bewegung wird die Physik 60 Mal pro
Sekunde aktualisiert
      setTimeout(gameStep, 1000/60);

      if (paused) return;

      updateScore();
      checkForGameOver();
      scene.simulate();
    }
    gameStep();

    var next_x;
    function updateScore() {
      if (!next_x) next_x = raft.position.x + 25;
      if (raft.position.x > next_x) {
        scoreboard.addPoints(10);
        next_x = next_x + 25;
      }
    }
  }
  function checkForGameOver() {
    if (raft.position.x < 250) return;

    paused = true;
    scoreboard.stopTimer();
    scoreboard.message("Geschafft!");
    if (scoreboard.getTime() < 30) scoreboard.addPoints(100);
    if (scoreboard.getTime() < 25) scoreboard.addPoints(200);
    if (scoreboard.getTime() < 20) scoreboard.addPoints(500);
  }
  var mass, velocity;
  document.addEventListener("keydown", function(event) {
    var code = event.keyCode;
    if (code == 32) pushRaft();      // Leertaste
    if (code == 38) pushRaft();      // hoch
    if (code == 40) pushRaft();      // runter
    if (code == 37) rotateRaft(-1); // links
    if (code == 39) rotateRaft(1);  // rechts
    if (code == 82) startGame(raft, river, scoreboard); // r
    if (code == 80) { // p
      paused = !paused;
      if (paused) {
        mass = raft.mass;
        velocity = raft.getLinearVelocity();
        raft.mass=0;
      }
```

```
      else {
        raft.mass = mass;
        raft.setLinearVelocity(velocity);
      }
    }
  });

  function pushRaft() {
    var angle = raft.rotation.z;

    raft.applyCentralForce(
      new THREE.Vector3(
        500 * Math.cos(angle),
        0,
        -500 * Math.sin(angle)
      )
    );
  }
  function rotateRaft(direction) {
    raft.__dirtyRotation = true;
    raft.rotation.z = raft.rotation.z + direction * Math.PI/10;
  }
</script>
```

IN DIESEM BUCH BENUTZTE JAVASCRIPT-BIBLIOTHEKEN

Dieser Anhang enthält eine Liste der in diesem Buch benutzten JavaScript-Bibliotheken sowie Details dazu, wie du mehr Informationen zu ihnen finden kannst.

Three.js

Die Three.js-JavaScript-Bibliothek ist die wichtigste der hier benutzten Bibliotheken. Die Homepage für das Projekt ist *http:// threejs.org/*. Auf der Homepage gibt es jede Menge coole Animationen und Beispiele, von denen du viele im ICE Code Editor ausprobieren kannst.

Wir benutzen Version 52 von Three.js. Ausführliche Dokumentationen der Eigenschaften und Methoden, die nicht in diesem Buch benutzt wurden, findest du unter *http://gamingjs.com/docs/threejs/*.

Physijs

Die Physik-Engine, die in diesem Buch verwendet wird, ist Physijs. Die Homepage für die Bibliothek lautet *http://chandlerprall.github. io/Physijs/*. Auf dieser Seite gibt es kurze Beispiele und einige einführende Artikel.

Für das Physijs-Projekt gibt es nicht so viele Dokumentationen wie für das Three.js-Projekt, allerdings findest du einige im Projekt-Wiki: *https://github.com/chandlerprall/Physijs/wiki*. Wir verwenden die Version von Physijs, die kompatibel mit Three.js 52 ist. Da Physijs noch weiter wächst, könnte das Wiki auch auf neuere Funktionen verweisen als diejenigen, die von der Version unterstützt werden, die wir benutzen.

Tween.js

Wollten wir im Laufe der Zeit in diesem Buch Werte (Ort, Drehung, Geschwindigkeit) ändern, benutzten wir die Tween-Bibliothek. Die Projekt-Homepage ist *http://github.com/sole/tween.js*.

Der Bau eines Tween umfasst mehrere Teile. Ein Tween braucht den Startwert (oder die Startwerte), die Endwerte, die Zeit, die nötig ist, um von den Start- zu den Endwerten zu kommen, und eine Funktion, die aufgerufen wird, wenn das Tween läuft. Ein Tween muss außerdem gestartet und aktualisiert werden, damit es funktioniert.

Das Tween aus Kapitel 11, *Projekt: Obstjagd*, auf Seite 113 enthält ein gutes Beispiel.

```
new TWEEN.
  Tween({
    height: 150,
    spin: 0
  }).
  to({
    height: 250,
    spin: 4
  }, 500).
  onUpdate(function () {
    fruit.position.y = this.height;
    fruit.rotation.z = this.spin;
  }).
  start();
```

Dies bewegt sich zwischen zwei Werten: der Höhe und der Drehung. Im Verlauf einer halben Sekunde (500 Millisekunden) bewegt sich die Höhe von 150 auf 250. Die Drehung bewegt sich von 0 auf 4. Immer wenn das Tween aktualisiert wird, ändern wir die Position und die Drehung der animierten Frucht. Die aktuellen Werte, die mit dem Tween verändert werden, werden als Eigenschaft des speziellen this-Objekts zur Verfügung gestellt.

Als Letztes starten wir im gezeigten Beispiel das Tween.

Tweens brauchen auch etwas, das ihnen sagt, dass sie sich aktualisieren sollen. In der 3D-Programmierung machen wir das normalerweise in der animate()-Funktion mit einem TWEEN.update()-Aufruf.

```
function animate() {
  requestAnimationFrame(animate);
  TWEEN.update();
  renderer.render(scene, camera);
}
```

Neben onUpdate() gibt es die Methoden onStart() und onComplete(), die eine Funktion aufrufen, wenn das Tweed startet und endet.

Scoreboard.js

Die Scoreboard.js-Bibliothek ist eine *einfache* JavaScript-Bibliothek, die die Grundlagen der Punktezählung in Spielen bereitstellt. Sie unterstützt nur sehr wenig Konfiguration. Ihr Ziel ist es einfach, leicht für die Programmierer zu benutzen zu sein.

Die Projekt-Homepage lautet *https://github.com/eee-c/scoreboard.js*.

Die Scoreboard.js-Bibliothek unterstützt Nachrichten, Hilfetext, Punktezählung, einen Zähler für die verstrichene Zeit und einen Countdown-Timer.

Scoreboard-Nachrichten

Hiermit kannst du dem Spieler im Spiel Nachrichten zukommen lassen. Falls du mit var scoreboard = new Scoreboard() eine Punktetafel herstellst, stehen dir folgende Methoden zur Verfügung:

- scoreboard.message('hier kommt Deine Nachricht hin') – stellt die aktuelle Nachricht auf der Punktetafel ein. Damit werden vorhandene Nachrichten ersetzt. Sollte der Nachrichtenabschnitt der Punktetafel noch nicht angezeigt werden, dann passiert das hiermit.
- scoreboard.addMessage('hier kommt Deine Nachricht hin') – fügt der aktuellen Nachricht weitere Nachrichten hinzu.
- scoreboard.showMessage() – zeigt den Nachrichtenabschnitt der Punktetafel an.
- scoreboard.hideMessage() – blendet den Nachrichtenabschnitt der Punktetafel aus.
- scoreboard.clearMessage() – löscht den Nachrichtenabschnitt der Punktetafel.

Hilfe

Dies bietet eine Möglichkeit, dem Spieler eine Hilfe zukommen zu lassen, ohne den Nachrichtenabschnitt der Punktetafel zu verstopfen. Die Spieler müssen ein Fragezeichen eintippen, damit die Hilfe auf der Punktetafel angezeigt wird.

Wenn du mit `var scoreboard = new Scoreboard()` eine Punktetafel herstellst, stehen dir die folgenden Methoden zur Verfügung:

- `scoreboard.help('hier kommen deine Hilfeanweisungen hin')` – stellt die Hilfe auf der Punktetafel ein. Damit werden vorhandene Hilfetexte ersetzt. Falls der Hilfeabschnitt der Punktetafel noch nicht angezeigt wird, passiert das hiermit.
- `scoreboard.showHelp()` – blendet den Hilfeabschnitt der Punktetafel ein.
- `scoreboard.hideHelp()` – blendet den Hilfeabschnitt der Punktetafel aus.

Punktezählung

Diese Funktion der Punktetafel behält die Anzahl der Punkte im Auge, die der Spieler im Spiel errungen hat.

Wenn du mit `var scoreboard = new Scoreboard()` eine Punktetafel herstellst, stehen dir die folgenden Methoden zur Verfügung:

- `scoreboard.score(42)` – setzt den aktuellen Punktestand im Spiel. Dies ersetzt alle vorhandenen Punktestände. Ist keine Zahl angegeben, wird null benutzt. Wird der Punktabschnitt der Punktetafel noch nicht angezeigt, passiert das hiermit.
- `scoreboard.showScore()` – blendet den Punktabschnitt der Punktetafel ein.
- `scoreboard.hideScore()` – blendet den Punktabschnitt der Punktetafel aus.
- `scoreboard.getScore()` – liefert den aktuellen Punktestand im Spiel zurück.
- `scoreboard.addPoints(10)` – erhöht den Punktestand im Spiel um die angegebene Zahl.
- `scoreboard.subtractPoints(10)` – verringert den Punktestand im Spiel um die angegebene Zahl.

Timer

Diese Funktion behält die Gesamtzeit im Blick, die im Spiel verstrichen ist.

Wenn du mit var scoreboard = new Scoreboard() eine Punktetafel herstellst, stehen dir die folgenden Methoden zur Verfügung:

- scoreboard.timer() – startet den Timer im Spiel. Falls der Timer-Abschnitt der Punktetafel noch nicht angezeigt wird, passiert das hiermit.
- scoreboard.showTimer() – blendet den Timer-Abschnitt der Punktetafel ein.
- scoreboard.hideTimer() – blendet den Timer-Abschnitt der Punktetafel aus.
- scoreboard.stopTimer() – stoppt das Zählen des Timers.
- scoreboard.startTimer() – startet das Zählen des Timers.
- scoreboard.resetTimer() – startet den Timer bei null neu.
- scoreboard.getTime() – liefert die Anzahl der Sekunden zurück, die im Spiel verstrichen sind.

Countdown

Diese Funktion behält die Gesamtzeit im Blick, die im Spiel verstrichen ist.

Wenn du mit var scoreboard = new Scoreboard() eine Punktetafel herstellst, stehen dir die folgenden Methoden zur Verfügung:

- scoreboard.countdown(60) – startet den Countdown im Spiel mit der Anzahl der angegebenen Sekunden. Wurde keine Zeit angegeben, werden 60 Sekunden benutzt. Falls der Countdown-Abschnitt der Punktetafel noch nicht angezeigt wird, passiert das hiermit.
- scoreboard.showCountdown() – blendet den Countdown-Abschnitt der Punktetafel ein.
- scoreboard.hideCountdown() – blendet den Countdown-Abschnitt der Punktetafel aus.
- scoreboard.stopCountdown() – stoppt den Countdown.
- scoreboard.startCountdown() – startet den Countdown.
- scoreboard.resetCountdown(60) – setzt den Countdown auf die angegebene Anzahl an Sekunden zurück.

- `scoreboard.getTimeRemaining()` – liefert die Anzahl an Sekunden zurück, die im Spiel noch übrig sind.

- `scoreboard.onTimeExpired('Nachricht bei Ablauf der Zeit')` – stellt die Nachricht ein, die angezeigt wird, wenn die Zeit abgelaufen ist.

- `scoreboard.onTimeExpired(funktion())` «{ ... }» – falls eine Funktion an die Methode `onTimeExpired()` übergeben wird, dann wird die Funktion aufgerufen, wenn die Zeit abgelaufen ist.

Sounds.js

Die Sounds.js-JavaScript-Bibliothek enthält das blanke Minimum an Tönen, die man in Spielen benutzt. Eine komplette, aktuelle Dokumentation gibt es unter *https://github.com/eee-c/Sounds.js*.

Um die Sounds.js-Bibliothek benutzen zu können, muss sie in einem `<script>`-Tag angegeben sein:

```
<script src="http://gamingJS.com/Sounds.js"></script>
```

Zum Zeitpunkt der Entstehung dieses Buchs standen elf Töne zur Verfügung: bubble, buzz, click, donk, drip, guitar, knock, scratch, snick, spring und swish. Um einen Ton abzuspielen, verwendet man einen solchen Code (natürlich muss statt bubble der jeweils gewünschte Name des Tons eingesetzt werden):

```
Sounds.bubble.play();
```

Um den Ton zu wiederholen, ersetze die Methode `play()` durch `repeat()`:

```
Sounds.bubble.repeat();
```

Um den Ton später anzuhalten, rufe die Methode `stop()` auf:

```
Sounds.bubble.stop();
```

Wenn du möchtest, dass ein Ton für eine feste Zeitdauer wiederholt wird, starte einen sich wiederholenden Ton (mit repeat) und setze einen Timeout, um den Ton zu stoppen:

```
Sounds.bubble.repeat();
setTimeout(function(){Sounds.bubble.stop();}, 5*1000);
```

Mit dem gezeigten Code würde ein Bubble-Ton (Blubbern) wiederholt abgespielt werden. Nach fünf Sekunden ist die Timeout-Funktion abgelaufen, sodass der Ton stoppt.

INDEX